I0840033

CUBA:
REPRESENTACIONES DEL INFIERNO

MARGINALIDAD, IDENTIDAD Y MEMORIA EN LA LITERATURA DE AMIR VALLE.

Annarella O'Mahony (ed.)

"Periodismo y literatura son dos modos muy distintos de abordar este mundo que nos rodea. Por eso Hemingway aconsejaba a los escritores ejercer el periodismo y abandonarlo a tiempo. Lo decía básicamente porque el periodista verdadero mira el mundo buscando la verdad, esté en el bando ideológico en que esté, y para ello debe desprenderse incluso de sus propios credos de modo que sus ideas, sueños, experiencia de vida y filiaciones políticas ideológicas o de otra índole no vicien esa búsqueda (...) Yo era ya un escritor con premios, muy joven, cuando empecé a estudiar periodismo. (...) Tuve la suerte de hacer dos años de periodismo en la Universidad de Oriente y el resto en la Universidad de La Habana y recibí clases de excelentes profesores que, al saber mi vocación como escritor, se concentraron en ayudarme a que periodismo y literatura se complementaran. Me considero, además un escritor realista; creo en el papel del escritor como una de las piezas esenciales que debe contribuir al pensamiento social de un país a través de sus obras, y desde esa perspectiva, periodismo y literatura no resultan en ningún modo antagonistas."

AMIR VALLE en conversación con Yoe Suárez.
OnCuba Magazine, Cuba, 19 de octubre de 2015

PREÁMBULO

Este volumen no pretende ser un arsenal académico de crítica literaria, como tampoco intenta husmear, periodísticamente hablando, en el intríngulis de la labor narrativa o ensayística del autor, ni aspira al mercadeo de la "letra del escriba". La intención, a priori, es acercar a quienes, por oficio o por azar, han descubierto las disímiles voces que narra el periodista y escritor cubano Amir Valle, a través del análisis de su prolífica obra; análisis crítico y anecdótico que se pretende didáctico.

Periodismo y narrativa son perfectamente compatibles en este atisbo de acercamiento a la labor autoral de Valle. Pero, ¿cómo enclaustrar al ensayista en la inmediatez del periodismo? ¿Cómo encerrar al periodista en los rígidos cánones de las publicaciones académicas? Más aun, ¿cómo conciliar periodismo y academia en el intento de fomentar un debate al alcance de todos? Para alguien que –como la editora de este volumen– se ha desplazado en ambos mundos indistintamente, intentarlo representa, cuanto menos, una alevosía.

Esta entrega recoge trabajos inéditos que arrojan luz sobre la vida y, en especial, la obra del escritor. También se ha querido rescatar un muestrario de textos previamente publicados que han sido revisados para adaptarlos a las normas de esta edición. Siguiendo una línea coherente con el mantra creativo del autor (irreverente, inquisitivo, y polifónico) el presente volumen recoge aproximaciones, apuntes y perspectivas –incluyendo la mirada introspectiva del autor– a la obra de uno de los más importantes narradores contemporáneos de habla hispana; una especie de cartografía vallezca que se mueve en los márgenes y desde ellos, como guía para suplir –y comprender– el vacío que deja su obra innombrable en las recientes antologías publicadas desde esa Isla "seductora, altiva y rebelde" que –asegura Amir– va con él "a todas partes."

ANNARELLA O'MAHONY

PALABRAS INTRODUCTORIAS

"...Abilio Estévez, Víctor Rodríguez Núñez o Amir Valle devolvieron la vida a la literatura cubana, rescatando con perspectivas muy singulares temas como el amor, la amistad o el miedo a la muerte."

LEONARDO PADURA en conversación con Alba Gil
EFE, 8 de julio de 2015

Amir Valle es uno de los escritores cubanos más importantes de su generación y, con toda justicia, uno de los escritores cubanos más reconocidos internacionalmente. Ha hecho una carrera como novelista y como periodista y, aunque en ambos oficios ha logrado una obra interesante, su aporte ha sido fundamental a la novela negra. Ha tenido la capacidad de mirar en las profundidades de la realidad cubana, en los conflictos en ese subsuelo que existe en toda sociedad y ha extraído de ahí los materiales con los que él trabaja.

En la literatura de Amir hay una marca que lo define: una clara posición periodística, es más testimonial, y eso se debe a que Amir es un gran investigador de la realidad, algo que no es extraño si tenemos en cuenta que estamos hablando también de uno de los periodistas más notables de su generación y, nadie puede negarlo, el que más prestigio ha cosechado fuera de la isla por sus serias incursiones en una realidad muy compleja que suelen evitar otros colegas generacionales y de otras generaciones. Aunque ha obtenido importantes premios internacionales de la crítica y el público con sus novelas, muchos de los libros más conocidos de Amir son específicamente de periodismo, de investigaciones periodísticas, porque él tiene esa capacidad de encontrar los asuntos más álgidos de la vida cubana y convertirlos en temas de investigación, de investigaciones muy profundas y, después, recrearlos en forma de libros.

Ese proceso sigue un segundo paso cuando utiliza esos asuntos en forma ya puramente artística, específicamente para la novela. Y creo que con ese método llena un espacio importante. En el caso específico de la novela negra, Amir Valle y Lorenzo Lunar Cardedo son los máximos exponentes en la literatura cubana de esa generación y, en el caso particular de Amir, sin dudas ha hecho también un aporte perdurable a la narrativa cubana y a la novela policiaca cubana.

Leonardo Padura, La Habana, 2017.
(Texto enviado en video específicamente para esta edición).

Cuba, Amir Valle y la "memoria sitiada" en *Habana Babilonia, Santuario de sombras* y *Las palabras y los muertos*[1]

Annarella O'Mahony
University of Limerick

Un fantasma recorre Cuba: el fantasma de la memoria. Como el espectro comunista que vagaba en pos de legitimación por la Europa decimonónica, un siglo y cuatro décadas después, allende el Atlántico, la memoria escribe su propio *Manifiesto* desde la literatura en medio de la debacle de los años noventa. Un ejercicio de catarsis estalla en las páginas de la prosa cubana desoyendo el enfoque teleológico de las narrativas revolucionarias. Críticos e investigadores, como Martin Franzbach, comienzan a hablar de la "reescritura de la memoria"[2] e Iván Rubio Cuevas destaca la "reapropiación de viejos temas" desde una "oposición 'iconoclasta'" al "'arte establecido' o 'institucional'".[3] Para Francisco López Sacha "salíamos del laberinto de la Historia y nos incorporábamos a la meditación, a la reflexión distante del presente o el pasado",[4] mientras que Carlos Uxó advierte "la

---

[1] Quiero agradecer a la Dra Cinta Ramblado, al Dr Mariano Paz y a la otrora School of Languages, Literature, Culture and Communication, en University of Limerick por su apoyo en la investigación que precedió a este artículo.

[2] Martin Franzbach, "La Re-escritura de la Novela Policíaca Cubana", en *Todas las Islas la Isla. Nuevas y Novísimas Tendencias en la Literatura y Cultura de Cuba*, eds. Ottmar Ette y Janett Reinstädler (Madrid: Iberoamericana, 2000), 75.

[3] Iván Rubio Cuevas, "Lo Marginal en los Novísimos Narradores Cubanos. Estrategia, Subversión y Moda", en Ette y Reinstädler, *Todas las Islas la Isla*, 80-83.

[4] Francisco López Sacha, "Literatura Cubana y Fin de Siglo", *Temas* 20-21 (2000), 155.

ruptura, la multiplicidad, el fin de la verdad única".[5] A Cuba le había nacido lo que Eduardo Heras y Salvador Redonet bautizaron como la novísima literatura.[6] De su influencia surgen *Habana Babilonia: la cara oculta de las jineteras* (2008),[7] *Santuario de sombras* (2006) y *Las palabras y los muertos* (2007), del también novísimo escritor Amir Valle (Guantánamo, 1967). Es, precisamente, el análisis textual de este corpus literario lo que ocupa el presente trabajo, visto desde el prisma de los estudios culturales y con énfasis en la memoria colectiva. Sus representaciones sugieren la existencia de una memoria "sitiada" (suprimida, en el espacio de su experiencia, por el discurso oficial en la isla) que, a partir de la deconstrucción de los postulados históricos de la Revolución cubana, pone de relieve nuevos *lugares de memoria* y formas identitarias que desafían la identidad establecida.

Alrededor del año 2000 comenzó a circular, clandestinamente por toda Cuba, una copia de la entonces inédita *Habana Babilonia* que reclamaba, desde la literatura de no ficción, el "mundo oscuro, sórdido, siniestro"[8] de la prostitución en la isla. Testimonio, ensayo histórico y novela se funden en esta obra que comienza con la conquista española y cuyo hilo conductor es la historia vida de la jinetera Susimil (en vida real) o Loreta (en el mundo de la prostitución). Según aclara su autor, la obra "nació de una investigación periodística" realizada "entre 1992 y 1997"[9] que, más tarde, proliferaría en las páginas de *Santuario* y toda la serie de novela negra "El descenso a los infiernos" de la que *Santuario*

---

[5] Carlos Uxó, "Los Novísimos Cubanos. Primera Generación de Escritores Nacidos en la Revolución", *Letras Hispanas* 7 (2010), 193.

[6] El término se le atribuye a Heras en 1989 y es oficializado por Redonet en su antología *Los Últimos Serán los Primeros* (1993), según Uxó, en la página 188.

[7] *Habana Babilonia* fue publicada en 2006 bajo el título *Jineteras*, como llaman en Cuba a las prostitutas vinculadas al turismo extranjero.

[8] Amir Valle, *Habana Babilonia. La Cara Oculta de las Jineteras* (Barcelona: Ediciones B, 2008), 16.

[9] Valle, "De *Jineteras* a la Serie 'El Descenso a los Infiernos': Derivaciones de la Realidad a la Ficción Novelada" (2007), conferencia ofrecida en La Sorbonne, París, el 1 de marzo de 2007, *Sitio Web de Amir Valle*, consultado el 8 de septiembre de 2014, http://amirvalle.com/es/ensayo/de-jineteras-a-la-serie-el-descenso-a-los-infiernos-derivaciones-de-la-realidad-a-la-ficcion-novelada/, para. 7.

es parte.[10] En *Santuario* el éxodo es el tema central y adquiere una connotación dramática al circunscribirse a "una historia donde los muertos flotaban en el estrecho de la Florida,... donde algunos llenaban sus bolsillos con esos muertos y donde los pocos que sobrevivían pedían venganza".[11] Estos últimos –Ignacio, Mayra y Magnolia– se unen al oficial de la policía cubana Alain Bec y al mandante marginal Alex Vargas (binomio justiciero durante toda la serie) para "que los muertos descansen en paz", según reza la nota de la contraportada. Del lado opuesto del conflicto se encuentran Saúl, funcionario del turismo en Cuba, y su hermano gemelo Samuel, representante de la derecha en Miami, como los cabecillas de ese tráfico.

Si en *Habana Babilonia* y *Santuario* Valle denuncia la corrupción a todos los niveles, la doble moral y la lucha cotidiana a partir de formas marginales de subsistencia, desde los más bajos estratos sociales hasta la nomenclatura oficial, ya en *Las palabras* se adentra en las relaciones de poder de la élite revolucionaria. La muerte de Fidel Castro es, en esta ocasión, el pretexto para narrar la historia no oficial de Cuba a través de la perspectiva de Facundo, su guardaespaldas, alias "la sombra". La trama novelada transcurre en la oficina de Facundo del Comité Central del Partido desde donde, auxiliándose del *flash back*, este siempre fiel personaje rememora su vida vinculada a la revolución y a su líder, como pretexto del autor para personalizar anécdotas que, según él en una nota aclaratoria al inicio de esta novela, "existen clandestinamente y circulan hoy en el pueblo cubano".[12]

---

[10] La serie está compuesta además, por *Las Puertas de la Noche* (2001), *Si Cristo te Desnuda* (2002), *Entre el Miedo y las Sombras* (2003) y *Largas Noches con Flavia* (2008). Para el estudio de este género en la obra del autor, véase: de Frauke Gewecke, "La 'Nueva' Novela Policial Cubana de Leonardo Padura, Amir Valle y Lorenzo Lunar", en Andrea Gremels y Rolland Spiller, eds. *Cuba: La Revolución (re)visitada*, (Narr/ Verlag: 2010): 171-190; de Luis Pérez Simón, "Crónica de un Tiempo Anunciado. La Novela Negra de Amir Valle y Lorenzo Lunar Cardedo", en Enrique Rodríguez Morua, ed., *Indicios, Señales y Narraciones. Literatura Policíaca en Lengua Española* (Innsbruck University Press, 2010) 153-172.

[11] Valle, *Santuario de Sombras* (Córdoba: Almuzara, 2006), 24.

[12] Valle, *Las Palabras y los Muertos* (Bogotá: Seix Barral, 2007), s. p. Hay que recordar que *Las palabras* fue publicada en 2007 cuando Fidel Castro estaba aún en el poder y, como dato curioso, agregar que fue escrita durante los años

Es decir, estas obras fueron concebidas a partir de un momento clímax en la Historia de Cuba –y antes de su autor exiliarse en Alemania, donde reside desde 2006. La caída del Muro de Berlín en 1989 y la posterior desintegración del campo socialista en Europa del Este precipitaron en Cuba, no solo la crisis conocida como Período Especial en Tiempos de Paz, sino la renovación discursiva en la producción cultural que comenzara en los años 80: el bautizo de esa década, con los cientos de asilados en la Embajada de Perú en La Habana y el consiguiente éxodo por el puerto matancero del Mariel, fue apenas el preludio del derrumbe de las utopías. Sería la profunda crisis de valores del decenio siguiente lo que simplificaría, irrevocablemente, el papel de aquel "hombre nuevo" al que aspiraba el *telos* como expresión de la moral y el sacrificio revolucionarios. La lucha por la supervivencia arrebataba a la Revolución el protagonismo histórico.

En su estudio *Dialogic Aspects in the Cuban novel of the 1990s*, la investigadora Ángela Dorado-Otero analiza cómo la narrativa de estos años cuestiona el discurso oficial, en franco desafía al canon literario establecido, e interroga concepciones hegemónicas entorno a la identidad nacional e individual, "in order to challenge and subvert fixed notions of identity, reality and the text itself"; ello pone de manifiesto, concluye la autora, el diálogo de voces en esta literatura en estrecha relación con el carácter heterogéneo de la cultura cubana.[13] Sin embargo, el discurso entrelazado en las obras analizadas aquí trasciende lo iconoclasta y la crítica social para adentrarse en una dimensión filosófica –y ontológica– de corte humanista, a través de una literatura

---

2000 y 2005, lo cual sugiere que sus historias también fueron recogidas durante la década de los noventa. Véase Ibid., 298.

[13] Ángela Dorado-Otero, *Dialogic Aspects in the Cuban Novel of the 1990s* (London: Tamesis, 2014), 233. Para profundizar en esta etapa y su influencia en la producción cultural de la isla, léase, además: de Sonia Behar, *La Caída del Hombre Nuevo. Narrativa Cubana del Período Especial*, Caribbean Studies vol. 24 (Peter Lang, 2009); de Ariana Hernández-Reguant, ed. *Cuba in the Special Period: Culture and Ideology in the 1990s* (New York: Palgrave Macmillan, 2009); de Patricia Valladares Ruiz, "Lo Especial del Período: Políticas Editoriales y Movimiento Generacional en la Literatura Cubana Contemporánea," *Neophilologus* 89, no.3 (2005), 383–402; de Reinstädler y Ette, eds. *Todas las islas la isla.*

marcadamente testimonial y utilizando personas que –según remarca el propio Valle– existen [o existieron] en la realidad.[14] Por tanto, las representaciones textuales del corpus literario se nutren de las representaciones de la memoria colectiva que Maurice Halbwachs definiera como la interpretación común del pasado, determinada por circunstancias del presente o –según el sociólogo francés– "the social frameworks of memory" [en este caso, los años noventa].[15] Organizadas por postulados o "landmarks" que guían el proceso de recuperación del recuerdo, estas representaciones tributan a la conformación de la identidad.[16]

Partiendo de las consideraciones del egiptólogo alemán Jan Assmann sobre el análisis del discurso mnemohistórico, puede decirse que el aparato discursivo en las tres obras de Valle revela "a concatenation of texts wich are based on each other and treat or negotiate a common subject matter":[17] una "unhappy history" – como propone el filósofo Paul Ricoeur para designar la brecha entre la verdad de la historia y la fidelidad de la memoria,

---

[14] En *Santuario*, Alex Vargas es, en realidad, Alexander Vargas Machuca (1910-2002), patriarca de los marginales en Centro Habana, según aclara el autor en una nota de *Entre el miedo y las sombras* (2002). Ignacio es Joaquín, en vida real, quien alega vio morir a su esposa e hijos en su intento de salida ilegal. En *Las palabras* el personaje de Facundo está basado en un jefe de la escolta de Fidel Castro, según afirma Valle en entrevistas que concediera a *La opinión*, publicada el 7 de octubre de 2007, y a *Cubaencuentro*, el 25 de junio de 2016. Véase, además, Manuel Fernández y Emily Offerdahl, "'Yo No Escribo Novelas Críticas; Yo Escribo Novelas:' Entrevista con Amir Valle," en *Hipertexto* 9 (2009), 153-66; Manuel Gayol Mecías, "Facundo Sombra y la intimidad de Fidel Castro," *Otro Lunes. Revista Hispanoamericana de Cultura*, 3 (2007), consultado el 31 de octubre de 2017, http://otrolunes.com/archivos/03/html/este-lunes/este-lunes-n03-a12-p01-2007.html; y de Félix Luis Viera, "Entrevista a Amir," consultado el 7 de marzo de 2017, http://www.cubaencuentro.com/entrevistas/articulos/entrevista-a-amir-325643.

[15] Maurice Halbwachs, *On Collective Memory*, trad. Luis A. Coser (Chicago: Univ Press, 1992), 15.

[16] Ibid., 92-103, 175.

[17] Jan Assmann, "From 'Moses the Egyptian: the Memory of Egypt in Western Monotheism' and 'Collective Memory and Cultural Identity,'" en Jeffrey K. Olick, Vered Vinitzky-Seroussi y Daniel Levy, eds. *The Collective Memory Reader* (Oxford: University Press, 2011), 211.

resultante de la imposición historiográfica[18]– que gravita sobre la prostitución (en *Habana Babilonia*), el éxodo (en *Santuario*), y las relaciones de poder (en *Las Palabras*). Estos temas, abordados con diferentes grados de significación a partir de diversos estilos narrativos y géneros literarios en las obras en cuestión, conforman lo que Jan Assmann define como "the thematic frame" de su discurso.[19] Desde esta perspectiva, la literatura de Valle puede verse como una suerte de mnemohistoria de Cuba que "it concentrates exclusively on those aspects of significance and relevance which are the product of memory... applied to history".[20]

A través de los límites borrosos de la ficción y no ficción, de la ética y la estética, los protagonistas narran y cuestionan su experiencia personal con la historia. Prostitutas, delincuentes, policías, abogados, funcionarios y hasta el propio Fidel Castro son juzgados y sentenciados por la memoria en estas obras pues, como dijera el investigador cubano Jorge Fornet, "la Historia, tal como nos había sido contada, era incapaz de dar respuesta a las profundas interrogantes abiertas en los últimos años".[21]

El planteamiento de Fornet refiere a lo que su coterráneo, el historiador Jorge Ibarra ha catalogado como "una visión monolítica de la Historia"[22] que se fue gestando desde los inicios del triunfo de la revolución cubana en 1959 y tiene sus antecedentes en *La historia me absolverá*.[23] La urgencia de

---

[18] Paul Ricoeur, *Memory, History, Forgetting*, trad. Kathleen Blamey y David Pellauer (Londres & Chicago: Chicago University Press, 2006), 497.

[19] Assmann, "From 'Moses the Egyptian'", en Olick et al, *The Collective*, 211.

[20] Ibid., 209.

[21] Jorge Fornet, "La Narrativa Cubana entre la Utopía y el Desencanto", *Hispamérica* 32, no.95 (2003), 14.

[22] Ibarra citado en José María Aguilera Manzano, "La Revolución Cubana y la Historiografía", *Anuario de Estudios Americanos* 65, no.1 (2008), 311.

[23] *La historia me absolverá* es el alegato de autodefensa de Fidel Castro durante el juicio por su liderazgo en el ataque al Cuartel Moncada que intentó, sin éxito, derribar la dictadura de Fulgencio Batista en 1953. Su título se debe a la frase con la que Castro culmina su discurso, en el que responsabiliza a la dictadura de la situación socio-política en Cuba y propone estrategias para favorecer el desarrollo de la isla que, más tarde, se implementaron en el llamado Programa del Moncada (1959-1962) con la nacionalización de empresas, la primera Ley de Reforma Agraria, entre otras medidas.

legitimación y reafirmación revolucionaria devino en un proceso de institucionalización estatal en todas las esferas de la sociedad insular. En 1961 se declara el carácter socialista de la Revolución y, al año siguiente, se crea la Escuela de Historia al calor de la Reforma Universitaria. A partir de entonces, como lo constatan varios estudiosos de la producción historiográfica cubana, se institucionaliza el estudio y la enseñanza de la historia cuyos postulados, en lo adelante, serían: *La historia me absolverá,* los llamados cien años de lucha, la ideología marxista y martiana, el antimperialismo y el internacionalismo proletario.[24] Éstos se erigen, a su vez, en los "landmarks" –anteriormente mencionados, según Halbwachs– de la memoria oficial. La reinterpretación de estos recursos de legitimación de la Revolución cubana constituye el eje del discurso mnemohistórico en *Habana Babilonia, Santuario* y *Las palabras.*

Luces y sombras de la deconstrucción de la historia en la voz de la memoria

Desde la perspectiva de Amir Valle, "no hay que intentar destruir con palabras la Revolución porque la Revolución se ha autodestruido por sus fracasos monumentales".[25] Por tanto, la deconstrucción, como recurso hermenéutico que desmantela la linealidad de lo hegemónico, se manifiesta en su narrativa a través testimonios, personas y acontecimientos de la realidad que

---

[24] La idea de los cien años de lucha sitúa a la revolución cubana como continuadora de las guerras independentistas del siglo XIX contra el colonialismo español. Es decir, plantea que la lucha revolucionara cubana es una sola desde 1868 hasta 1959. Véase Aguilera Manzano, "La Revolución Cubana y la Historiografía", 306; Yaíma Martínez Alemán, "La Función Ideológica de la Historiografía Cubana en la Década del Sesenta del siglo XX", *Latin American Research Review* 48, no.3 (2013), 168-80; Oscar Zanetti, "Pasados para un Futuro. Acerca de los Usos y la Utilidad de la Historia", *La Gaceta de Cuba* 1 (2009), 6-10.

[25] Valle, "Entrevista a Amir", en *Cubaencuentro,* para. 17.

pretenden desautomatizar el elemento ficcional de la entrega literaria[26] y acentuar la deslegitimación del discurso oficial.

Auxiliándose de la referencialidad y la intertextualidad, Valle hace alegorías a la ideología nazi desde diferentes puntos de vista para reforzar la similitud entre ese régimen y el sistema político cubano, poniendo a Fidel Castro, en calidad de líder revolucionario, como el representante de un fascismo de nuevo tipo en el Caribe: camuflado "de rojo", es decir, de comunismo.[27] En *Las palabras* Facundo recuerda a "el Jefe" –vocativo con el que enfatiza el liderazgo de Castro– "irritado, rabioso, dando incluso puñetazos sobre el buró de su oficina", cuando un medio de prensa de Miami cuestionó su falta de originalidad al publicar que *"la frase* La historia me absolverá *no es de Castro…la dijo, nada más y nada menos que… Hitler".*[28] En este sentido, el énfasis de mayúsculas en la frase "ésta es MI LUCHA",[29] que el autor atribuye a Fidel en referencia a la lucha revolucionaria, constituye una alegoría al programa de lucha homónimo de Adolfo Hitler, con la intención de imprimir rasgos fascistas a la Revolución. Por su parte, en *Habana Babilonia*, la jinetera Susimil/Loretta reduce los dirigentes del gobierno al "mundo de los Jefes" que, desde su experiencia como ex esposa de un diplomático cubano, "es un mundo de apariencias, de máscaras, de mentiras donde hay una sola ley: no contradecir los designios de Fidel".[30] No es de extrañar que, en *Santuario*, la isla sea vista como un campo de concentración, a partir de una anécdota que hiciera el escritor Justo Marqués (seudónimo de Amir Valle en esta novela) a sus amigos Alex Vargas y Alain Bec, el binomio justiciero contra el tráfico ilegal de personas en el estrecho de la Florida. Justo cuenta cómo

---

[26] Reapropiación de la expresión del crítico John Beverley sobre el "efecto de veracidad" producido por la utilización de una persona real que "desautomatiza nuestra percepción habitual de la literatura como algo ficticio o imaginario." Véase John Berveley, "Anatomía del Testimonio", *Revista de Crítica Literaria Latinoamericana* 13, no.25 (1987), 11.

[27] Valle, *Las Palabras y los Muertos*, 275; *Habana Babilonia*, 96.

[28] El uso autoral de las cursivas en *Santuario* y en *Las palabras* supone la alusión al componente documental y/o testimonial de la historia novelada (Valle, *Las Palabras*, 125).

[29] Ibid., 117.

[30] Valle, *Habana Babilonia*, 66.

un colega suyo, Agustín de Rojas, "decidió vivir junto a su mujer y a sus hijas, exclusivamente con los alimentos que le daba el Estado" para "demostrarle a los dirigentes que estaban condenando al pueblo al suicidio".[31] El escritor compara el desenlace de esta prueba con "esas imágenes de los presos en los campos de concentración nazis", y agrega: "Así, en puro hueso y pellejo, amarillos y con una anemia de muerte, estaban Agustín y los suyos a los dos meses".[32]

Conectar a Castro con Hitler, como años atrás lo hiciera Guillermo Cabrera Infante en *Mea Cuba*, intenta derrumbar, cual castillo de naipes, el ideal revolucionario: desmitifica, desde sus cimientos, no sólo el liderazgo histórico, sino la esencia del proyecto político-social cubano; convierte los cien años de lucha iniciada en 1868, en una autocracia regida por Castro y lo responsabiliza de lo que pudiera interpretarse como una especie de holocausto de nuevo tipo en el Caribe.

La tendencia desacralizante en el discurso mnemohistórico vallezco es lo que Assmann apunta como "recourse to forgotten evidence, shift to focus",[33] y subvierte la relación –señalada por el investigador Stephen Wilkinson en su estudio *Detective Fiction in Cuban Society and Culture*– entre la sacralidad de los símbolos nacionales y el sentimiento nacionalista en Cuba.[34] Ello da lugar a lo que el investigador Iván Rubio Cuevas define como la "descentralización del discurso oficial",[35] a partir del no reconocimiento de esos símbolos como representativos de toda la nación, sino de un poder hegemónico que podrá adquirir la categoría de referente pero jamás de centro. Algo similar ocurre cuando Alex, el "cacique" marginal en *Santuario*, relata a Alain cómo murió su sobrino mientras participaba en "las guerras de liberación del África":

---

[31] Valle, *Santuario de Sombras*, 202.

[32] Ibid.

[33] Assmann, "From 'Moses the Egyptian'", en Olick et al, *The Collective*, 211.

[34] Stephen Wilkinson, *Detective Fiction in Cuban Society and Culture* (Bern: Peter Lang, 2006), 56.

[35] Iván Rubio Cuevas, "La Doble Insularidad de los Novísimos Narradores Cubanos", *La Isla Posible: III Congreso de la Asociación Española de Estudios Literarios Hispanoamericanos*, Universidad de Alicante, 2001, 549.

El oficial que hizo el discurso en el barrio, ante todos los vecinos, habló de valentía y entrega, de sacrificio y solidaridad, de eternidad en el seno de la patria agradecida. ¿Puede alguien llegar a ser eterno, o a que la patria lo ame sinceramente, si lo mandan al paredón de fusilamiento por haber creado una banda de soldados que robaba negras jóvenes en las aldeas para venderlas en los burdeles de las grandes ciudades de Etiopía? ¿Qué se ha ganado con ocultar la parte sucia de esa guerra, las miserias humanas que renacen en la guerra?"[36]

Este cuestionamiento parte de simbolismos propios del discurso oficial, como "valentía", "entrega" y "patria agradecida", que remiten al ideario de José Martí (1853-1895), ideólogo cubano y héroe nacional: "cuando se muere en brazos de la patria agradecida / la muerte acaba, la prisión se rompe: / ¡empieza, al fin, con el morir, la vida!"[37] Por un lado, los versos martianos resuenan en las notas del himno nacional que plantea "que morir por la patria es vivir" aludiendo, necesariamente, a la identidad nacional; relación que ha sido advertida por varios investigadores. Por otro lado, el fragmento establece puntos de contacto con *La historia me absolverá* en la que, como observa Stephen Wilkinson, Fidel Castro se apropia de estos versos para enarbolar una tradición de sacrificio y así elevar sus compañeros caídos en el ataque al Moncada a la categoría de mártires en la lucha heroica y patriótica.[38]

Sin embargo, Alex no comparte la perspectiva épico-solidaria del discurso oficial. La reapropiación, según Rubio Cuevas, de las guerras en África (generadas por el internacionalismo proletario) "y el desmoronamiento de los grandes valores provocan una revisión, una deconstrucción ya no sólo de esa literatura que exaltaba el valor en el combate, sino del propio sistema, del

---

[36] Valle, *Santuario de Sombras*, 135-36.

[37] Versos del poema *A mis Hermanos Muertos el 27 de Noviembre*, que escribiera Martí en homenaje a los ocho estudiantes de medicina fusilados por el ejército español en 1872, citados por Wilkinson, *Detective Fiction in Cuban Society and Culture*, 40.

[38] Wilkinson, *Detective Fiction in Cuban Society and Culture*, 40.

heroísmo".[39] Ello le otorga relevancia al silencio oficial sobre "la parte sucia de esa guerra" porque, según Alex, constituye "las manchas en el sol".[40] El término, aunque pudiera considerarse casuísticamente poético, hace referencia a otra frase de Martí que forma parte de la propaganda gubernamental: "el sol tiene manchas. Los desagradecidos no hablan más que de las manchas. Los agradecidos hablan de la luz".[41] De ahí que Mulenque, uno de los proxenetas entrevistados en *Habana Babilonia*, planteara que "en este país las manchas no cuentan"[42] pues, como lo explica Facundo en *Las palabras*, "¿qué carajo importaban… si ello debía ser así para que el futuro fuera luminoso, distinto?"[43] Es decir que Valle utiliza simbolismos de la ideología martiana para, desde una perspectiva ontológica, designar los aspectos negativos de la sociedad revolucionaria.

Por tanto, las representaciones encontradas, no solo deconstruyen la esencia de los postulados de la historia de Cuba, a decir de la investigadora Catriona Macleod, "disrrupting dominant, taken-for granted notions of a subject",[44] sino que advierten un vuelco identitario abordado en estas obras desde la relación luz-sombra. En este sentido, las manchas actúan como conector entre ambas, en tanto es el rastro común que permite, en palabras de Paul Ricoeur, "a discussion in which the veridical dimension of the mnemonic act and of the historiographical act can be taken into account",[45] a través de la "problematización", según el crítico Enmanuel Tornés, del "acto narrativo".[46]

En *Habana Babilonia*, Maruja es "una de esas mujeres para las que la Revolución fue una luz".[47] Fue gracias a las medidas entorno a la reivindicación de la mujer, adoptadas por el gobierno

---

[39] Rubio Cuevas, "Lo Marginal en los Novísimos Narradores Cubanos", 82.

[40] Valle, *Santuario de Sombras*, 134.

[41] José Martí, *La Edad de Oro* (La Habana: Editorial Gente Nueva, 1985), 12.

[42] Valle, *Santuario de Sombras*, 133.

[43] Valle, *Las Palabras y los Muertos*, 91.

[44] Catriona Macleod, "Deconstructive Discourse Analysis: Extending the Methodological Conversation", *South African Journal of Psychology* 32, no.1 (2002), 18.

[45] Ricoeur, *Memory, History, Forgetting*, 378.

[46] Tornés citado en Uxó, "Los Novísimos Cubanos," 189.

[47] Valle, *Habana Babilonia*, 95.

revolucionario desde sus inicios, que la otrora prostituta dejó de serlo para convertirse en económica. No obstante, en los años noventa regresa al viejo oficio, esta vez, como dueña de un prostíbulo en la Playa Varadero. En *Las palabras* Facundo se autodenomina "la sombra" aludiendo a sus responsabilidades como guardaespaldas de Fidel y considera que, en Cuba, "hay luz y verdad para repartir a toda la galaxia".[48] En *Santuario* las víctimas del tráfico ilegal de personas en el estrecho de la Florida son "sombras" (en palabras del autor desde el propio título de la novela), como también lo son las jineteras y el resto de los invisivilizados por el discurso oficial. Por lo tanto, la "luz" es el *deber ser* de acuerdo al discurso hegemónico (la Revolución, Fidel Castro); mientras que la "sombra" representa esa marginalidad en la que "cada día que pasaba se engullía más aquel maldito país", para usar las palabras de Saúl, el funcionario-traficante en *Santuario*.[49] Todas estas "sombras" conforman "las manchas" o los aspectos negativos de la sociedad y quien habla de ellas es un "desagradecido". Por tanto, ironiza Alex, hay que "decir sólo lo conveniente: la verdad a medias… hablar sólo de los esplendores del sol"[50] o, lo que es lo mismo, resaltar los logros, la "valentía" y la "entrega". Pero ésta es "una entrega ciega, sorda y muda" que, según sugiere Myrna en *Habana Babilonia*, es el precio de la Revolución "para que mujeres como yo tuvieran derechos… Y eso me pareció una ofensa tan grande a todos mis años de esfuerzo, que algo dentro de mí se rebeló".[51] En consecuencia, esta ex militante del Partido Comunista y licenciada en Derecho pasó de ser "una persona altamente confiable" en las esferas del gobierno a reclusa en una granja para jineteras, como parte de lo que se interpreta como un ajuste de cuentas, hasta que logró emigrar.

El cuestionamiento al absolutismo discursivo refleja el enunciado político de la memoria. En el caso de Cuba, esto se manifiesta en razón de la institucionalización y centralización estatal a raíz del triunfo de 1959, que superpone el interés

---

[48] Valle, *Las Palabras y los Muertos*, 71.
[49] Valle, *Santuario de Sombras*, 224.
[50] Ibid., 134.
[51] Valle, *Habana Babilonia*, 330-31.

colectivo (alrededor de la Revolución) en detrimento del individuo. La politización que ambos procesos trajo aparejada estaría influenciada por el ideal del Hombre Nuevo que permitió, como acertadamente señala Wilkinson, "to bring the revolution and politics into the personal and individual realm so that all aspects of life became politicized".[52] De ahí que resulte virtualmente imposible que se cuestione cualquier discurso sin que la política se sienta aludida o, incluso, sin que esto sea visto como una amenaza a la ideología hegemónica y su centralizado andamiaje legislativo, ejecutivo y judicial. Es por ello que el tema de los derechos en la sociedad cubana contemporánea es recurrente en las tres obras estudiadas, como expresión de la falta de justicia.

En *Habana Babilonia*, Tania, una abogada que se vale de la ilegalidad para resolverles problemas a las jineteras, justifica su proceder en la certeza de que "no vivimos en un estado de derecho";[53] mientras que en *Santuario* se afirma que "esa palabra [derecho] nada más existe en los informes".[54] El tema se complejiza al cuestionar el artículo 52 [luego 53] de la Constitución de la República que reconoce la libertad de palabra y de prensa "conforme a los fines de la sociedad socialista". Uno de los recuerdos de Facundo invoca un diálogo establecido entre Fidel Castro y un diputado del Parlamento cubano. Si, para este diputado, "no hay libertad de palabra y de prensa si existe un condicionamiento como ese",[55] para Myrna "eso es totalitarismo, en Cuba o donde se escriba".[56]

Al deconstruir la relación ley-justicia-derecho, los protagonistas asumen la perspectiva de la contramemoria; esa que, según el filósofo e historiador Michel Foucault, parodia los postulados fundacionales del discurso dominante en oposición a la historia como continuidad representativa de la tradición, lo cual transforma la visión del pasado, disocia el significado y la

---

[52] Wilkinson, *Detective Fiction in Cuban Society and Culture*, 43.
[53] Valle, *Habana Babilonia*, 242.
[54] Valle, *Santuario de Sombras*, 51.
[55] Valle, *Las Palabras y los Muertos*, 187.
[56] Valle, *Habana Babilonia*, 332.

significación de los eventos, y desafía el conocimiento hasta entonces establecido.[57]

Para el filósofo Jacques Derrida, la deconstrucción de la ley es "the condition of historicity, revolution, moral, ethics and progress. But justice is not the law", sino lo que impulsa a cambiarla, por lo que "the condition of posibility of decontruction is a call for justice".[58] Sin embargo, en el caso de Facundo, por ser él parte del círculo de poder que representa la ley, el derecho y la justicia revolucionaria, su discurso se deconstruye a sí mismo.

No obstante, esto no significa una verdad absoluta, sino apenas la forma en que se manifiesta por el discurso hegemónico, es decir, la apariencia. En este sentido, Valle pone de manifiesto lo que Ricoeur reconoce como la indecibilidad[59] y que el deconstructivista J. Hillis Miller describe como "la oscilación indecisa" de la relación luz-sombra a través de la cual "se hace imposible distinguir quién es una y quién es la otra".[60] La imposibilidad de decidir relega el centro hegemónico a un papel suplementario, en carácter de "sombra", y parte de la visión de Valle sobre la marginalidad, que otorga protagonismo a elementos excluidos por la historia:

> La nueva ciudad latinoamericana real, entonces, es una sociedad marginal: los ricos y los políticos, con sus vicios y su doble moral, son marginales; eso que llaman "pueblo" por su necesidad de sobrevivir bajo toda circunstancia es marginal; el aire que se respira, viciado con los vicios que tradicionalmente destinamos

---

[57] Véase Michael Foucault, *Language, Counter-Memory, Practice: Selected Essays and Interviews*, Donald F. Bouchard, ed., (Cornell University Press, 1980), 160-64.

[58] Jacques Derrida y John D. Caputo, *Deconstruction in a Nutshell: A Conversation with Jacques Derrida*, ed. John D. Caputo (Fordham University Press, 1997), 16.

[59] Ricoeur, *History, Memory, Forgetting*, 392-93.

[60] J. Hillis Miller, "El Crítico como Huésped", en Harold Bloom et al, eds. *Deconstrucción y Crítica*, Mariano Sánchez y Susana Guardado, trads. (Madrid: Siglo XXI, 2003), 226.

a la marginalidad, es también marginal. Todos somos marginales bajo ese concepto.[61]

En esencia, Valle pretende invertir el sistema jerárquico en la Cuba contemporánea, mostrando la fragilidad de los postulados históricos que sustentan el *logos*, el discurso oficial. A través del discurso mnemohistórico, el autor se centra en "analyzing the mythical elements in tradition and discovering their hidden agenda",[62] sugiriendo la renovación constante, interminable de la "luz". En este sentido, la aparente polaridad luz-sombra enfatiza la interdependencia entre ambas.

Tal es el caso de Facundo quien, tras enterarse de la muerte de Fidel Castro, cae presa del cuestionamiento existencial: "Y de pronto, así, allí estaba, convertida en hecho, la posibilidad casi impensada de aquella muerte. A veces lo pensó: ¿qué pasaría cuando él ya no estuviera? Y detrás de la pregunta lo sorprendía el vacío glacial de una nada insólita, asfixiante".[63] Esta aporía constituye la ruptura anti-dialéctica del equilibrio existencial de este guardaespaldas: la relación luz-sombra alrededor de la cual gira su *ser*, su identidad. Y porque no existe sombra sin luz, no es de extrañar que el autor haya escogido el suicidio como final para este personaje. Precisamente, porque Facundo encarna además la memoria colectiva, ésta es igualmente "sombra", "envuelta en esa luminosidad cegadora"[64] a la que por necesidad se debe y, al mismo tiempo, es la "luz": la protagonista verdadera de una memoria representativa de la extensión de una historia que se proyecta mutilada por "un poder siempre presente para controlar diversos aspectos de la vida del hombre", como dijera la abogada Tania.[65] Por lo tanto, la incertidumbre, la paranoia y la persecución son elementos, también recurrentes, para descaracterizar ese sistema de poder que vigila –en palabras de Samuel a su hermano

---

[61] Valle, "Marginalidad y Ética de la Marginalidad en la Nueva Ciudad Narrada por la Novela Negra Latinoamericana", *Anales de la Literatura Hispanoamericana* 36 (2007), 96-97.

[62] Assmann, "From 'Moses the Egyptian", en Olick et al, *The Collective*, 210.

[63] Valle, *Las Palabras y los Muertos*, 14.

[64] Ibid., 291.

[65] Valle, *Habana Babilonia*, 241.

Saúl– "hasta el color del calzoncillo que te pones y si no es rojo te castigan".[66]

Assmann planteaba que "the truth of memory lies in the identity that it shapes.... It lies in the history ... as it lives on and unfolds in collective memory".[67] Partiendo de este presupuesto, y teniendo en cuenta el triángulo deconstructivo luz-sombra-manchas en la narrativa de Valle, puede afirmarse que el discurso identitario en estas obras se aparta de la Revolución, sus logros y sus líderes para iluminarse con el conocimiento de la experiencia de la marginalidad, a través de la significación de los aspectos negativos de la sociedad. Sin embargo, ésta es una identidad indefinida por cuanto se encuentra en una etapa de rompimiento con el *ser* que rechaza y de reconstrucción de su propio *ser*. Precisamente esta fase de la identidad, "in its undetermined state precedes and makes possible all particular relations to actual others. The undetermined relation to the other's alterity conditions all possible relations and thus remains in the form of the trace, connecting yet keeping separate the actual members",[68] aunque realmente dependa de la otredad que le es ajena para autodefinirse y consolidarse. No se trata aquí, como dijera el profesor José Colmeiro, de "entender la identidad como 'ser'", sino de aquella que, en "el proceso de '"volverse'"", de reconformarse, desafía la identidad dominante.[69] Esta dimensión ontológica sugiere la discontinuidad histórica del hegemonismo discursivo presente también al reinterpretar el antimperialismo.

Para Alain Bec "la muerte por montones de cubanos en medio del mar, era utilizado nada más con la perspectiva de que era necesario atacar al cruel y sanguinario imperialismo, sin decir que en un país de gente culta, inteligente, que en otras épocas amaba a su país, cada vez eran más los que soñaban con irse, sin

---

[66] Valle, *Santuario de Sombras*, 55.

[67] Assmann, "From 'Moses the Egyptian'", en Olick et al, *The Collective*, 210.

[68] John Phillips, "Deconstruction", *Theory, Culture and Society* 23, no.2-3 (2006), 195.

[69] José Colmeiro, "¿Una Nación de Fantasmas? Apariciones, Memoria Histórica y Olvido en la España Posfranquista", *452ºF. Electronic Journal of Theory of Literature and Comparative Literature* 4 (2011), 22.

importarles un carajo que el país se hundiera en la mierda, se fuera a la mierda, se borrara del mapa".[70]

En *Santuario* el autor utiliza los gemelos Saúl y Samuel para cuestionar el antagonismo Cuba-Estados Unidos y proyectarlo como dos caras de la misma moneda. Tras la pista de esos cabecillas Ignacio recuerda que Mayra, sobreviviente como él del tráfico ilegal de personas, le dijo que el funcionario cubano y su hermano en Miami se culpan, el uno al otro, de dicho tráfico para evadir la responsabilidad de las muertes. Si a Ignacio y a Mayra, en *Santuario*, les *"parece raro ese intercambio de culpas"*,[71] para "muchos cubanos", en *Las palabras*, "las relaciones Cuba-Estados Unidos [son] un juego bien tramado, un tira y encoge premeditado desde las oficinas de Washington y La Habana".[72] Desde esta perspectiva la repetición puede ser vista, según John Phillips, como "the source of the metaphysical doctrine of identity, simultaneously both allowing it and yet marking its impossibility".[73] Esto explica que la memoria –protagonizada en este caso por Alain, Ignacio, Mayra y Facundo– sospeche del llamado *diferendo* pues, para ella, la iterabilidad histórica de este antagonismo rebasa toda lógica e incrementa la posibilidad de cuestionamiento hacia ambas posiciones en su entramado identitario relacional.[74] En consecuencia, se impone el desarraigo con el sistema de valores del discurso oficial y, en palabras de Jorge Fornet, "cada uno va a dar su versión de los hechos, y la Historia sería el fruto de la conjunción de todas esas voces".[75]

---

[70] Valle, *Santuario de Sombras*, 71.

[71] Ibid., 192-93.

[72] Valle, *Las Palabras y los Muertos*, 211.

[73] Phillips, *Deconstruction*, 195.

[74] El *diferendo Cuba-Estados Unidos* explica la historia de las relaciones antagónicas entre ambos países. Éstas se remontan a 1823, con la política de la *fruta madura* desarrollada por el congresista norteamericano John Quincy Adams que auguraba la anexión de Cuba a Estados Unidos.

[75] J. Fornet, "La Narrativa Cubana entre la Utopía y el Desencanto", 14.

La "memoria sitiada" y los *lugares de memoria* en la narrativa de Valle

Puede decirse que la tendencia deconstructiva en estas obras apunta a la existencia de una memoria en *estado de sitio*. Esto es: la supresión de representación discursiva, en la narrativa oficial dentro de la Isla, de interpretaciones del pasado que se proyectan al margen –y desde el margen– del discurso hegemónico y, en cambio, sí encuentran legitimación fuera de los límites estado-nación.[76] No se habla aquí, únicamente, de una memoria colectiva o de una contramemoria, ni de esa memoria acorralada por una historia que, a decir del historiador francés Pierre Nora, la ha ido "deformando y transformando", "penetrando y petrificando".[77]

En el caso de Cuba, al *estado de sitio* lo avalan, por un lado, su condición de país bloqueado, expuesto a presiones externas desde 1959 por las implicaciones de la Guerra Fría y el consecuente embargo o bloqueo norteamericano sobre la isla. En estas circunstancias, el gobierno cubano ha desarrollado una estrategia militar llamada la guerra de todo el pueblo, mediante la cual se prepara constantemente para una posible agresión militar yanqui, y a la que el autor se refiere como "el cuento de la invasión".[78] Por otro lado, en ese *sitio* a la memoria influye el silencio oficial, que denuncian estas obras, "con el pretexto de que no podemos ofrecer argumentos al enemigo".[79] Su reclamo está dirigido a desmantelar una verdad instituida que –según Francisco Zaragoza Saldívar, en el contexto de la narrativa cubana de los noventa– "se revela como 'ideología'",[80] hasta sentenciar que "Cuba es una gran mentira

---

[76] El hecho de que estas obras no hayan sido publicadas ni distribuidas en Cuba es un ejemplo de ello.

[77] Pierre Nora, "Between Memory and History: *Les Lieux de Mémoires*", *Representations* 26, Special Issue: Memory and Counter-Memory (1989), 12, mi traducción.

[78] Valle, *Las Palabras y los Muertos*, 211.

[79] Valle, *Habana Babilonia*, 316.

[80] Francisco Zaragoza Saldívar, "La Narrativa Cubana de los Noventa", *Proceedings of the 2nd. Congresso Brasileiro de Hispanistas*, São Paulo, 2002, consultado el 1 de febrero de 2018, http://www.proceedings.scielo.br/scielo.php?script=sci_arttext&pid=MSC00000 00012002000300024&lng=en&nrm=iso, para. 10.

rodeada de mentiras por todas partes", como declara Mayra en *Santuario*.[81]

Estos elementos discursivos proyectan una sensación de acorralamiento y sugieren una re-concepción de la insularidad. El simbolismo de Mayra –quien, además de sobreviviente del tráfico, es prostituta– representa el derrumbe de las utopías al advertir, citando al escritor cubano Leonardo Padura, "que todo aquello en lo que nos habíamos educado como una verdad inamovible era una mentira más grande que el tamaño de la tierra".[82] Al mismo tiempo, la frase de Mayra remite a testimonios en *Habana Babilonia* que afirman que, en Cuba, "todo es cuestión de imagen".[83] Sin embargo, lo fundamental aquí es la inevitable conexión con Virgilio Piñera y "la maldita circunstancia de agua por todas partes", de la que habló el poeta y dramaturgo cubano en *La isla en peso*.[84] Mientras la intención de mantener al personaje de Facundo encerrado en su propia oficina durante toda la novela, custodiado por un oficial, pudiera simbolizar la posición del pueblo cubano "contra el bloqueo de los yanquis y contra... 'el bloqueo interno de la ineficiencia de nosotros acá'".[85]

Esa insularidad asfixiante enfatiza la mutilación de esta memoria con características "sitiadas". Por lo que pudiera catalogarse a las representaciones de la marginalidad y, en especial, a la contramemoria, en *Habana Babilonia*, *Santuario* y *Las palabras* como "memoria sitiada" en tanto no poseen los recursos de los que, generalmente, goza la memoria colectiva – gracias a la proliferación de políticas identitarias luego del "boom de la memoria" de los años setenta. Por el contrario, sus representaciones son suprimidas (o carecen de legitimación) en los marcos de estado-nación donde se origina la misma y solo en

---

[81] Valle, *Santuario de Sombras*, 77.

[82] Leonardo Padura, "Leonardo Padura: Con la Pluma y la Espada", entrevista concedida a Marta María Ramírez, en *IPS Inter Press Service en Cuba,* el 17 de abril de 2011, consultado el 4 de agosto de 2014, http://www.ipscuba.net/index.php?option=com_k2&view=item&id=382:leonardo-padura-con-la-pluma-y-la-espada&Itemid=11, para.117.

[83] Valle, *Habana Babilonia*, 87.

[84] Valle, *Santuario de Sombras*, 40.

[85] Valle, *Las Palabras y los Muertos*, 194.

espacios transnacionales de (re)creación puede expresarse y desarrollarse a plenitud. Estos espacios, vale aclarar, pueden ser la diáspora, el exilio o, incluso, casas editoriales foráneas donde se reproduzca la memoria a través de la literatura, entre otros vehículos de transmisión y diseminación del recuerdo. Surgen, así, historias alternativas que, en estas obras de Valle, ponen de manifiesto el reconocimiento de otras identidades: "*'Somos ciudadanos, mi hermano, citizens, bróder', gracias a que Miguelón había movido sus influencias con los tipos de la Fundación Nacional Cubano Americana y 'algún dinerillo…' Y bebimos. Y bailamos. Y cantábamos como Willy Chirino: 'ya vienen llegando', esa canción en la que se anuncian los tiempos en que los cubanos podríamos regresar a la isla y ser felices y libres*".[86]

La representación de la memoria histórica cubana del exilio,[87] a través de la experiencia de Ignacio en Miami, es un reconocimiento al exilio y la diáspora como elementos constitutivos de la cultura cubana, en tanto sus representaciones ejercen influencia en la conformación de la identidad nacional. Ese carácter transnacional de la identidad cubana ha sido advertido por el catedrático Gustavo Pérez Firmat quien, en su libro *The Cuban Condition: Translation and Identity in Modern Cuban Literature*, sugiere que la cubanía emerge de una apropiación y reformulación de modelos foráneos. Y es que, precisamente, estos elementos han jugado un rol fundamental, no solo en la historia de Cuba, sino también en la literatura, desde la primera obra literaria de la que se tienen noticias en la isla.[88]

---

[86] Valle, *Santuario de Sombras*, 122-23, énfasis del autor.

[87] Según el término utilizado por el llamado *Instituto de la Memoria Histórica Cubana contra el Totalitarismo*, consultado el 8 de septiembre de 2014, http://www.cubamemorial.net/.

[88] Gustavo Pérez Firmat, *The Cuban Condition: Translation and Identity in Modern Cuban Literature*, Cambridge Studies in Latin American and Iberian Literature vol. 1 (Cambridge University Press, 1989), 1. El elemento foráneo está presente desde *Espejo de Paciencia* (1608), de Silvestre de Balboa. Unido a esto, parte importante de la labor revolucionaria de José Martí, y del propio Fidel Castro, estuvo fraguada desde el exilio. Véase, además, Damián J. Fernández, ed., *Cuba Transnational* (Florida University Press, 2005); y Andrea

Según las consideraciones de la investigadora Magdalena López sobre el tratamiento del exilio en la literatura cubana, su "expulsión discursiva del espacio nacional" se debe a que "el nacionalismo oficial ha establecido una fusión indivisible entre revolución y nación". Ello enmarca a las representaciones del exiliado en el mismo espacio de la utopía, en un "no lugar", en tanto para él "la nación se origina y se sostiene desde el distanciamiento".[89]

El crítico cubano Ambrosio Fornet señalaba, en 1994, que de sobrevivir la revolución cubana luego de las circunstancias adversas del Período Especial, podría considerase como "la viabilidad histórica de la utopía".[90] No obstante, en el año 2003, su hijo, el investigador Jorge Fornet, advierte que los narradores cubanos, desde los noventa, ven a esta utopía "agotada y quizá sin saberlo, ni proponérselo están abogando por otra de signo diferente. No ya la del Hombre Nuevo, sino la de ese no-lugar invisible en los periódicos del día, los libros de texto, los augurios de las cartománticas y las guías de turistas despistados".[91]

Jorge Fornet no precisa qué tipo utopía "otra" se está gestando y, para la escritora y ensayista cubana Margarita Mateo Palmer, ésta "resulta difícil de advertir".[92] La clave parece estar en lo que Rubio Cuevas apunta como el desarraigo consciente de la acción negadora de estos autores.[93] En el caso de la "memoria sitiada" y, específicamente las representaciones de la contramemoria enmarcadas en los límites estado-nación, su omisión discursiva en la narrativa oficial se debe, precisamente, a su distanciamiento con el discurso de la Revolución. Esto la lleva a compartir el "no lugar" de las narrativas del exilio creando una complicidad

---

O' Reilly Herrera, ed., *Cuba: Idea of a Nation Displaced* (New York: SUNY Press, 2007).

[89] Magdalena López, "El Fracaso Frente a la Épica: *La Novela de mi Vida* y *Muerte de Nadie*", en *Desde el Fracaso. Narrativas del Caribe Insular Hispano en el Siglo XXI* (Madrid: Verbum, 2015), 41-42.

[90] Ambrosio Fornet, "Las Máscaras del Tiempo en la Novela de la Revolución Cubana", *Revista de Crítica Literaria Latinoamericana* 20.39 (1994), 75.

[91] J. Fornet, "La Narrativa Cubana entre la Utopía y el Desencanto", 20.

[92] Margarita Mateo Palmer, "La Narrativa Cubana Contemporánea. Las Puertas del Siglo XXI", *Anales de Literatura Hispanoamericana* 31 (2002), 61.

[93] Rubio Cuevas, "La Doble Insularidad de los Novísimos," 553.

involuntaria con otras memorias suprimidas que se han intentado rescatar desde espacios transnacionales. La omisión las une y las conduce a un espacio multicultural, pluridimensional y polifónico porque son memorias que pertenecen o se sucedieron en el mismo lugar en el que no encuentran legitimación. Es decir que, tanto la contramemoria en Cuba, como la denominada memoria histórica cubana en Miami constituyen "memorias sitiadas" pues, en palabras del historiador norteamericano Jay Winter, "the framework cannot escape from its location".[94] Su identidad emerge del recuento del pasado porque, precisamente, y parafraseando a Assmann, si somos lo que recordamos, somos las historias que contamos.[95]

Según José Colmeiro, para esta identidad en formación es primordial "el verdadero proceso de reconstrucción del pasado",[96] y éste ocurre a través de lo que el historiador Pierre Nora define como *les lieux de mémoire*. Es, en estos *lugares*, donde la memoria sitiada "crystalizes and secrets it itself",[97] desde la perspectiva de un fatalismo geopolítico insular.

> the most fundamental purpose of the *lieux de mémoire* is to stop time, to block the work of forgetting, to establish a state of things, to materialized the immaterial … all of this in order to capture a maximum of meaning in the fewest of signs, … lieux the mémoire only exist because of its capacity of metamorphosis, an endless recycling of their meaning and an unpredictable proliferation of their ramifications. … Just so, the *lieux the mémoire* turns in on itself –an arabesque in the deforming mirror that is its truth.[98]

Para comprender el proceso de representación del pasado es necesario destacar que la deconstrucción en la obra de Valle, por ser el resultado de la experiencia de la memoria sitiada, presenta

---

[94] Jay Winter, "The Memory Boom in Contemporary Historical Studies," *Raritan: A Quarterly Review* 21, no.1 (2001): 55.
[95] Assmann, "From 'Moses the Egyptian'", en Olick et al, *The Collective*, 210.
[96] Colmeiro, ¿Una Nación de Fantasmas?, 22.
[97] Nora, "Between Memory and History", 7.
[98] Ibid., 19-20.

una imagen de la sociedad cubana no ya como comunidad imaginada –en el sentido antropológico del término, según Benedict Anderson– sino imaginaria. Sus representaciones desplazan el poder hegemónico hacia un lugar meramente simbólico destinado a preservar las estructuras que garantizan la permanencia en el poder de las figuras históricas y de una ideología deslegitimada que se desfasa de la realidad. Ello explica el surgimiento de nuevos lugares de memoria, en razón de la significación otorgada a determinados eventos que el discurso oficial minimiza.

Uno de estos *lugares* es el malecón habanero. Su mención es recurrente en la obra de Amir Valle, como foco convergente de manifestaciones marginales (prostitución, droga y otras actividades ilícitas) que alcanzaron su clímax en la década de los años noventa. Según las investigaciones de Amir Valle para *Habana Babilonia*, éste era uno de los puntos claves del jineterismo, parte del "llamado 'triángulo de las Bermudas' junto con los hoteles Cohíba y Riviera"[99] y, a su vez, el centro de la atmósfera de protesta contra el discurso oficial. Uno de esos sucesos fue el "maleconazo," llamado así, precisamente, porque fue en el malecón donde convergieron, según el "patriarca" marginal Alex Vargas, "miles de personas que gritaban '¡Libertad!', '¡Abajo Fidel!'"[100] Mientras Facundo recuerda que aquel "verano del 94 se hacía más caliente con esos cabrones rompiendo vidrieras y asaltando las tiendas en dólares y los grupúsculos de los derechos humanos vociferaban que era hora de ajustar cuentas".[101]

Facundo también hace referencia a otro suceso que involucra al malecón: el hundimiento del remolcador "13 de Marzo" por la guardia costera, en julio de 1994, para frenar uno de los múltiples intentos de salida ilegal que costó la vida a decenas de personas. A través de sus recuerdos, Fidel Castro pide explicaciones a su hermano Raúl por el suceso: "–¿Quiero saber que les dijiste? –dijo el Jefe y se recostó en su butaca–. Para que hicieran lo que hicieron: acosar al remolcador con tres Polargos, barrer a la gente

---

[99] Valle, *Habana Babilonia*, 51.
[100] Valle, *Santuario de Sombras*, 203.
[101] Valle, *Las Palabras y los Muertos*, 201.

que iba allí con mangueras como si fueran bestias, ¡y lo peor, Raúl: delante de todo el malecón!"[102]

Estos planteamientos ponen de manifiesto una marginalidad que se proyecta más humana que la oficialidad, lo que altera la relación luz-sombra en la que descansa el discurso deconstructivo de estas obras. Alex habla de "personas"; Facundo, de "cabrones"; y Castro las compara con "bestias" por el trato que recibieron al maximizar las "manchas". Pero esas "manchas" constituyen el remanente que permite la iterabilidad del referente proyectado por el autor como lo que Miller llama el "fracaso eterno por conseguir la fórmula adecuada"[103] y es, a la vez, el punto de convergencia entre el discurso oficial y las voces marginadas.

El malecón expone la pluralidad de una identidad nacional que el discurso oficial pretende unívoca y se erige en paradigma simbólico de múltiples representaciones mnemónicas de la contemporaneidad cubana. Es, además, el sitio desde donde se lanzaron al mar otros miles de cubanos cuando el fenómeno *balseros,* en el mismo año 1994. Esto último lleva a otro *lugar de memoria* desde donde la "memoria sitiada" reproduce las traumáticas experiencias del éxodo ilegal: el mar. "Pero [un mar] siniestro, nada abierto, ni azul, ni democrático, como en el poema de Guillén. Porque sobre ese mar... tranquilo... incluso fascinante, 'flotan las almas de miles y miles de muertos...'"[104]

En este pasaje el autor recurre a la negación de simbolismos del discurso oficial tomados del poema "Tengo", de Nicolás Guillén, que constituye una expresión de los logros de la Revolución, de su "luz". Atribuido al personaje de Justo Marqués (el doble de Amir Valle), este fragmento es una alegoría a la política de tensiones entre los dos gobiernos y al cuestionamiento de los derechos en Cuba que hace del mar, ese "santuario infernal" de "sombras siniestras" al que alude uno de los sobrevivientes del tráfico ilegal al inicio de esta novela.[105] El mar es, al mismo tiempo, "fascinante" y "siniestro" que, como dijera la escritora

---

[102] Ibid., 203.

[103] Miller, "El Crítico como Huésped", en Bloom et al, *Deconstrucción y Crítica,* 230.

[104] Valle, *Santuario de Sombras,* 203.

[105] Ibid., s. p.

Margarita Mateo Palmer, "awakens in us contrary longings, ... an illusion that disappears ... the closer we get to it, to linger on the horizon as a hope that reveal itself in its stubborn negation, only to embody itself in the real".[106] Eso que Mateo Palmer llama "lo real" se manifiesta en la narrativa de Valle en forma de esa insularidad asfixiante a la que se hacía referencia anteriormente. De manera directa o indirecta, el autor alude a la supervivencia "en una islita como esta," según el testimonio de Roly, un policía corrupto.[107]

El mar, entonces, simboliza el aislamiento, la marginación, la injusticia y los límites geopolíticos del *estado de sitio* en la memoria que sugieren estas obras; se convierte en escenario virtual de las políticas de la memoria y en vehículo para la rememoración de historias alternativas. Tal es así que Facundo relaciona la participación de Fidel Castro en la llamada Expedición de Cayo Confites (1947) con las salidas ilegales en la Cuba contemporánea: "cuando la marina y el ejército quiso detenerlos y el Jefe tuvo que escapar saliendo a nado del cayo, arriesgándose a morir en el mar, como han muerto esos pobres desgraciados que huyen al Norte, llamados por los cantos de sirenas de la propaganda yanqui".[108] No obstante, al Facundo relacionar al joven Fidel que "tuvo que escapar" con los que "huyen al Norte" en el presente, sugiere que ambos son fugitivos de la dictadura. Esa dicotomía entre lenguaje y pensamiento, entre símbolos identitarios del discurso oficial (Historia) y su representación en el presente (memoria) devela un nihilismo que impera en el discurso de este fiel servidor de Castro. La negación, el rechazo a legitimar lo opuesto desde una u otra posición permite la convergencia dialéctica de ambas.

---

[106] Margarita Mateo Palmer, "Signs After the Last Shipwreck", *boundary 2* 29, no.3 (2002), 151-52.

[107] Valle, *Habana Babilonia*, 144.

[108] Valle, *Las Palabras y los Muertos*, 93. La expedición, organizada en Cuba en 1947 con el fin derrocar la dictadura de Rafael Leónidas Trujillo en la República Dominicana, contaba con el apoyo del entonces presidente cubano Ramón Grau San Martín y de otros gobiernos latinoamericanos. Sin embargo, la marina y el ejército cubanos (a los que se refiere Facundo) pactaron con el dictador Trujillo e hicieron abortar dicha expedición. Es decir que los militares de la isla se aliaron a la dictadura en contra de la democracia.

Representaciones como éstas, al formar parte de una memoria escrita desde los filtros de la literatura, abren el horizonte de explicación y comprensión de la historia. En este sentido, el rasgo mnemohistórico del discurso vallezco pretende destacar lo que Ricoeur ha llamado el carácter "original" e "indestructible" de la memoria: la protesta en el nombre de eventos que han dejado una impronta traumática.[109] La disconformidad de la memoria respecto a la historia oficial denuncia, por un lado, la objetivación de la primera por la segunda a través del cuestionamiento a la historiografía de la revolución; por otro, reformula los puntos de referencia a través de los cuales recuerda (entorno al éxodo, la prostitución y las relaciones de poder), en la medida en que la "memoria sitiada" establece un orden preferencial en lo que recuerda y lo que olvida. La atomización de esta tríada temática se debe, en palabras de Alex, a que "alcanza relieve de trauma nacional, va más allá de toda política"[110] y continúa acechando el presente develando formas identitarias polifónicas como herencia de la diversidad cultural de la nación.

Habana Babilonia, Santuario de Sombras y *Las Palabras y los Muertos* constituyen una demanda al reconocimiento de la diferencia, de la pluralidad representacional de un pasado del que ni la historia, ni la memoria en sí mismas ofrecen todas las respuestas. Como para probarlo, su autor, Amir Valle, parte de una literatura testimonial cuyas representaciones cuestionan, desde la crisis de los años noventa, la historia de Cuba como se conoce desde el triunfo revolucionario de 1959. De ahí el carácter mnemohistórico de su discurso.

Este énfasis en los sucesos, no como sucedieron, sino cómo se desarrollan en la memoria colectiva, conduce a la deconstrucción de los postulados históricos de la Revolución cubana. *La Historia me absolverá*, los cien años de lucha, el discurso martiano y marxista, el internacionalismo y el antimperialismo se convierten apenas en referentes deslegitimados por la memoria en estas obras. En su lugar, la prostitución, el éxodo y las relaciones de poder se imponen, con la urgencia del presente, desde la perspectiva del

---

[109] Ricoeur, *History, Memory, Forgetting*, 498.
[110] Valle, *Santuario de Sombras*, 135.

trauma, y pueden ser vistos en tres direcciones: como el marco temático del discurso mnemohistórico en las tres obras analizadas, como los "landmarks" a través de los cuales los personajes de Valle organizan el recuerdo, y se erigen, además, en los recursos de legitimación de una memoria atípica que se manifiesta en *estado de sitio*. Es decir que las representaciones textuales en *Habana Babilonia, Santuario de sombras* y *Las Palabras y los muertos* enriquecen las políticas de la memoria; del mismo modo que la memoria puede ser individual, colectiva, cultural o contramemoria, también puede ser sitiada: suprimida, en el espacio de su experiencia, por el discurso hegemónico de la isla y (re)creada en escenarios transnacionales. Esta memoria surge desde un "no lugar" de discontinuidad y desarraigo identitario, propio de las representaciones del exilio y de la contramemoria dentro de la isla, como expresión de lo que Ricoeur llamara "the evaluation of the present and the projection of the future".[111] Ésta es una identidad en crisis, cuyo recurso de legitimación, si acaso tiene alguno, es una historia descontenta que se resiste a identificarse con el discurso oficial y se debate entre lo que ordena Clío y lo que dicta Mnemosine.

No podría ser de otra manera, en tanto esa identidad está marcada por crisis cíclicas a lo largo de "años de revolución, revolución y revolución", como dijera Alex Vargas,[112] cuya iterabilidad ha alterado la relación significante-significado abordada por el autor desde el triángulo deconstructivo luz-sombra-manchas. Surgen así *lugares de memoria*, como el malecón y el mar que constituyen, en palabras de Nora, "signs of distinction and of group membership in a society that tents to recognize individuals only as identical and equals".[113]

Es decir que la memoria sitiada, sus lugares de memoria y sus rasgos identitarios son la resultante de múltiples grietas y reformulaciones de un proceso que comenzara en 1959 y que los noventa lleva a un punto clímax, a través de una literatura que

---

[111] Ricoeur, *History, Memory, Forgetting*, 81.
[112] Valle, *Santuario de Sombras*, 169.
[113] Nora, "Between Memory and History", 12.

cuestiona y problematiza la realidad, donde se advierte la discontinuidad histórica.

Por lo que la deconstrucción no va encaminada únicamente al cuestionamiento del discurso oficial sino que, al mismo tiempo, contribuye a la expansión, al enriquecimiento de un discurso unívoco del pasado; le otorga matices. Todo con la intención, no solo de celebrar la diferencia, sino de redimir la injusticia, las exclusiones, los vacíos e interrogantes sobre la historia y la identidad cubana.

Amén de su carga subversiva, y tal vez en razón de ella, la narrativa de Valle contiene fundamentalmente un mensaje conciliador, en tanto llama al entendimiento entre todas las posiciones en estrecha correspondencia con el legado histórico y cultural de Cuba en los últimos cinco siglos. Ésta es la esencia de la deconstrucción, si se quiere, mnemohistórica desde las representaciones de la "memoria sitiada" en la literatura de Amir Valle: invita a imaginar una historia que consulte a las voces marginadas del pueblo cubano "el de la isla, y el que vive su isla en otras partes" –como aclara el autor al inicio de *Las palabras*– "aun cuando, quizás, tampoco sea esa la verdad".[114] Es el reconocimiento de disímiles memorias que claman justicia y vagan, aludiendo al cierre de *Santuario*, "como fantasmas. Sombras".[115]

---

[114] Valle, *Las Palabras y los Muertos*, s. p.
[115] Valle, *Santuario de Sombras*, 244.

La cara oculta de La Habana de Amir Valle

(obra novelística y ensayística desde *Jineteras*, 2006)[1]

Nelly Rajaonarivelo

MCF, Aix Marseille Université

Esta evocación de la Habana de Amir Valle propone esbozar su representación de la capital cubana y su evolución, revelar la "cara oculta" de una ciudad fragmentada y diseminada en una variedad de obras de naturalezas y géneros distintos, como la novela, la novela negra, el ensayo o libro de "no ficción" y el cuento. El corpus aquí estudiado se limitará a los libros en que la ciudad de La Habana tiene importancia y publicadas a partir de su obra clave, inicialmente titulada *Jineteras* (Planeta, 2006) y hoy disponible bajo el título *Habana Babilonia. La cara oculta de las jineteras* (en Ediciones B., Zeta Bolsillo, España, 2008).

La Habana que vamos a intentar retratar sintéticamente es una ciudad de múltiples facetas bajo la mirada de varios "detectives": entre los de papel, el teniente investigador Alain Bec por supuesto, que actúa con la ayuda del viejo negro Alex Varga, patriarca de La Habana delincuente y pobre, "suerte de cacique de la marginalidad".[2] Desde un principio nos llama la atención cómo la homofonía de estos dos nombres de dos sílabas (Alain / Alex) y de sus apellidos que empiezan por el mismo fonema "b" (Bec / Varga), apunta hacia la identidad del propio autor, de características fónicas semejantes (Amir / Valle). Detrás de las

---

[1] **Nota de la Editora**: Texto presentado en el Coloquio Internacional "Ecrire/Decrire La Havane" sobre la obra narrativa de Leonardo Padura, Abilio Estévez y Amir Valle, Niza, Francia, 21-22 de Mayo de 2012. En *Sitio Web de Amir Valle*, consultado el 17 de febrero de 2018, http://amirvalle.com/es/ensayo/la-cara-oculta-de-la-habana-de-amir-valle-obra-novelistica-y-ensayistica-desde-jineteras-2006/.

[2] Amir Valle, *Largas Noches con Flavia* (Córdova: Almuzara, 2008), 14.

máscaras de sus personajes, el escritor es de hecho otro de los detectives, pero real, de carne y hueso, en su papel de periodista, historiador y sociólogo a la vez a la hora de recoger voces en el terreno urbano y ofrecerlas al público, en casi todas sus obras de ficción o de no ficción. Además, en las novelas policiales, Alain necesita siempre la ayuda de Alex, uno no puede funcionar sin el otro: el desdoblamiento del héroe detective en uno más joven (Alain), y otro más viejo, antiguo detective oficial también, pasado a los bajos fondos de la ciudad (Al-ex, una suerte de ex–Alain, pues) hace hincapié desde el principio en la figura del doble omnipresente en la narrativa de Amir Valle, tal vez como metáfora de toda la sociedad cubana: una vertiente oficial, legal, visible, encarnada por el detective policial Alain Bec (¿de piel blanca como podría indicarlo la consonancia francesa de su nombre y el eco a la palabra francesa "blanc-bec"?), y una vertiente oculta, ilegal, secreta y oscura que el color explícitamente negro de su piel parece recalcar.

La "Habana negra" de Amir Valle: la ciudad marginal

La visión de la Habana de Amir Valle deriva claramente del concepto de "nueva ciudad" (o "ciudad otra") que el escritor analizara y desarrollara a propósito de la novela negra del cubano Leonardo Padura y del brasileño Rubem Fonseca, donde los protagonistas son:

> … esos otros que la padecen y agonizan bajo sus oleadas usualmente devastadoras, según el hálito destructor de los nuevos tiempos. Prostitutas, asesinos, ladrones, pobres sin esperanza, jóvenes drogadictos y desilusionados de sus países y sociedades; habitantes, en fin, de los mundos oscuros de la perdición marginal.[3]

La "Habana negra" de Valle se describe pues desde la particularidad de los marginados aquí enumerados, vueltos

---

[3] Amir Valle, "La Nueva Ciudad Cubana (y/o la Habana otra) en la Novelística Negra de Leonardo Padura", En *Sitio Web de Amir Valle*, s.f., consultado el 10 de diciembre de 2012, http://amirvalle.com/es/ensayos/categoria/de-amir-valle/.

"animales, a la brutalidad del animal, a la lucha por la supervivencia del animal, a las trampas y las costumbres irracionales del animal,"[4] en un proceso de involución impuesto por la ciudad moderna. Se entenderá obviamente que esta Habana negra lo es doblemente, por la cara oscura, violenta, sucia y sórdida que retratan sistemáticamente sus páginas, y por el género policial o 'neopolicial', según el propio autor, que domina en su trayectoria literaria. ¿Es la novela negra un modo privilegiado de observación y reflexión sobre lo urbano, lo urbano latinoamericano y cubano en particular? ¿Es válida la perspectiva tan peculiar de la marginalidad de la delincuencia y de la prostitución, del "inframundo" como lo denomina el propio Amir Valle, para entender y conocer la verdadera Habana, la Habana auténtica de los años 1990 y 2000? El escritor también contesta:

> No se trata ya de la ciudad rítmica y folclórica de Cabrera Infante; ni es ya la ciudad mítica y mitológica de Lezama; y mucho menos (pues la destrucción arquitectónica así lo marca) se trata ya de la Ciudad de las Columnas de Carpentier. Hay una ciudad, una Habana de la destrucción, los barrios marginales, los solares y las aguas albañales; una ciudad donde la superpoblación conlleva los males de siempre; una ciudad donde se pierden valores arquitectónicos y morales; una ciudad donde crece la fauna de la marginalidad por el simple hecho de que vivir es cada vez más un acto marginal de supervivencia.[5]

Esta declaración se ofrece como síntesis programática de toda la obra de Amir Valle, en que la descripción de la fauna marginal habanera y sus barrios ensancha hacia la comprensión de la capital entera, de la isla entera, por culpa de la pobreza que se extiende como un cáncer a todo el cuerpo social. Lo constata muy claramente Alex Varga ante su amigo policía Alain Bec:

> Y me perdonas, Alain, pero ya se demostró hace mucho tiempo que en esta Isla de porquería nadie puede vivir de su salario, aunque todavía queden por

---

[4] Ibid.
[5] Ibid.

ahí idioticas moralistas que se paran en la Asamblea Nacional y digan que el salario resuelve, que el pueblo está contento. No se puede estar contento con hambre. A Cuba debían cambiarle el nombre: Marginalia debería llamarse. Por eso, hasta en los barrios que aquí, en La Habana, siempre fueron de la gente *high*, de la gran realeza, esa marginalidad crece como yerba... en Cuba, el que no vive *en* la marginalidad, vive *de* la marginalidad. No hay otra forma de sobrevivir.[6]

Ésa es la Cuba opuesta a los tópicos turísticos tropicales que se reproducen por ejemplo en las hojas sueltas que escribe el tercero de los muchachos españoles asesinados en *Largas noches con Flavia*, "puras bobadas" según Alex Varga, destinadas a una revista de agencia de turismo en España:

> ... lo majestuoso que es el Castillo del Morro, la hermosura y amplitud de la bahía de La Habana, la vida renovada que ofrece al viajero extranjero la reconstrucción de La Habana Vieja, lo genial de la arquitectura cubana, lo buena y amigable que es la gente de Cuba, cosas así.[7]

El niño, comenta a su vez Alain Bec, "jamás imaginó que esa Cuba esplendorosa, pacífica y perfecta de las revistas turísticas leídas por él en España tenía también esta cara fea y sucia".[8] Por lo tanto, se entiende también que frente a las falsas pero omnipresentes imágenes paradisíacas de los catálogos turísticos que se imponen al mundo ("*Mi patria es dulce por fuera / y muy amarga por dentro*"[9] diría Nicolás Guillén), Valle se empeña en oponer el otro extremo del panel de representaciones sobre Cuba, la Habana marginal sórdida, restableciendo así una suerte de equilibrio en la búsqueda de la verdad, por lo menos en la reconstrucción parcial de la realidad. Dicho de otro modo, enseña la otra cara, la "cara oculta" de la ciudad: la misma realidad pero

---

[6] Valle, *Largas Noches con Flavia,* 43.
[7] Ibid., 56.
[8] Ibid., 75.
[9] Son los primeros versos de "Mi Patria es Dulce por Fuera", poema de Nicolás Guillén publicado en *El Son Entero. Suma Poética 1929-1946* en 1947.

inversa en el negativo fotográfico de estas hermosas postales caribeñas. De hecho, así mismo lo reivindica su héroe Alain Bec:

> Cuando se ponía el uniforme y se hundía en los barrios marginales de la ciudad, encontraba a la otra Cuba, la mayoritaria, la real, la que se iba hundiendo en sus propias miserias, en su ruina y en los escombros polvorientos de lo que fue su antigua gloria.[10]

La "otra Cuba", la "real", se vuelve pues lógicamente el centro de las preocupaciones del escritor. En la misma conferencia ya citada, Valle añade:

> La nueva ciudad latinoamericana real, entonces, es una sociedad marginal: los ricos y los políticos, con sus vicios y su doble moral, son marginales; eso que llaman "pueblo," por su necesidad de sobrevivir bajo toda circunstancia es marginal; el aire que se respira, viciado con los vicios que tradicionalmente destinamos a la marginalidad, es también marginal. Todos somos marginales bajo ese concepto.[11]

De hecho, ni el aire del famoso malecón, a pesar del viento marino, escapa de la contaminación omnipresente, por estar "siempre tan lleno de mojones y palos y latas de cerveza y petróleo y aceite de barco y niños tirándose de los arrecifes y haciendo piruetas, esquivando el oleaje".[12] Pero así y todo, no deja de atraer diariamente a miles de gentes que buscan una bocanada de aire fresco. De la superpoblación miserable de la ciudad y de su situación costera rodeada y a la vez bloqueada por el mar, nace el sentimiento de ahogo permanente, de falta de libertad e incluso de encarcelamiento en la capital (una especie de "isla dentro de la isla"), sinécdoque de Cuba entera si se toma en cuenta la despiadada política migratoria del país, como lo subraya Alain Bec desde las primeras páginas su última investigación hasta la fecha:

---

[10] Valle, *Largas Noches con Flavia*, 121.

[11] Valle, "Negra ciudad novelada. Los oscuros límites de la nueva sociedad literaria latinoamericana en la narrativa de Rubem Fonseca", conferencia leída en la Semana de Autor Rubem Fonseca, Casa de las Américas, La Habana, 1 de diciembre de 2004, citado en "La nueva ciudad cubana (y/o la Habana otra)".

[12] Valle, *Tatuajes* (San Juan: Terranova Editores, 2007), 43.

… Alain sentía hervirle en la sangre la molestia de haber descubierto que vivía en su país como si fuera un preso, "que da vergüenza que uno tenga que pedir permiso para salir y entrar a su casa con este gobierno de mierda," maldecía Camila.[13]

No sorprende pues que, para los personajes de Valle, la recurrente salida, sea de Centro Habana, de la Habana Vieja o del Vedado, la única búsqueda de oxígeno posible a pesar de su aire viciado siga siendo el mar, este malecón que dos documentalistas apodaron recientemente "el sofá de La Habana",[14] adonde todos los habaneros van a parar y sentarse al anochecer buscando respiración, como la Loretta de *Tatuajes*:

El malecón a esa hora está lleno de gentes. Busca un sitio vacío en el muro y se sienta de frente al mar. El olor a salitre y petróleo allí es fuerte y en oleadas le llega un tufillo a mierda que sabe salido de las aguas albañales que se mezclan con las olas.… La ciudad en aquella parte está a oscuras y los edificios del otro lado de la avenida semejan monstruos de la noche, deformes, enormes y cuadrados.[15]

Esos edificios inquietantes y macizos que bordean el mar, de apariencia carcelaria con el oscurecimiento del cielo, paisaje de ruinas a menudo, refuerzan la pesadez de la atmósfera y la necesidad de la respiración marítima. Lejos estamos en efecto de las descripciones alucinadas de Carpentier, en boca de su héroe Enrique, de la maravillosa puesta de sol y del "portentoso Teatro de mar" con sus nubes caprichosas, admirados desde el palco de piedra del malecón bajo el "gran telón estrellado de la noche",[16] Aquí, el malecón no encarna la nostálgica felicidad de la patria reencontrada, el espacio hermoso y abierto sobre el horizonte, sino

---

[13] Valle, *Largas Noches con Flavia,* 13.

[14] Magda Wodecka y Grégory Szeps, *El Sofá de La Habana*, documental de 52 minutos, Carlito Films, 2011.

[15] Valle, *Tatuajes*, 189.

[16] Pensamos en una página de antología de *La Consagración de la Primavera* sobre las nubes tropicales, observadas por Enrique, de vuelta a Cuba, desde el malecón, en la tercera parte de la novela, cap. 17, Madrid, ed. Clásicos Castalia, 1998, 333-335.

la frustración ante el leve soplo de libertad fantasmada, el anhelo de partida imposible hacia la otra costa de enfrente:

> Loretta aspira la brisa que llega del mar. Sigue siendo fría, húmeda…. Al otro lado una pareja habla del más allá, de lo que pudieran tener en esa otra costa que ya ni siquiera puede imaginarse en el horizonte que la noche oculta.[17]

Como en las bellas y desesperadas imágenes de la película *Madagascar* de Fernando Pérez (1994),[18] el mar es barrera contra la cual los personajes chocan perpetuamente, frontera infranqueable aunque tentadora. No se escapa de esta cárcel. Los que emprendieron el viaje a costa de su vida, protagonistas muertos o sobrevivientes de *Santuario de Sombras,* evitando sin embargo lanzarse al mar como balseros espontáneos e imprudentes, cayeron a manos de un horrendo tráfico de personas orquestado por altos funcionarios del turismo.

Habana Babilonia o el jineterismo habanero

Entre la marginalidad retratada por Valle están los delincuentes y actores de varias actividades ilícitas, principalmente el sexo de la prostitución, la droga, y el tráfico de todo tipo, desde el comercio ilegal de productos cubanos de alto valor como el tabaco y el ron para los turistas hasta el tráfico de personas. El mundo de "Habana Babilonia", del jineterismo habanero, merece especial atención, desde la publicación del ensayo de 2006 que es una aportación única y fundamental sobre el tema, a base de un trabajo periodístico de terreno admirable. Conectar La Habana desde el título con el mito de la "Gran Ramera" bíblica o "Gran Prostituta" de Babilonia sintetiza sutilmente todas las implicaciones que el desarrollo de este negocio tiene para Cuba: símbolo de la

---

[17] Ibid., 189.

[18] Véase mi estudio de esta película en "Miroirs, Reflets, Doubles: Une Esthétique de l'Ailleurs dans le Film Cubain *Madagascar* (Fernando Pérez, 1994)", Aix-en-Provence, *Cahiers d'Etudes Romanes* 23 (2011); "L'Ailleurs. Pratiques et représentations," coord. Jacques Terrasa, Université de Provence (Aix-Marseille I, Francia), 219-238.

decadencia tras una era de triunfo, esplendor y prestigio pasados, como la fisonomía actual de La Habana en ruinas parece confirmarlo, Babilonia supone el castigo de la caída, del declive, de la corrupción en todo nivel, que la ciudad cubana padece hoy en día.

"La cara oculta de las jineteras" da la palabra a los testigos y actores de esta actividad galopante desde los años 1980 en Cuba, y cumple con una característica vallezca muy propia de su formación de periodista, la de basarse siempre en "las voces de La Habana". Incluso en su ensayo más histórico sobre la ciudad, *Habana, puerta de las Américas* (2009), cuyo primer capítulo sobre los mitos, leyendas o anécdotas fundacionales de La Habana se titula precisamente así. Dar voz, a base de transcripción o reescritura de numerosas entrevistas con jineteras y con todos los actores implicados en el negocio, es el propósito de Valle en *Habana Babilonia*. Es de notar que se trata de una variante de la polifonía compleja que caracteriza toda su obra, sea mediante la yuxtaposición de los innumerables testimonios como aquí en el ensayo, sea mediante una sistemática intercalación de voces de sus distintos protagonistas ficticios como otras tantas facetas de la misma realidad en vía de reconstitución, que culmina en *Santuario de sombras* (2006) y parece resurgir fuertemente en el único fragmento publicado[19] de la última novela de la serie "El descenso a los infiernos", todavía por editar, *Los nudos invisibles*.

De esta polifonía emerge en *Habana Babilonia* una voz principal, la de Susimil-Loretta, hilo conductor de todo el libro que abre cada una de las siete partes que lo componen, a modo de introducción, de entrada en materia, con un nuevo fragmento de su historia. Susimil-Loretta tiene una historia tan fuerte y desgarradora, tan ejemplar también desde cierto punto de vista, que Amir Valle, como lo anunció ya en su ensayo, no pudo resistir su transformación y recuperación como heroína de una novela posterior, *Tatuajes*. Ahí encontramos páginas y fragmentos enteros casi literalmente copiados de *Habana Babilonia*, otros reescritos y

---

[19] El fragmento de *Los nudos invisibles* fue publicado en Alex Martín Escribà y Javier Sánchez Zapatero, eds., *Geografías en Negro. Escenarios del Género Criminal* (Barcelona: Montesinos, 2009), 277-94.

levemente modificados, pero sin alteración de las principales anécdotas ni de la trayectoria global de la mujer. La joven provinciana de Oriente, llamada Blanquita (Susimil en la vida real) casada con un alto funcionario habanero, vivió tiempos lujosos con su esposo en su mansión del Vedado y luego en México, antes de un viraje de carrera que provocó el retroceso social del marido y la lenta bajada a los infiernos de la que cambió su nombre en Loretta, primero usada como objeto sexual por su propio suegro y los amigos de su marido, luego caída en el universo de la prostitución para sobrevivir tras su huída del hogar matrimonial. A pesar de una última etapa más feliz con un segundo esposo mexicano, Loretta murió de sida en Francia, su última tierra de residencia y último sueño que había logrado concretizar. *Tatuajes* (2007), la novela basada en su historia, a pesar de no aparecer entre las obras de la serie "El descenso a los infiernos"[20] por no ser policíaca, tal vez sea no obstante la más representativa del título de esta serie.

El mundo de *Habana Babilonia* se distingue primero por un vocabulario expresivo, muy sexual y propio de este tipo de marginalidad, que vive del dinero de los "yumas" (o turista, extranjero) y se empeña —es recurrente e impactante en su discurso— en "luchar la vida" (que no luchar "por" la vida), o sea, "resolver", como dicen los cubanos, buscar dinero de cualquier forma y a toda costa en "una batalla eterna de la gente común por sobrevivir".[21] Porque cada jinetera, cada chulo, cada traficante, se autodefine ante todo como "un luchador de la vida",[22] la justificación esencial y principal de su comportamiento. El dinero es mucho más abundante que en los trabajos legales y decentes, y circula en moneda fuerte y no en pesos cubanos, pero la lucha es efectivamente dura, en un acto cotidiano de violencia, de miedo, de riesgo, de enfermedad, de persecución. A estos testimonios patéticos de jineteras que abundan entre las páginas de *Habana*

---

[20] En su sitio web personal, Amir Valle aclara que la serie "El descenso a los infiernos" incluye hasta la fecha *Las puertas de la noche* (Ávila/Madrid: Malamba, 2001), *Si Cristo te desnuda* (Santiago de Cuba: Editorial Oriente, 2001), *Entre el miedo y las sombras* (Granada: Zoela Ediciones, 2003), *Santuario de sombras* (Córdoba: Almuzara, 2006), *Largas noches con Flavia* (Córdoba: Almuzara, 2008) y *Los nudos invisibles* (todavía inédita).

[21] Es una expresión de Susimil-Loretta, en *Habana Babilonia*, 23.

[22] Véanse, por ejemplo, las páginas 51, 59 y 66 de *Habana Babilonia*.

Babilonia se suma el temor a caer presa como lo describe la Loretta de *Tatuajes*:

> Huirle a la policía no tenía nada de juegos: debía ingeniárselas para andar cerca de las zonas turísticas sin que la detuvieran y la mandaran a una granja, sobre todo después que las leyes se habían hecho más fuertes y los policías casi que llovían del cielo hacia todas partes. Se hizo normal para ella encerrarse unos minutos en una caseta con los guardias de los hoteles para que la dejaran entrar en esos lugares donde podía tener una cacería decente y segura, a cambio de que hicieran con ella lo que se les ocurriera, pero rápido.[23]

El peligro aquí descrito remite a la histórica "gran redada" que se hiciera en Cuba a mediados de los 1990 para tratar de erradicar, por lo menos oficialmente, el fenómeno del jineterismo. En *Largas noches con Flavia*, en boca de Alex Varga, el lector entiende que en realidad no se trató de solucionar el fondo del problema, el de la miseria y de la supervivencia perpetua, sino de mejorar la imagen de la isla en el escaparate internacional, usando la mentira si fuera necesario:

> El método es muy sencillo: hacen una redada contra las jineteras del país, las putas públicas, que son las que se ven, las que trabajan en las avenidas, en los hoteles, en las discotecas; las meten presas en una granja en La Habana y comienzan a decir por todos los periódicos y por la radio y la televisión que el fenómeno se erradicó, que solamente quedan algunas recalcitrantes. Así cualquiera se cree esta mentira. Yo te puedo asegurar lo contrario: ahora hay más jineteras en Cuba que cuando se hizo la Gran Redada, que así llamamos a ese suceso, y en aquel entonces cayeron unas doce mil.[24]

Lo que más llama la atención en su recorrido vital y en este "descenso a los infiernos" es la correspondencia espacio-temporal patente entre las distintas viviendas que ocupa y su evolución

---

[23] Valle, *Tatuajes*, 149.
[24] Valle, *Largas Noches con Flavia*, 94.

personal, progresiva decadencia social y moral. Ella pasará de una condición modesta pero honesta en su pueblito oriental de Río Seco al lujo de la capital, en la mansión del Vedado de su esposo Raydel (su nombre en *Tatuajes*,[25] aunque en *Habana Babilonia* sólo se le llama "mi esposo", con casa situada en Miramar, como las mansiones de los amigos de la pareja), verdadero "palacio" decorado con cuadros, muebles y objetos preciosos, con bonito jardín bien cuidado y las comodidades del hogar moderno. Luego, tras la degradación profesional de su esposo a la vuelta de México, ocupan un apartamento del barrio de Siberia de Alamar, en la parte oriental costera de La Habana alejadísima del centro. Es significativo el contraste físico y social entre las dos cercanías costeras de La Habana, opuestas geográficamente del Oeste al Este respecto al centro de la ciudad. En esta periferia depauperada donde dominan los edificios de construcción rusa como "inmensos y podridos cajones de bacalao", el tren de vida ha cambiado mucho obviamente y la descripción de este microcosmos vale para toda La Habana derrumbándose:

> ... los techos toscamente afeados por las marcas de las uniones del fibrocemento, las paredes con la cal cayéndose por la humedad que se filtraba desde algún sitio en el techo hacia el repello mal dado, las puertas de los cuartos hechas como a machetazos sobre una madera de pino mal cortada, las instalaciones eléctricas despegadas de los huecos en la pared donde las había colocado una mano guiada por una cabeza bruta. Un desastre.

Loretta, tras haber escapado del hogar matrimonial, se refugia en La Habana Vieja, o sea, simbólicamente vuelve al centro donde puede retratar la verdadera Habana del pueblo, más sórdida aún, con largas evocaciones de la fealdad, la suciedad, los excrementos, la basura, los gusanos, los perros sarnosos y la insalubridad reinante[26] en estos barrios. Otra vez, la descripción de su casita corre parejas con su estado anímico cada vez más degradado:

---

[25] Véanse las páginas 57 y 108 de *Tatuajes*.
[26] Ibid. Véanse, por ejemplo, las páginas 43-45.

La casa está sucia y no tiene deseos de limpiarla. Las telarañas se comen las esquinas y no le surgen ganas de sacudirlas. …Ella misma se siente sucia, pegajosa…. Se le quitan las fuerzas sólo de pensar en salir, limpiar el baño colectivo para no tragarse el churre apestoso de los vecinos del solar y cargar el cubo y bañarse allí mismo, en la sala, aprovechando luego para limpiar el piso…. Ni ánimos encuentra para moverse.[27]

Topografía de La Habana vallezca: territorialidad de la delincuencia

Esta Habana social nos lleva al examen de La Habana geográfica, topográfica, plasmada en los libros de Amir Valle, una Habana muy concreta que el autor conoce a la perfección:

Hundirme en la más profunda de las Habanas, detrás de las huellas invisibles de la prostitución, fue una experiencia sin la cual mis novelas actuales no tendrían esa "visualidad" de la que han hablado casi todos los críticos que han estudiado la serie "El descenso a los infiernos".[28]

Según el mismo esquema que en *Tatuajes*, en *Largas noches con Flavia* los escenarios criminales nos hacen progresivamente pasar de la periferia al centro habanero, siguiendo la narración una misma fuerza centrípeta que acaba estrechándola entorno al centro de la ciudad donde todo se concentra, en una suerte de batida desde el gran cinturón habanero hacia Centro Habana, donde se encuentra el lector por fin con el criminal. Los hilos narrativos figuran los de una araña paciente guiando su presa hacia el centro de la tela, en una despiadada caza mortal. Así es cómo la visualización topográfica de los espacios habaneros convocados, nada anodinos, arroja una nueva luz a la lectura de la novela: tres

---

[27] Ibid., 39-40.
[28] Valle, "De *Jineteras* a la Serie 'El Descenso a los Infiernos'", consultado el 10 de diciembre de 2012.

lugares de las afueras, apartados del centro de la capital, inicialmente escogidos por Alex Varga por su alejamiento y discreción como escondites seguros para los muchachos españoles en peligro de muerte, rodean hábilmente toda la periferia de la ciudad (más allá de la gran circunvalación habanera cuyo tramo principal se denomina "Primer Anillo de La Habana"), colocados en puntos estratégicos de lo que parece otra telaraña circular fatal que servirá involuntariamente de altar de sacrificio perfecto al criminal Don Leone y sus esbirros. El primer lugar, un burdel del barrio de Jaimanitas, en las playas oeste de La Habana, más allá de Miramar; el segundo, tierra adentro, bordeando la carretera central que conduce hacia el interior del país, la "Loma de Tierra" en el barrio del Cotorro; y el tercero, de nuevo en la costa pero al extremo opuesto, en La Habana del Este, en el pueblo pesquero de Cojímar. De hecho, a modo de contraste, para tratar de poner a salvo a la única sobreviviente del grupo de los españoles, Flavia, Alain Bec se resuelve a hospedarse con ella en un apartamento prestado por un amigo alto oficial del Ministerio de Interior, en la cuadra más controlada del Vedado, cerca de la calle 11, donde vive "Raúl Castro y Vilma Espín, la Primera Dama de la República".[29]

Fuera de la disposición geográfica de los asesinatos, el tráfico de droga y la prostitución siguen también la misma espiral centrípeta en la novela, creando una topografía paralela a los mapas oficiales, entorno a nuevos jalones de la ciudad bien distintos a los tradicionales monumentos o edificios históricos para los turistas. En *Habana Babilonia* se alude al "territorio libre" para jineterismo de los hoteles Comodoro y Cohíba en Miramar, Nacional y Habana Libre en el Vedado, así como al misterioso "Triángulo de las Bermudas",[30] suerte de territorio del jineterismo del Vedado libre de control entre el "Hotel Cohíba, el Riviera y el Cupet de Paseo y Malecón". En *Largas noches con Flavia* los dos otros burdeles mencionados de la misma red que la "*Casa de Lola*" de Jaimanitas se ubican en la misma costa lejana del Oeste, "la *Mansión Mayor*,… pegada al Palacio de las Convenciones, dedicada a las putas de alto rango",[31] y el "*Bodegón de Manuela,*

---

[29] Valle, *Largas Noches con Flavia*, 64.
[30] Valle, *Habana Babilonia*, 51.
[31] Valle, *Largas Noches con Flavia*, 34.

pegadito a la Puntilla, en la desembocadura del río Almendares". Son indicaciones que la Faraona, homosexual encargado la *Casa de Lola*, da a Alain Bec quien, a partir de estas zonas alejadas del Oeste, proseguirá más tarde su pesquisa en la calle Monte de Centro Habana, cerca del Parque de la Fraternidad, recorriéndola entre los escombros en busca de prostitutas chivatas. En cuanto al mercado de la droga las cuatro zonas de influencia de los grandes grupos traficantes dividen toda la extensión de la ciudad, desde los alrededores hacia el centro: "la zona turística que va desde el Hotel Tritón hasta la Marina Hemingway", en la costa Oeste; "la zona de Luyanó y San Miguel del Padrón con el Cerro incluido", en el interior sur de la periferia habanera; la zona de "Alamar, Cojímar y las playas y hoteles de turismo de por allí," en la costa Este; y la zona de "La Habana Vieja, Centro Habana y algunas zonas del Vedado, con sus hoteles y todo."[32]

El foco de las historias de Valle se sitúa entonces en la popular Centro Habana, donde el autor vivió mientras residió en Cuba, en particular los barrios de las calles Dragones y Los Sitios. Parte arrinconada entre la contrastada Habana Vieja y el moderno Vedado, Centro Habana es una zona intermedia pues, intérlope mejor dicho, donde afluyen los marginales y pululan las actividades sospechosas e ilegales. Allí vive Alex Varga, el magnate de la delincuencia habanera, para vigilar y proteger a su pueblo, y allí también trabaja el teniente detective Alain Bec, "desde que lo trasladaron a la sección de Delitos Comunes en aquella unidad de policía".[33] A esta situación geográfica particular de "zona del medio" se añade la superpoblación miserable, en edificios multifamiliares, que agudiza el sentimiento de ahogo permanente y de encarcelamiento ya mencionado acerca de La Habana:

> Aquí, en Centro Habana y La Habana Vieja, como no podía crecer el barrio, se inflaron las casas por dentro.
> Las barbacoas, ya sabes: una habitación que se convierte en dos con una división de madera, de modo

---

[32] Ibid., 97-98.
[33] Ibid., 106.

que abajo hay un cuarto y arriba, subiendo por una escalera pequeña, hay otro....[34]

Allí es donde se concentran las ventas de droga, de ron y tabaco ilegales, los burdeles para prostitutas y homosexuales, como el pintoresco e insólito *Torreón de Billito*,[35] y es la zona que los turistas suelen y deben evitar cuando se trasladan del Vedado a La Habana Vieja, pasando mejor por el malecón. Alex compara La Habana con un volcán cuya lava es "líquido hermoso pero letal" que sólo ven de lejos los turistas: "la parte limpia, linda y restaurada de la ciudad."[36]

> "Fíjate que en los paquetes turísticos, los paseos, sacan al turista de los hoteles, recorriendo las grandes avenidas, en un itinerario básico: por el Malecón hasta la Habana Vieja, o cruzan al Morro y La Cabaña desde donde se ve una Habana esplendorosa, brillante, cautivadora, que son esas las palabras que usan la publicidad". Por supuesto, ninguno de aquellos recorridos se metía en las partes horribles de la ciudad. -Y la diferencia es una calle, Alain, —decía—: si vas por el Malecón hasta la Habana Vieja, la ciudad resulta imponente, pero si decides ir a esa misma Habana Vieja atravesando por los barrios de Centro Habana y por las cuadras que rodean la zona restaurada del casco histórico, entonces lo que resulta imponente es la miseria.[37]

Vuelve como leitmotiv esta idea de una "Habana doble", contrastada entre la turística y la real cubana, cuyas imágenes más impactantes son las que ofrecen Alain y Alex (o las dos miradas de un mismo detective "doble"...) a la reflexión del lector, primero acerca del Museo del Tabaco, otra vez en pleno Centro Habana:

> ... el espacio que ocupa la fachada del Museo y de la Fábrica está recién pintado, restaurado, como nuevo, pero en esa misma cuadra se alzan edificios horribles,

---

[34] Ibid., 163.
[35] Ibid., 139.
[36] Ibid., 121.
[37] Ibid., 122, énfasis del autor.

mugrosos, de fachadas cuarteadas y balcones cayéndose a pedazos, cubiertos de tendederas de ropas que los vecinos ponen a secar a los rayos inclementes y resecos del sol de La Habana.[38]

Luego en otra discusión, Alex Varga define la diferencia entre las putas y las jineteras de la calle Belascolaín, entre dos avenidas emblemáticas y paradigmáticas según él de "la división del trabajo" y del doble mundo en Cuba, el "real de los cubanos" del lado de San Lázaro, y el "ficticio del turismo" del lado del Malecón: "La puta trabaja para los cubanos y cobra en pesos; la jinetera se vende al turista y el pago, es obvio, tiene que ser en moneda dura, dólares, euros, lo que sea, menos en pesos cubanos."[39]

La Habana doble: ¿esquizofrénica?

Entendemos que la dualidad de esta Habana geográfica, espacial, se prolonga primero en dualidad existencial (la Habana ficticia para turistas versus la real para cubanos), y se extiende incluso a una innumerable serie de dicotomías que parecen definir la Habana actual de la doble cara, una Habana esquizofrénica. Es la Habana de la doble moneda, claro, también de la famosa "doble moral" y del "doble discurso" que Amir Valle expone claramente en *Habana Babilonia*, citando a un amigo periodista canadiense:

> … en Cuba es casi imposible hacer un trabajo objetivo a partir del pensamiento íntimo de las personas sobre determinados asuntos donde la política ha sentado sus reglas. Es como si cada cubano supiera qué debe decir y cómo decirlo para cada tema, aun cuando tú descubras que es falso lo que dice, que está recitando una consigna muy bien interiorizada.[40]

---

[38] Ibid., 156.
[39] Ibid., 153-54.
[40] Valle, *Habana Babilonia*, 278-79.

La jinetera Loretta añade el concepto fundamental del engaño, de la máscara que uno tiene que llevar puesta siempre, comparando Cuba ("allá") con México ("acá"), donde vive ahora:

> Lo más asqueante es la doble cara con la que se vive. Acá abajo, cuando estás a solas, e incluso hasta con una multitud al lado, puedes mostrar tu rostro, tu cara verdadera, aunque a veces eches mano de la máscara que has elegido para sobrevivir. Allá siempre tienes que tener puesta esa máscara: hay muchos ojos que te sonríen detrás de sus máscaras y están esperando a que descubras sólo un ápice de ese rostro tuyo, el de carne y hueso, para descaracterizarte y ocupar tu lugar en la escala del poder.[41]

En este "mundo de apariencias, de máscaras, de mentiras",[42] los principales culpables son los propios jefes, los políticos, de donde vienen las consignas, como lo apunta el padre de Alain, desilusionado y jubilado a la fuerza al final de su carrera diplomática: "hasta quienes uno cree intachables, *mi'jo*, son dueños de una doble cara asquerosa que yo nunca quise ponerme".[43] Alex Varga saca el mismo balance:

> "Es muy fácil pedirle a la gente que se apriete el cinturón y se sacrifique, que pase hambre, necesidad, que lo que importa es la dignidad, y luego llegar a la casa y tener de todo. Así hasta yo construyo el comunismo". le dijo Alex en una de las muchas ocasiones en que hablaban de cómo los jefes controlaban las grandes masas de aquel país.[44]

La última dicotomía fundamental que mencionaré es la de la Habana diurna versus la nocturna, casi opuestas, en las que un mismo trabajador tiene dos vidas paralelas, dos trabajos o más, como lo retratara magistralmente Fernando Pérez en su película *Suite Habana*. Amir Valle la ilustra a su manera en *Habana Babilonia* con el caso ejemplar de algunas jineteras de noche,

---

[41] Ibid., 24.
[42] Ibid., 66.
[43] Valle, *Largas Noches con Flavia*, 69.
[44] Ibid., 85.

como la Paddy de la tercera parte del ensayo, doctora en medicina, empleada de un hospital de día, jinetera "Suprema" para turistas ricos y distinguidos, de noche.

La Habana en ruinas y escombros

El recorrido habanero de Amir Valle no escapa a una tendencia que cada vez más críticos observan en la narrativa cubana actual, o sea la insoslayable evocación de las ruinas de La Habana. La investigadora francesa Françoise Moulin-Civil hace de esta "poética de los escombros" la característica principal de la prosa finisecular cubana desde el período especial:

> la prose narrative cubaine des dernières années met au jour les traces d'une écriture tout à fait particulière par lesquelles la vision de la ville de La Havane est liée, voire subordonnée, à la conscience aigüe et douloureuse d'une décadence "fin de siècle". une manière de syndrome qui affecterait les plus récentes générations d'auteurs et qui, artificiellement ou non, uniformiserait leur production selon un standard quasi unique. La capitale cubaine, en conformité avec un réel qui pèse de tout son poids, y apparaît à ce point déconstruite que les ruines en constituent l'image la plus récurrente et la plus symbolique. Pour aller vite, le discours sur ce qui est désormais la "ville des décombres" (la mythique et sublime "ville des colonnes" d'Alejo Carpentier s'est, de fait, effondrée) a investi l'imaginaire et engendré de nouveaux mythes unificateurs, peut-être aussi réducteurs.[45]

---

[45] Françoise Moulin-Civil, "La Havane Brisée d'Ena Lucía Portela: *Cien Botellas en una Pared* (2002)", en Teresa Orecchia Havas, ed., *La Ville et la Fin du XXe Siècle en Amérique Latine. Littératures, Cultures, Représentations*, (Berne: Peter Lang, 2007), 187. Ver también otro interesante artículo suyo titulado "La Havane 'Fin de Siècle'. Poétique des décombres, esthétique de la désolation", en Teresa Orecchia Havas, ed., *Mémoire(s) de la ville dans les mondes hispanique et luso-brésilien*, (Berne: Peter Lang, 2005), 121-37.

Igualmente en la obra de Valle, es tal vez el elemento más sobrecogedor para el visitante de la ciudad, como es Flavia la española, aturdida ante el contraste entre la ruta turística y el trayecto hacia la casa del chófer, que pasa

> ... por calles que parecían haber sobrevivido a un bombardeo, Alain: charcos de agua podrida, perros con sarna, casas derrumbadas, basura por montones en todas las esquinas, ratas corriendo por los escombros....[46]

Edificios que se derrumban dejando lugar a solares llenos de escombros, hierros viejos y madera podrida, fachadas desconchadas por el tiempo y el clima, es el espectáculo desolador que Alain observa recorriendo la calle Monte de Centro Habana, antaño lugar de paseo de las familias cubanas ante los hermosos escaparates:

> Aún sobreviviendo, como a bocanadas de aire, de entre los escombros, los edificios descascarados y de paredes y columnas rajadas, con parques de aceras partidas y árboles mal cuidados, y calles llenas de baches y desniveles, la ciudad dejaba escapar una aureola de antigua majestuosidad, como esas viejas que alguna vez pertenecieron a la más rancia y alta alcurnia habanera ... La destrucción daba asco. Los portales de las antiguas tiendas estaban llenos de mierda y charcos de orín, con los cristales de las vidrieras rotos o sustituidos por cartones y tablas de madera. Todo despintado. Algunos edificios derrumbados por dentro, conservando sólo "el casco y la mala idea", como diría su padre, si viera aquel destrozo.[47]

El mismo tipo de descripción, en contrapunto a la Cuba de los pósters turísticos, aparece en un cuento como La nostalgia es un tango de Gardel.[48] Es la Habana del "arte nuevo de hacer ruinas,"

---

[46] Valle, *Largas Noches con Flavia*, 131.

[47] Ibid., 143.

[48] Valle, *La Nostalgia es un Tango de Gardel*, ed. bilingüe, (Lyon: Equi-librio Editions, 2008), 93.

como se titula el hermoso documental alemán de Florian Borchmeyer[49], sobre la destrucción de los tesoros coloniales de la capital. Pero Amir Valle no se deja seducir o distraer por la edulcoración de una posible "poética de las ruinas" heredada de los pintores de los siglos XVII y XVIII inspirados por los vestigios de la Antigüedad, como los preciosos Hubert Robert que se conservan en el actual Museo de las Artes Decorativas del Vedado. Por honestidad periodística, escapa a la tentación de admirar nostálgicamente los vestigios de un pasado glorioso y remoto. Describe la realidad de los olores sórdidos, la mugre, la fealdad, que este largo monólogo de la Loretta de *Tatuajes* no puede restituir mejor:

> Cuánta suciedad se acumulaba en aquella ciudad. La Habana era un lugar hermoso, sí, cree que incluso agresiva, modernamente hermoso, pero podía compararse a una fábrica enorme, gigante, de excremento y churre: los perros cagaban en las calles marcando las esquinas y aceras con sus plastas redondas que se secaban al sol o entre los pies de la gente; los escombros no caían de los edificios derrumbados, brotaban en cualquier cuadra y se elevaban lenta, babélicamente hacia el cielo siempre azul; los latones reventaban de basura y los gusanos desandaban por las aceras y se metían en las casas y se convertían en mariposas grises y moscas que posaban sus paticas sobre los platos sucios en los fregaderos sin agua; en las esquinas oscuras el orine nacía de alguna vejía repleta y clandestina y corría en ríos hacia donde la calle bajaba en suaves pendientes; los cartuchos de mierda de quienes preferían defecar en jabas de nylon y polietileno conseguidos en la shopping; en vez de vaciar sus tripas en los baños colectivos de las cuarterías que se reproducían en los viejos edificios, retoñaban como flores carmelitas y hedorosas en

---

[49] Florian Borchmeyer y Matthias Hentschler, *Habana: Arte Nuevo de hacer Ruinas*, documental de 97 minutos, Allemagne, DVD Arthaus, 2006.

medio de las calles. La Habana era, vista así, una ciudad donde se rendía culto a la fealdad, un sitio convertido en el estercolero de millones de personas ya acostumbradas a vivir en la mierda, respirar mierda, reproducirse entre la mierda, comer tranquilamente rodeados de mierda, oler a mierda y grajo y polvo seco y salitre y gasolina[50].

Con su voz se cierra este recorrido. Esta Habana que se acaba de presentar no es la Habana exhaustiva de Amir Valle, son facetas escogidas que forman un tipo de caleidoscopio de la ciudad, fruto de una navegación posible en el mundo habanero del escritor. Falta subrayar que la última obra publicada de Amir Valle, La Habana, puerta de las Américas, ofrece una visión más sosegada de la ciudad, al remontar hacia el tiempo de los orígenes. La puesta en perspectiva

histórica y temporal parece que le despertó una mirada más amena, una especie de reconciliación con el espacio habanero, una vez aceptado el exilio tal vez, una manera de rescatar la ciudad...

---

[50] Valle, *Tatuajes*, 43-44.

La nueva novela policial cubana:
Leonardo Padura, Amir Valle y Lorenzo Lunar[1]

(Fragmento)

Frauke Gewecke
Universidad de Heidelberg

Entre los *novísimos* que iban a servirse del (neo)policial con aún mayor "distancia", Amir Valle es el más asiduo e internacionalmente más visible cultivador del género, con (hasta ahora) cinco novelas publicadas, las cuales ha reunido bajo el título de serie de "El descenso a los infiernos",[2] título que desde *Las puertas de la noche* le parecerá al lector de lo más atinado. Los casos investigados –en esta primera novela la desaparición y muerte de varios niñas y niños prostituidos y violentados en las más abyectas prácticas sexuales– se sitúan históricamente en aras y a comienzos del nuevo milenio y tienen como escenario el submundo de los solares, "las cuarterías miserables y enmierdadas"[3] de Centro Habana, donde pululan prostitutas y proxenetas, maricones y travestís junto con traficantes de drogas y toda una fauna de aprovechados que intentan

---

[1] **Nota de la Editora**: Se ha querido escoger un fragmento (180-85), referido a Amir Valle, de esta investigación publicada originalemente en Andrea Gremels y Rolland Spiller, eds., *Cuba: La Revolución revis(it)ada*, 2010.

[2] Estas novelas son, por orden de su publicación (que corresponde a la sucesión de los hechos narrados): *Las puertas de la noche* (2001), *Si Cristo te desnuda* (2001), *Entre el miedo y las sombras* (2003), *Santuario de sombras* (2006), *Largas noches con Flavia* (2008). (Desde 2008 Valle ha anunciado en varias ocasiones la inminente publicación de una sexta entrega, titulada *Los nudos invisibles,* la cual no ha podido ser rastreada.) No se ha tenido en cuenta, dentro de esa serie, la "noveleta" *Últimas noticias del infierno,* publicada junto con novelas cortas de Juan Madrid y Marco Aurelio Carballo en 2005 por la editorial EDAF (n°. 2 de la colección "La Casa Ciega"), ya que ha sido imposible de conseguir.

[3] Valle, *Las Puertas de la Noche* (Ávila/Madrid: Editorial Malamba, 2001), 11.

sobrevivir de cualquier manera a través del mercado negro. Este mundo paralelo, ignorado por el turista extranjero –cuyas pretensiones (y dólares) proveen, no obstante, el caldo de cultivo para todas las aberraciones imaginables– es escenificado en un tono desenfadado, con un lenguaje decididamente soez y descripciones exhaustivas en particular de *templaderas* orgiásticas con detalles de lo más sórdido y escabroso. El escenario de todas las novelas está impregnado por la miseria y la podredumbre, pero también por el miedo y la desesperación, siendo la delincuencia (como explica un personaje en *Santuario de sombras)* "una bacteria que se transforma, como dicen en la tele, muta, y está llamada a ser el gran negocio del futuro".[4]

Quien se encarga de investigar los casos criminales, que -exceptuando *Santuario de sombras,* cuya trama gira en torno al tráfico de personas entre Cuba y Miami- radican todos en el negocio de la prostitución (femenina y masculina) y del tráfico de drogas, es el teniente Alain Bec, héroe en serie como el teniente Mario Conde. A semejanza de aquél, Alain Bec es un empecinado fumador y bebedor de café (y, con mayor discreción, de ron); pero al contrario de Mario Conde lleva, fuera del mundillo de su trabajo, una vida estable y colmada de satisfacciones, con un hijo y una mujer que lo aman y que él ama (lo que no le impide aventurarse en relaciones eróticas ocasionales); amén de eso, pertenece por su padre, que fue diplomático, "a la *high*" *y* por su mujer, que trabaja en un hotel turístico, a "aquella nueva clase que había surgido en los últimos años –los que tenían acceso al dólar"[5] En su trabajo -ha sido transferido de la Sección de Delitos Económicos a la de Delitos Comunes– es cumplidor, "un fan al sobrecumplimiento de las metas";[6] y trabaja (por de pronto) en equipo, recurriendo para datos personales incluso a los CDR. Le hubiera gustado tener el "talento deductivo" de Sherlock Holmes;[7] no teniéndolo confía en su intuición, su "olfato de viejo perro policía",[8] que no le lleva forzosamente por la buena pista, siendo racista y clasista a la vez. De ahí que, encaminado por sus prejuicios, sea absolutamente

---

[4] Valle, *Santuario de Sombras*, 49.
[5] Valle, *Las Puertas de la Noche*, 54.
[6] Ibid., 25.
[7] Ibid., 68.
[8] Ibid., 60.

lógico que en el caso de la prostitución infantil, en *Las puertas de la noche,* sospeche en el acto de algún sujeto entre la "comedera de mierda de negros brutos",[9] pues: "A los negros les encanta coger culos ajenos".[10]

Al teniente Alain Bec, "blanquito vivebien"[11] y "niñito mimado de Miramar",[12] le es completamente ajena e inaccesible la lógica de la marginalidad y de la delincuencia que reina en los solares de Centro Habana. Para contrarrestar sus deficiencias se le une entonces otro personaje que, al ser parte de ese mismo mundo, le va a proporcionar las claves necesarias para encaminar su investigación: el viejo negro Alex Varga, personaje ambiguo, que en los años cincuenta fue hombre de confianza del (histórico) mafioso Meyer Lansky "haciendo ciertos trabajitos sucios para las clases del poder de esa Habana a la que se conocía como 'Las Vegas del Caribe' o 'El Burdel de las Américas'"[13] y que en la actualidad, cual "cacique de la marginalidad",[14] controla el

---

[9] Ibid., 10.

[10] Ibid., 23. No es mi intención tachar de racista a Amir Valle, quien en múltiples entrevistas ha criticado los prejuicios raciales o racistas que siguen existiendo en Cuba; tampoco se le puede reprochar, por supuesto, el haber creado un personaje racista. Lo que sí me parece susceptible de ser criticado en ese contexto es el manejo poco convincente tanto de la psicología del personaje como de las técnicas narrativas que vendrían al caso. A través de una tirada de páginas interminable el lector tiene que digerir afirmaciones racistas de la peor calaña, supuestamente atribuibles al héroe-detective; sin embargo, el autor no domina (todavía) en esa primera novela de la serie la técnica del estilo indirecto libre, de modo que a la perspectiva del personaje se superpone constantemente, la del narrador extradiegético (confiable). Y la presunta "conversión" del personaje –después de que su mujer le ha reprochado "esa jodedera [suya] con los negros" (145)– carece totalmente de una fundación psicológica. Uno de los pocos momentos en que el tema del racismo en Cuba aparece en una forma convincente, además acorde con el ambiente y tono de la serie, es cuando (en Santuario de sombras] se dice, desde la perspectiva de un negro, que Cuba sería "un país donde el racismo está y no está, pues los negros son racistas, los blancos son racistas, los perros son racistas, y hasta las hormigas negras discriminan a las hormigas rojas y a las albinas, pero todo el mundo: negros, blancos, perros y hormigas, juran ante el mismísimo Dios y las once mil vírgenes putas que el racismo es una cosa del pasado" (véase *Santuario de Sombras*, 45-49).

[11] Valle, *Las Puertas de la Noche*, 28.

[12] Ibid., 44.

[13] Valle, *Largas Noches con Flavia*, 85.

[14] Ibid., 14.

barrio, rigiendo "los destinos ocultos, los recovecos secretos de la sobrevida marginal".[15] Socorre al que le pide su protección, y castiga al que atenta contra las leyes impuestas por él mismo, contra lo que llama la "ética de la marginalidad",[16] leyes "que permitían la supervivencia de la gente de los barrios bajos en una sociedad que apenas se ocupa de ellos, salvo cuando necesitaba engrosar las filas de las marchas por el socialismo".[17]

En *Las puertas de la noche,* Alex Varga le sirve al teniente, por de pronto, tan sólo como informante y guía ocasional, teniendo una mayor presencia a partir de la segunda novela, *Si Cristo te desnuda,* en la que está directamente afectado por los hechos narrados: la muerte de su hija (que ejercía de jinetera), asesinada junto con el amante (que ejercía de puta maricona) en el momento preciso del coito (en cuya posición permanecen, misteriosamente, hasta después de muertos). A raíz de la investigación conjunta se entabla una amistad entre el teniente y el *cacique,* adquiriendo este último, sucesivamente, mayor protagonismo en la investigación de los casos criminales, mientras que la actuación de Alain Bec como teniente investigador queda cada vez más relegada a un segundo plano (y hasta puede ser nula, como acontece en la tercera novela, *Entre el miedo y las sombras*). Al mismo tiempo el teniente se aleja de su propio entorno profesional, investigando casos en su tiempo libre o estando temporalmente fuera de servicio; y sucesivamente se despide de sus principios de policía cumplidor de la ley, abogando por la impunidad –"¿qué justificación moral lo obligaba a perseguir a unos pobres diablos para quienes el robo era un intento desesperado de vivir con un poco menos de miseria?"[18]– o la justicia propia, impartida unas veces por Alex Varga y otras por el mismo teniente.

El haber inventado aquel dúo de investigadores fue un acierto original por parte del autor; y tanto la relegación sucesiva del teniente-investigador como su progresiva contaminación por el medio ambiente tiene su lógica. Sin embargo, para detectar la cualidad intrínseca y el funcionamiento de esa lógica no se le dan muchas pistas al lector; y la filosofía o "ética" de Alex Varga, quien a lo largo de la serie está

---

[15] Ibid., 13.
[16] Ibid., 101.
[17] Ibid., 14.
[18] Ibid., 169.

diseñado para captar la simpatía del lector en favor de su causa, parece cuanto menos sospechosa cuando no vacila en *despachar* a los que intentan usurpar *su feudo* o cuando evoca de modo nostálgico "los tiempos de Meyer Lansky y Lucky Luciano en aquella misma Habana" para "reconocer que esa ética era la misma de los primeros mafiosos en los Estados Unidos, cuando más que mafia eran grupos que ayudaban a que los emigrados italianos sobrevivieran en un mundo que los discriminaba y quería eliminarlos".[19] Tanto la argumentación de los personajes como su desarrollo psicológico a través de las tramas narradas carecen de profundidad y consistencia, sirviendo ante todo como soporte o pretexto para ilustración del entorno en el que se mueven.

En una entrevista reciente, Amir Valle se ha manifestado acerca de lo que, según él, le diferenciaría de Padura Fuentes: "Él busca la parte visible del tema y hace un esquema bastante aéreo del tema en cuestión. Él no profundiza totalmente en el asunto puesto que la perspectiva que él tiene de la novela es que sus personajes son más importantes que el tema mismo que él está tratando". Frente a ello, su propio proyecto:

> … a mí lo que me interesaba era poner a vivir al barrio… con toda su podredumbre/con todas sus miserias, con el tráfico de droga, con la prostitución, con la gente de la doble moral, con el discurso cotidiano que tiene la gente. Yo creo que ahí es donde está la diferencia. Esa imagen es la que generalmente no se le quiere dar al extranjero y por eso yo creo que molesta.[20]

---

[19] Valle, *Santuario de Sombras*, 158.

[20] Fernández y Offerdahl, "Yo no Escribo Novelas Críticas", 155. Aparte de que no concuerdo con el juicio que Amir Valle expresa acerca de la poca "profundización" del tema por parte de Padura Fuentes -crítica solapada que se le hace a Padura desde el exilio interpretando esa supuesta falta de "profundización" como estrategia de cautela de un autor que quiere seguir viviendo y publicando en Cuba-Valle tiene razón en señalar y censurar la actitud por parte de las autoridades cubanas frente al "realismo sucio" de la producción literaria cubana reciente. Esa actitud tuvo para Amir Valle consecuencias: al querer regresar a Cuba después de un viaje de promoción a España en 2005, las autoridades migratorias le impidieron la entrada al país; desde entonces vive en el exilio (involuntario) en Alemania. (Para ese caso de una "parametración" reciente véase, con más detalles, Henkel 2007).

Si se leen las novelas de Amir Valle como una radiografía del microcosmo de Centro Habana –y, desde luego, del macrocosmo que alberga la Cuba "apocalíptica" entera– el autor fue particularmente exitoso en su empeño; sin embargo, numerosos episodios y pasajes se leen como la versión (apenas) ficcionalizada y vulgarizada de una investigación científica o periodística, con largas disertaciones o testimonios sin conexión con la trama respectiva, puestos en boca del "patriarca" Alex Varga o de algún pobre negro, que relata su historial delictivo. De hecho, esa investigación existe y sirve, desde la primera novela, de punto de referencia para autentificar lo narrado:[21] se debe a un cierto Justo Marqués, periodista y escritor -e inequívocamente el doble del mismo autor-, al que el teniente Alain Bec, según el consejo de su mujer, debería consultar para su caso, ya que: "En todo el país no hay tipo que sepa más del mundo del jineterismo y de los niños de la calle que Justo Marqués".[22] Y agrega que "está terminando un libro sobre las jineteras", el cual (seguirá aprendiendo el lector de las novelas posteriores) se titula "*Habana Babilonia* o *Prostitutas en Cuba*", título que remite a un libro publicado por el mismo Amir Valle, *Habana Babilonia. La cara oculta de las jineteras.*[23]

---

[21] Valle ha insistido en muchas ocasiones que tanto los casos narrados como sus protagonistas se basan en hechos y personas reales; entre éstos figura Francisco Alexander Vargas Machuca, alias "Alex Varga", quien murió en 2002 a la edad de 92 años y quien fuera su principal informante acerca del submundo de los marginados en La Habana (Nota del autor para *Entre el miedo y las sombras*).

[22] Valle, *Las Puertas de la Noche*, 93.

[23] Bajo ese título el libro, que se basa en investigaciones periodísticas y entrevistas realizadas durante los años noventa, se publicó en 2008 (Ediciones B), después de una primera edición, publicada bajo el título de *Jineteras* por Planeta en 2006. Según el mismo autor, envió una primera versión (con el título *Sade nuestro que estás en los cielos* o *Prostitución en Cuba*) en el género "Testimonio" al Premio "Casa de las Américas" del año 2000, el cual no le fue concedido. Luego, a partir de una copia que circuló clandestinamente en Internet, se convertiría en uno de los autores más leídos en Cuba y hasta en "un mito" (Valle, "De *Jineteras* a la Serie 'El Descenso a los Infiernos'", 2007). En las novelas, la alusión periódica a Habana Babilonia –obra que por su asunto candente de las jineteras le valió al autor, internacionalmente, mayor publicidad que sus novelas– no es la única señal de intratextualidad, que resulta ser una especie de autopromoción; para dar algunos ejemplos: se citan los títulos de novelas anteriores (con la recomendación al lector para leerlas); se menciona el premio que le dio (a Justo Marqués) "una editorial alemana" por "una novela policíaca", que se revela siendo la primera de Amir Valle (*Si Cristo te Desnuda*,

En *Largas noches con Flavia,* el teniente Alain Bec, que es un lector apasionado de novelas policiales, apreciando, junto con Daniel Chavarría, particularmente a Justo Vasco,[24] evoca uno de los preceptos de este último: "llevar la marginalidad a sus novelas a partir del propio lenguaje marginal".[25] Amir Valle cumple ampliamente con ese requisito a la par que utiliza -primordialmente en las dos últimas novelas- técnicas narrativas que denotan la influencia de Mario Vargas Llosa (que él mismo confiesa): ante todo en el manejo del tiempo, que rompe con el orden cronológico presentando, de modo bastante ambiguo, fragmentos de historias cruzadas, y el cambio constante de voces evocado, provoca, por la misma ambigüedad creada, no pocas irritaciones (no facilitando, forzosamente, la lectura).

74-75); o se menciona que Justo Marqués fue "despojado de un importante premio nacional [el de Casa de las Américas] porque su libro *Habana Babilonia* o *Prostitutas en Cuba,* sobre el rebrote de las putas en la Isla, 'no resulta conveniente para la realidad política que vive el país', según las palabras de uno de los jurados" (*Santuario de Sombras,* 136). Para el jineterismo como tópico de la literatura cubana reciente, véase últimamente Catoira 2010.

[24] El "dúo" Daniel Chavarría (uruguayo de nacimiento, pero residente en Cuba desde hace décadas) y Justo E. Vasco había publicado novelas policiales o de contraespionaje "a cuatro manos" durante los años ochenta (*Completo Camagüey,* 1983; *Primero muerto,* 1986); sus últimas entregas, individuales, *Adiós muchachos* (La Habana: Editorial Letras Cubanas 2001) de Chavarría y *Mirando espero* (San Juan, PR: Plaza Mayor 2004) de Vasco, tratan, con el mismo enfado, los mismos temas que acostumbra tratar Amir Valle.

[25] Valle, *Largas Noches con Flavia,* 106.

Violencia, cuerpo y marginalización en la obra de Amir Valle[1]

Luis Pérez-Simón

University of London

Razones obvias de espacio impiden discutir a fondo la condición socio-política en Cuba que ha condicionado casi todos los sucesos de la Cultura, así que es preciso partir del mismo escenario que ya he descrito en otro ensayo: el Periodo Especial es la coyuntura histórica que facilitó temática y materialmente la renovación del género policial en Cuba.[2] Es una conclusión claramente basada en la más pura lógica: en esa difícil época, la generación a la que pertenece Amir Valle se enfrentó cara a cara con una realidad que hasta entonces había estado oculta. Cerraron los ojos en un país y, al despertar horas después, la realidad había cambiado totalmente: lo idílico había desaparecido con la misma rapidez con la que se perdieron los productos de las estanterías y Cuba comenzó a ser para ellos, y para el resto de los cubanos, un páramo donde florecían todos los males que la propaganda oficial del gobierno siempre había negado.

...muchos de los males sociales...[3] existen en todas partes de este Planeta azul: lo mismo aquí en América

---

[1] **Nota de la Editora**: Texto adaptado especialmente por el autor para esta edición, a partir de otros ensayos propios escritos sobre el tema.

[2] **Nota de la Editora**: Véase "Crónica de un Tiempo Anunciado", en *Indicios, Señales y Narraciones*, 153-71.

[3] **Nota de la Editora**: Desde la llegada del llamado "Periodo Especial", en razón del derrumbe del campo socialista soviético, Cuba ha padecido una crisis económico-social que ha devenido en una atomización consistente de formas marginales de subsistencia. Flagelos como la prostitución, la droga, la corrupción generalizada y la violencia se han catapultado desde entonces, virtualmente, hacia todas las esferas de la sociedad. Véase Carmelo Mesa-Lago, "Problemas Sociales y Económicos en Cuba durante la Crisis y la Recuperación", CEPAL 86 (2005) 183-205; "La Marginalidad: un Fenómeno con Muchas Puntas", *Mesa Redonda*, 9 de noviembre de 2013, consultado el 8

Latina (eso que muchos llaman Tercer Mundo) que allá, en la Europa de donde vengo y donde vivo. Lo distinto está en el simple hecho de que en Cuba hicimos una Revolución para que esos males dejaran de existir (no por gusto a Cuba se le llamaba entonces "el burdel de las Américas", "Las Vegas del Caribe", etc.), pero debido a circunstancias que no podríamos analizar aquí sin apartarnos del asunto que nos ocupa, 50 años después esos males sociales continúan y, en la mayoría de los casos, a niveles que ya será imposible de erradicar. Y también distinto es la asunción de esa marginalidad: el cubano, aunque parezca una exageración, se ha convertido con el paso de los años en un individuo marginal en todas las facetas de su vida, pero, como demuestran los ejemplos anteriores, el alto nivel cultural del pueblo (virtud histórica que el programa cultural de la revolución se ocupó de elevar a niveles muy altos) le permite establecer una interrelación curiosa, sui generis, incluso humorística con la marginalidad. Cuba, en fin, es un país marginal. No lo digo yo: me atengo simplemente al concepto de marginalidad aceptado por los organismos internacionales: "marginal es aquella persona que se ve obligado a delinquir cada día para alimentarse; a vivir en extremas condiciones de insalubridad, habitabilidad y promiscuidad; a mentir o utilizar la doble moral para defenderse del entorno y a eludir constantemente las regulaciones sociales impuestas por el Estado y las leyes en una sociedad".[4]

---

de febrero de 2018, http://mesaredonda.cubadebate.cu/mesa-redonda/2013/11/09/la-marginalidad-una-consecuencia-de-la-sociedad/; Valle, "Marginalidad y Ética de la Marginalidad", 95-101. Se recomienda además, de este último autor, *Habana Babilonia*, así como las novelas negras que conforman la serie "El descenso a los infiernos."

[4] Valle, "La Voz de los Sin Voz o el Concierto Desvelado de las Víctimas de la Marginalidad en la Actual Novela Negra Cubana", conferencia leída en el Festival Internacional Medellín Negro, el 28 de noviembre de 2013, y publicada en *Víctimas, Novela y Realidad del Crimen* (Colombia: Planeta, 2014), 53.

Quisiera explicar que el fulcro de este artículo es principalmente analítico: explorar la sociedad paralela organizada en respuesta a los procesos hegemónicos *dentro* de la nación cubana a través de sus representaciones en la literatura policial de Amir Valle. Sin embargo, mi intención es igualmente de argumentar a favor de la inclusión de la marginalidad como elemento constitutivo dentro de los modelos de subjetividad e identidad nacional actualmente vigentes en los estudios literarios y culturales. Utilicemos las palabras del propio autor para comenzar a establecer algunos límites necesarios:

> El descenso a los infiernos es una serie de novela negra, basada en sucesos reales ocurridos en los barrios de Centro Habana, donde viví hasta mi salida de Cuba. Incluye hasta la fecha *Las puertas de la noche, Si Cristo te desnuda, Entre el miedo y las sombras, Santuario de sombras, Largas noches con Flavia* y *Los nudos invisibles…. Las puertas de la noche* trata sobre un muy sonado caso de prostitución infantil ocurrido en La Habana a mediados de 1997; *Si Cristo te desnuda,* aborda la problemática de la intolerancia hacia la homosexualidad a partir de la existencia de un grupo de travestis dedicados a la prostitución conocido como "Los doce apóstoles"; *Entre el miedo y las sombras,* resume dos casos también muy sonados de tráfico de drogas, en el cual se implicaron bandas del delito organizado con militares del gobierno cubano, y *Santuario de sombras* novela la vida real de tres sobrevivientes del tráfico humano que hoy ocurre entre las costas cubanas y de los Estados Unidos.

> …

> ¿Cómo explicar que en la pacífica Habana de fin de siglo XX, en la hospitalaria Habana, en esa paradisíaca Habana que sólo existe en la mente de quienes ven a Cuba en blanco y negro, extranjeros de mente enferma lograran crear, con la ayuda de delincuentes cubanos, una pequeña red de prostitución infantil que llegó a implicar, incluso, la prostitución de niños con

síndrome de down, por la asqueante creencia de que esos niños están muy bien dotados sexualmente? Para responder a esa pregunta recreé el mundo de *Las puertas de la noche*.

En momentos en que el mundo transita por caminos libres y muy amplios de tolerancia y comprensión hacia la homosexualidad, ¿cómo explicar la existencia de un sórdido y clandestino mundo al cual debían descender los homosexuales, travestis y transexuales para poder realizar sus sueños porque el gobierno considera esas formas de comportamiento social como "desviaciones morales incompatibles con la moral socialista"? En *Si Cristo te desnuda*, a partir de un crimen por celos entre homosexuales, intento dar vida a ese gran conflicto humano y social.

Un suceso en mi barrio, por cómico y escandaloso, me decidió a escribir *Entre el miedo y las sombras*, para responder a una pregunta: ¿cómo era posible que en los barrios de Centro Habana se consumiera marihuana, cocaína, hachís, crack, y otras variedades más raras de estupefacientes y el gobierno cerrara los oídos a las numerosas quejas de la población que alertaban sobre el crecimiento del comercio organizado de la droga? ¿Cómo describir la tragedia de un hombre que conocí y que hablaba siempre en la primera persona del plural? … después de que fuera rescatado en altamar luego de ver cómo los traficantes mataban a su esposa y a sus hijos. El único modo que su mente encontró para aliviar el trauma fue obligarle a hablar siempre como si ellos estuvieran vivos, a su lado, oyendo todo lo que hablaba y hacía.… *Santuario de sombras* es una crítica al deshumano tráfico de cubanos entre Cuba y los Estados Unidos; es también una crítica a la política de tensiones entre nuestros gobiernos, pero es, sobre todo, un homenaje al eterno amor de este hombre hacia su familia.[5]

---

[5] Valle, "De *Jineteras* a la Serie 'El Descenso a los Infiernos'.

Si, como Mallarmé dijo, "el mundo existe para llegar a un libro", permítanme desdoblar y parafrasear la idea, y afirmar que Cuba existe para llegar a un libro, y más importante, para convertirse en literatura, en un mito. Un pueblo no lo es del todo, hasta que ha entrado en el mundo de los símbolos y las alegorías, de los misterios, de la fábula; una nación no es un pueblo hasta que sus espacios y su aire y su luz han entrado en el otro espacio de la literatura. Cuba ha llegado al libro, o ha salido de él, convertida en esa mezcla de sueño y realidad, y con ella, la ciudad de La Habana. La Habana, siempre con algo de alegre y de pecadora, de impura y recatada, de cosmopolita y provinciana. Hablo obviamente de La Habana de Lino Novás Calvo, de José Lezama Lima, de Alejo Carpentier, de Virgilio Piñera, de Guillermo Cabrera Infante, de Reinaldo Arenas. Y, por supuesto, también La Habana que, en los últimos años, se ha dejado ver en la novela policial, aquella donde se revelan los rincones sórdidos de la ciudad, sus lugares dolorosos y patéticos, sus esquinas de enigmas y de muertes. No creo equivocarme si afirmo que el mito que ha comenzado a instaurarse en los últimos años, está ya muy lejos de la ciudad de las columnas, de la ciudad luminosa y literalmente fabulosa con el estilo de lo que no tiene estilo, de una ciudad entre la ilustración y la magia. La Habana siempre ha sido una ciudad irradiante, peripatética, casi una metáfora. Pero con los cambios de la historia, ha cambiado igualmente el rostro mitológico de la ciudad. La Habana de las novelas de hoy quiere mostrar su lado mezquino, roñoso, deshonesto, cruel y hasta fúnebre y trágico.

No hay duda que La Habana ha sido históricamente el espacio urbano preeminente en el imaginario literario nacional. Esta ciudad, con su arquitectura barroca y sus costumbres de *fin de sciècle* formó parte integral del proyecto independentista y nacionalista, y basta con una lectura perfunctoria de la literatura cubana del siglo XIX y primera parte del XX para constatar que paulatinamente este centro urbano, se convirtió en el lugar emblemático de la naciente soberanía nacional y por metonimia idealizada, la nación. Si antes La Habana fue el símbolo de la nación por sus virtudes imaginadas y utópicas, lo es ahora aún más pero a partir de la constatación de un estado de ruina y desesperación social. La obra de Amir Valle está anclada en La

Habana, y más específicamente a los distritos de Centro Habana y la Vieja Habana de finales del siglo XX, zonas donde

> … los escombros comienzan a crecer en las esquinas como yerbas malas, [y donde] las paredes se cuartean y van dejando al desnudo sus ladrillos antiquísimos y sus hierros viejos y oxidados, [donde] las calles se llenan de baches que crecen y crecen como amebas que se extienden por el asfalto y el cemento y joden las gomas de los carros y los amortiguadores y van a podrir las más flamantes carrocerías que ya vienen heridas de salitre y sol, [un área] llena de negros, chinos, blancos, mulatos [e] indios ….[6]

Su trabajo literario describe con gran detalle la lucha cotidiana por sobrevivir en estos barrios, y la constante y profunda marginalización de sus habitantes. El corpus principal de este estudio son las novelas *Las puertas de la noche, Si Cristo te desnuda, Entre el miedo y las sombras* y *Santuario de sombras*, todas protagonizadas por el detective policial Alain Bec y el antiguo detective privado Alex Vargas. Los crímenes investigados por éstos van desde el tráfico de drogas hasta el tráfico de personas, y temporalmente cubren los años del llamado Periodo Especial en Tiempos de Paz.

Por otro lado, la novelística de Amir Valle deconstruye pieza a pieza un concepto valioso para el ideario revolucionario: el *Hombre Nuevo*. Ya no se trata de un ser idealizado, patriótico y socialista que personificaba a la nación post-revolucionaria; es ahora un ser consciente de la irreverencia cotidiana y la marginalidad abyecta de las masas populares que lo rodean. Poco queda de la ética moral concebida para él por Guevara, y aún menos del implícito contrato social de Rousseau. El nuevo *Hombre Nuevo* lucha diariamente por sobrevivir y forma parte de este creciente y profundo sector marginado de la sociedad cubana, pero aún más importante, se trata *de un ser humano* descrito en su grandeza y sus miserias, en sus sueños y sus fracasos, en su bondad y su perversidad. Se trata –por definición y

---

[6] Valle, *Las Puertas de la Noche*, 25.

por práctica –de un hombre marginal y marginado. En resumen, se trata de un detective.

Las particularidades culturales y el estatuto liminal del detective literario cubano le permite a éste ser el mecanismo social que expone los crímenes mayores y oculta al mismo tiempo los delitos menores. Aunque me veo obligado a evitar una larga explicación de las diferencias entre crimen y delito, sí quiero subrayar la importancia de esta diferencia en el contexto Cubano. El asesinato, y casi todos los relatos comienzan con un asesinato, es el crimen principal e imperdonable. Sin embargo de la investigación de éste se destilan otros crímenes mucho más complejos como el tráfico de gentes (menores de edad y adultos) y todo lo que tiene que ver con la *brujanza* –"el mundo de la droga, el jineteo, y los niños de la calle".[7] El detective cubano investiga, no para expiar la transgresión de las leyes del Estado –que son ambiguas–, sino las del barrio –las cuales son claras aunque no están escritas– ya que éstas pertenecen a un código más lógico e inmediato para él.

En el caso de Alain Bec, el detective policial de Valle, tenemos que constatar que él trabaja en concierto con Alex Vargas, antiguo detective privado y ahora jefe de los bajos fondos en La Habana Vieja y Centro Habana, para resolver los casos. Y si Alain representa al poder estatal, Alex personifica el poder real del Barrio. El policía reconoce esto y concede que

> su relación con el viejo le había servido mucho para conocer más, para entender menos superficialmente, la mentalidad del bajo mundo, las leyes casi secretas que dominaban todo aquello transmitiéndose de padres a hijos y de estos a sus hijos y así desde tiempos muy remotos y bien distintos a los que se vivían en La Habana de fin de siglo.[8]

Interesantemente, vemos a lo largo de la serie cómo Alain se incorpora, o mejor dicho es aceptado por el Barrio. En la primera novela, es Alain quien busca a Alex para poder descifrar las misteriosas leyes y lógicas del Barrio. En el segundo libro es Alex

---

[7] Ibid., 122.
[8] Valle, *Si Cristo te Desnuda*, 18.

quien le pide a Alain ayuda para investigar y silenciar un crimen privado y del Barrio. En el tercero Alex se convierte en el detective del relato dado que Alain está físicamente ausente y no puede acudir al policía sino que al final, para cerrar el caso. La última entrega de Valle reúne a los dos detectives en un caso con importancia para el barrio y el Estado, y en los cuales los dos tienen un estatuto de iguales durante la investigación. Interesantemente, Alain se ha convertido no sólo en "un policía amigo, [sino que en] alguien que también dominaba las leyes secretas de aquellos barrios y por esa razón era considerado como uno más entre los marginales mandantes en Centro Habana y La Habana Vieja".[9] Más que marcar un momento de degradación para el estatuto de detective, postulo que se trata de una pérdida de relevancia del poder del estado en la realidad cotidiana de la creciente masa social que vive en la marginalidad. Algo remarcable y que merita un ser mencionado es la estructura fragmentada, fragmentaria y vertiginosa de *Santuario* en la cual las víctimas no sólo investigan, capturan y juzgan a los culpables, sino que también –y esto es importantísimo para el desarrollo del personaje de detective en Valle –Alain admite los límites del poder estatal para juzgar y ajusticiar a los criminales: "Lo cierto es que no hay ni una pruebita microscópica que me permita darle entrada a mi gente para darle curso legal a esto, Alex. Vas a tener que ocuparte tú de limpiar esta mierda que ya apesta demasiado".[10] El policía ha hecho su trabajo, pero la justicia no puede hacer el suyo y lo legal debe de ceder por su intrascendencia. Sobre todo si consideramos la alianza del policía con el criminal en el contexto del papel ejercido por éste último: al principio de la serie, Alex es un 'jefe de barrio', pero ya en la cuarta parte él ha descubierto

> … que quizás Dios lo había puesto en la tierra para defender a los marginales, como si fuera una especie de Robin Hood moderno que robaba, dirigía a los ladrones pobres y creaba leyes para ellos, porque era el único modo que tenían para sobrevivir a gobiernos y críticas anti-marginales.[11]

---

[9] Valle, *Santuario de Sombras*, 191.

[10] Ibid., 222.

[11] Ibid., 192.

Dicha colaboración está regida por las leyes del barrio, y la ética del policía, no las leyes del Estado, y la labor del policía responde más a las necesidades del primero que del último. Me suscribo a la tesis de Lunar de que el trabajo de detective parece, entonces, estar en proceso de ser privatizado nuevamente en la literatura policial cubana.

Tanto el Mario Conde de Leonardo Padura, el Leo Martín de Lorenzo Lunar como el Alain Bec de Amir Valle, actúan bajo un mismo marco referencial: pese a ser policías o actuar en entornos muy cercanos a la ley, comparten la misma realidad que el resto de la gente que se ve obligada a delinquir. Baste un ejemplo: uno de los tópicos más recurrentes, e interesantes, de esta realidad en la novela policial cubana es la comida de la sobrevivencia. El famoso evento culinario de Lezama se ha desplazado –tristemente –al otro extremo ya que las carencias del Periodo Especial hacen de cada merienda, un evento especial. El mismo Alain

> … compraba ilícitamente como cualquier otro en aquel barrio de gente decente donde por suerte le había tocado vivir, pero los vendedores llegaban a su casa y [su esposa] Camila despalillaba el dinero que ganaba como carpetera en unos minutos: leche en polvo a veinte pesos la libra, carne en lata a quince, langosta a dólar y camarones a veinticinco. En Cuba, igual que en cualquier parte del mundo, el mercado negro existía. Desde que nació su hijo lo había decidido: a Camilito no le iba a faltar la leche aunque él tuviera que dejar de ser policía. Ni la carne… eso lo hacía todo el mundo.[12]

Sin embargo, son las madres quienes llevan las invenciones culinarias al arte. La madre de Alain es famosa por su mala comida, pero finalmente –en el último libro –prepara una comida al igual que Jose, la emblemática madre-adoptiva de Mario Conde y nuevo estándar de la cocina cubana de supervivencia. Por otro lado, Leo Martín mira e ignora, frecuentemente con humor e ironía, los pequeños delitos de su madre, Fela, quien trata constantemente de ofrecerle pequeños lujos culinarios como huevos, tamales de hoja, y todo tipo de cocidos que obviamente

---

[12] Valle, *Las Puertas de la Noche*, 28.

tienen ingredientes difícilmente encontrados fuera del mercado negro. En esto, no hay ambigüedad: todos tienen derecho a la buena comida.

Como otros colegas de la novela negra, si bien Amir Valle se concentra en la descripción, incluso el estudio, de la violencia y la criminalidad de eso, como dice Alain Bec, "que los ciegos periodistas oficiales llaman 'el bajo mundo', olvidando que es el mundo real, quizás el único mundo posible en el cual reptan las vidas de millones de cubanos".[13] también se sirve de éstos elementos para indagar la verdadera naturaleza del ser humano y la búsqueda de la verdad sobre una realidad social muy particular a Cuba. Alain Bec es un policía *cubano* con cargos y responsabilidades *cubanas*. Las leyes son al mismo tiempo cubanas y revolucionarias, lo que indica, más que una especificidad cultural, la realidad de "una Cuba donde todo lo ilícito está en dos bandos bien definidos: los que mandan en el país y los que mandan desde la marginalidad".[14] Valle manifiesta una tácita preocupación por representar y poblar los espacios liminales –esas áreas transitorias y transparentes –de la sociedad cubana donde residen modelos alternativos de ciudadanía y estética cultural.

De esta manera la novela negra, y la crítica social en ella implícita, se convierten en elementos indisociables y transformadores no sólo para la literatura nacional, sino también para toda una generación perdida. En realidad, más que resolver un crimen, las novelas de Valle constatan un periodo volátil y complejo difícil de expresar en géneros menos codificados. En este tiempo en que el enemigo nacional ya no es tan fácilmente identificable y las fracturas en la homogeneidad social se revelaron profundas, la novela policial se enfrentó a un vacío cultural que normalmente le hubiera sido negado, el de crónica nacional. Sólo en la novela negra se podría decir que "el barrio Colón, el reino de las putas, los prostíbulos y las drogas en tiempos de Batista, y de las jineteras y las casas de alquiler y otra vez las drogas en estos

---

[13] Valle, *Entre el Miedo y las Sombras*, 22.
[14] Valle, *Santuario de Sombras*, 179.

tiempos de Fidel"[15] no había cambiado, o peor: había empeorado ya que igualmente se dice que

> ... la ciudad se empeñaba en seguir siendo esa vieja puta que se colgaba sus mejores trajes cuando los ciudadanos decentes se acostaban. No había bares, cantinas, discotecas, como en los antiguos años de esplendor, en los tiempos en que Rusia enviaba hasta el aire que se respiraba en Cuba, pero la gente seguía buscando modos de soltarse las amarras y mostrar que, pese a toda la escasez y la falta de libertad, nadie les podía quitar su costumbre de gozar y divertirse. Lo jodido de todo es que la diversión, en aquellos o en estos años, incluía una buena cantidad de esa droga que volvía a llenar las calles de la capital y que obligó al gobierno a reconocer que el fenómeno se les estaba yendo de las manos.[16]

Un elemento central de esta estrategia narrativa que permite superar lo político es el humor, y los chistes abundan. Sin embargo, el objeto del chiste va mucho más allá del humor. Me limito a un ejemplo, y tiene que ver con el conocido chiste del lema "Seremos como el Ché" (¿Cómo? –Asmáticos): recontado en la novela policial, se completa con:

> El lema no dice, "seremos todo lo bueno que fue el Ché"; dice: "seremos como el Ché", es decir, que dentro de unos años tendremos un ejército de héroes asmáticos que también serán autoritarios, déspotas, intransigentes, extremistas, como muchos han intentado escribir, humanizando al hombre que fue Guevara.[17]

Quiero indicar, simplemente, que en el contexto particular del policial cubano la investigación de un crimen se desdobla y se convierte en la búsqueda no solamente del culpable, sino de las razones, y esto está estrechamente ligado al hecho de que los delitos –aunque fundamentalmente prohibidos– tanto como los

---

[15] Valle, *Entre el Miedo y las Sombras*, 14.
[16] Ibid., 15.
[17] Valle, *Santuario de Sombras*, 136.

crímenes, radican en la política intrascendente y desigual del tumultuoso Periodo Especial y toda una serie de problemas estructurales que resultaron de dicha estrategia gubernamental frente a la carencia, la privación y la producida corrupción, más que en la perversidad e inmoralidad del individuo.

Por otro lado, se puede argumentar que uno de los elementos constitutivos de la identidad cubana es su heterogeneidad racial y cultural. Y aunque teorías actuales de identidad y ciudadanía tienden a enfocar, privilegiar y valorizar las mezclas etno-sociales como modelos estables de subjetividad nacional, éstas no pueden elaborar una cartografía histórica personal, por definición fragmentaria e incompleta, dentro de dichos esquemas especulativos y totalizadores. Y lo que es más importante, tampoco pueden tomar en cuenta la exclusión de ciertos elementos sociales en la participación de los objetivos políticos nacionales. En otras palabras, el sujeto nacional unificador e idealizado –y por extensión, la colectividad resultante –de dichos modelos, refleja una necesidad teórica y políticamente estable, más que una realidad social dentro de un modelo nacional fragilizado y fragmentario como lo es el de Cuba. Se excluye todo un sector no-participante en las obligaciones y los privilegios inherentes a la cualidad de ciudadano. Obviamente no discutiré ahora las desigualdades raciales inherentes a la isla, ni el racismo oculto en esta sociedad basada en la igualdad de las razas. Sólo quiero que consideren que al igual que Alex Vargas, quien es negro, y el resto de los personajes en las novelas de Valle, se sabe muy bien que

> ... el racismo cubano venía de todas partes. Los blancos hacían como que aceptaban a los negros ante la sociedad, pero en privado los detestaban; los negros se ponían el pellejo de víctimas del racismo ante esa misma sociedad, pero de puertas para adentro eran más racistas que los propios blancos, y entre ellos mismos se discriminaban....[18] [y que viven en] un país donde el racismo está y no está, pues los negros son racistas, los blancos son racistas, los perros son racistas, y hasta las hormigas negras discriminan a las hormigas rojas y

---

[18] Valle, *Entre el Miedo y las Sombras*, 24.

a las albinas, pero todo el mundo: negros, blancos, perros y hormigas, juran ante el mismísimo Dios y las once mil vírgenes putas que el racismo es una cosa del pasado, especialmente cuando una cámara o un micrófono de la prensa oficial se digna bajar hasta ellos.[19]

En forma de conclusión: cultura e identidad tienen una fuerte y estrecha interrelación. Ya ha sido ampliamente reconocido que la cultura provee a una sociedad con el espacio simbólico para reflexionar sobre su condición subjetiva y su identidad colectiva. Además, es a través de las producciones culturales que los individuos se pueden expresar y así tomar conciencia de sus éxitos y sus fracasos, medir el progreso de su desarrollo, y también buscar nuevas formas de expresión y significación. Es pues, a través de la cultura que el hombre puede transcender su propia subjetividad. La literatura cubana contemporánea como producto cultural, y el género policial en particular, se ha desasociado de las corrientes y los paradigmas vigentes en lo que se refiere a la nación y al ciudadano.

Dado el contexto específico –y casi único –de Cuba, se han buscado allí esquemas y estructuras literarias que permiten y privilegian la integración de y desde los márgenes a un sector de sector mayoritario de la sociedad cubana que hasta ahora había vivido en el silencio sus deseos utópicos y su cotidianeidad distópica. Los previos espacios entre el sintaxis y el paralipsis de la nación, es decir, entre el ideal de una ciudadanía constituida de iguales y la realidad de un mosaico social con una importante masa de miembros excluidos, necesitaba ser discutidos. La obra de Amir Valle, obra compleja y profunda como han señalado sus propios colegas (Padura, Lunar, Taibo II, entre otros), subraya la humanidad de la experiencia citadina y ciudadana en Cuba. Y en ella encontramos que la inestabilidad del sujeto y las divisiones internas a la marginalidad demuestran un deseo de expresión e inclusión en el proyecto nacional. Y sin embargo el paulatino sentimiento de solidaridad y patriotismo se materializa súbitamente desde y en los márgenes demostrando que la

---

[19] Valle, *Santuario de Sombras*, 49.

cartografía personal de los excluidos y los olvidados está tomando forma. Valle, como su colega de novela negra, Lorenzo Lunar, ha tomado una coyuntura histórica y la ha explotado para renovar un género, cuestionar los modelos de nación y ciudadanía, y crear una obra que, como diría Justo Vasco, "lo ha convertido en el novelista más ácido, revulsivo y profundo de la marginalidad cubana."[20]

[20] Charla-conferencia "Novela Negra Cubana: nuevos aires," ofrecida en la Universidad de Oviedo, 5 de junio de 2005, en Boletín *A Quemarropa*, Semana Negra de Gijón, No.4, Julio 2005.

SEGUNDA PARTE
APUNTES A LA NARRATIVA

"Los recursos empleados por este narrador devenido en escritor de testimonios nacen precisamente ahí, de una mirada fabuladora hacia el hecho testimonial, lo que hace que sus testimonios se lean como narrativa de ficción, aún cuando el lector conozca que lo narrado es absolutamente cierto. El crudo humanismo, la visión de la realidad desde el ser humano como centro y eje de la historia, la utilización de técnicas del periodismo literario entremezcladas con técnicas exclusivas del género cuento dan a sus historias un alcance mayor, además de la fuerza propia de los temas elegidos, los valores y la calidad literaria que le impregna a toda su obra testimonial el desenfado y el oficio que como escritor ha alcanzado este artista del género".

STEPHAN HAZIG. Revista Literaria ORZOGH, No.2
Primavera 1999.

Amir Valle y el "realismo negro"[1]

Luis Rafael Hernández

Siguiendo el paradigma de la literatura realista y de crítica social, Amir Valle (1967) ha derivado desde autor de textos para niños, crítico literario y cuentista, para encontrar su camino en la narrativa del "realismo negro", donde su formación como periodista, su dominio de las técnicas narrativas y su pasión por el testimonio se conjugan en un estilo violento y descarnado con que aborda temas a veces demasiado novelescos que, sin embargo, pretenden respetar la veracidad de los hechos. Este hallazgo lo acerca al neo-policial hispanoamericano, que rebasa cierta zona de su narrativa, y lo convierte en uno de los escritores más significativos de las letras cubanas contemporáneas gracias a su popular saga de novelas negras. *Las puertas de la noche* (2001), *Si Cristo te desnuda* (2001), *Entre el miedo y las sombras* (2003), *Santuario de sombras* (2006), son algunos de los títulos debidos a la vocación creativa de Valle quien, pieza a pieza, edifica una historia alternativa, transgresora de la historia oficial, aquella que apenas difunden las agencias de noticias. La serie protagonizada por el teniente Alex Vargas suma varias producciones dentro del género y sigue una trayectoria en ascenso por sus aciertos formales y su interés central de constituirse en una especie de "comedia humana" aplicada a la difícil y contradictoria realidad de la Isla antillana, donde coexisten la drogadicción, la prostitución, la criminalidad en los barrios, la pérdida de los valores humanos y éticos, la doble moral, la marginalización y la corrupción social.

---

[1] **Nota de la Editora**: Texto publicado en la sección "El Rinconete" del *Centro Virtual Cervantes*, el 15 de octubre de 2009, consultado el 13 de febrero de 2018, https://cvc.cervantes.es/el_rinconete/anteriores/octubre_09/15102009_02.htm.

Amir Valle se reconoce continuador de una literatura realista y policial cuyos exponentes nacionales inmediatos para él serían los narradores Leonardo Padura y Justo Vasco, quienes escriben y publican obras en que, con el pretexto consabido de resolver casos delictivos, se revelan los vicios de la sociedad. Con su ya notable producción novelística, Valle aporta una visión desmitificadora y desencantada de Cuba a la llamada nueva narrativa policial o narrativa negra de Hispanoamérica, que tiene el mérito de cuestionarse su tiempo y de interrogar a la sociedad sobre su presente y su futuro, una literatura que puede resultar incómoda, deleitosa de lo peor de su época, pero que es hija de nuestro realismo y de indudable valor y trascendencia. Este "realismo negro", criminal, no refleja toda la realidad. Las obras policiales de hoy no siguen los paradigmas clásicos del género. Más bien explicitan una narrativa que se aprovecha de las claves estructurales de un género atractivo para el lector y le ofrecen una nueva mirada sobre su entorno, caótico y a veces desesperanzador. Amir Valle trasciende lo meramente policial para erigirse retratista certero de las miserias y las angustias de una etapa de cambios y desvalores en que se decide el futuro y se reacomodan los cánones artísticos; su "realismo negro", más allá de su obra consagrada a lo policiaco, está llamado a iluminar la oscura maleza en su exploración de una realidad que también nos circunda y cerca.

Amir Valle, maestro del neopolicial cubano

José Ramón Gómez Cabezas

> "Caballero errante de los caballeros,
> barón de varones, príncipe de fieros,
> par entre los pares, maestro, ¡salud!"
> **Rubén Darío**.

Hace tiempo dejé de usar aquella gracia en la que contaba que de viaje de novios mi mujer y yo fuimos a Cuba, pero que de haberlo sabido había ido de despedida de soltero. Pido disculpas de antemano si ofende o molesta, pero una sensación muy extraña me invadió al volver de aquel viaje. Era nuestra primera visita al continente americano también; así que imagino esto tendría su importancia. Paisajes espectaculares, tipos dulces y encantadores, curiosidades por doquier, por tener, hasta tuvimos un pequeño robo y contacto con la policía en la ciudad de Cienfuegos. Un viaje muy completo, de medio mes, en el que nos dio tiempo hasta para conocer cierta marginalidad liviana de algunas ciudades en paseos nocturnos por las calles iluminadas a medias de La Habana. En conjunto, inolvidable.

Por entonces ya me apasionaba la lectura, en general, sin etiquetas ni colecciones: leía por igual a Milan Kundera que a Heninng Mankel. Al año siguiente nació una de las sístoles de mi vida: mi hija María, y los viajes, también las lecturas, se redujeron o se recondujeron. El sueco le ganó el pulso al checo y empecé a buscar más de esa literatura que por estos lares se conoce como negra. Como me encantaba viajar y lo tenía más limitado, me apasionaba buscar lectura policial de otras regiones y otros países, entre otras cosas porque me encantaba descubrir ese aspecto oscuro que la oficialidad oculta de las ciudades y países, esa página olvidada de marginalidad que hay que conocer para entender la idiosincrasia de las sociedades.

Y en unas vacaciones de verano, al abrir el periódico *El País*, me encontré en la columna referente a la semana negra, un artículo sobre dos autores cubanos: un tal Lorenzo Lunar y otro llamado Amir Valle. Lorenzo acababa de ganar los premios Brigada 21 y el Novelpol, que entregaba la asociación de amigos de la literatura policial, de la que al cabo de los años yo llegaría a formar parte de la junta y dirigir. En la entrevista, ambos autores daban detalles de su vida como escritores policiales y de sus últimas novelas, en las cuales intuí que podía volver a encontrar esa Cuba que al regresar a España parecía difuminarse en crónicas oficiales. Y ahí, probablemente, se produjo el punto de eclosión de todo lo que vino después.

Las novelas de Lorenzo y Amir eran muy difíciles de conseguir. La editorial que las publicaba en esos momentos, Zoela, tenía algunos problemas de distribución y tan solo a través de internet pude ver que estas obras estaban en una librería especializada de Barcelona de nombre atractivo y peculiar: Negra y Criminal. Llamé por teléfono para ver si me las podían enviar y el embrujo de Paco Camarasa, el librero, me cautivo desde el principio. Devoré aquellas novelas con ansia..., y las que vinieron después. Un año más tarde estaba en Gijón para conocer al librero, a los autores cubanos y a los miembros de la Asociación Novelpol. De eso hace más de diez años. Ahora tengo en las estanterías de casa más de mil novelas policiales (muchas de ellas sin leer), algo de currículum literario, presido la Asociación Novelpol y una de las cosas más gratificantes: una reverencia por el maestro Amir jalonada de amistad en la distancia.

A otro buen amigo le escuché decir en una ocasión, hablando de algunos autores engreídos y sus obras, que a él le podía gustar mucho el jamón, pero no necesariamente le tenía que gustar el cerdo. Estoy de acuerdo, pero también he de decir que en la mayoría de las ocasiones, de las obras que me gustan, me fascina descubrir más detalles contados por el propio autor. Así me acerqué a la mítica revista *La gangsterera* en la que Amir colaboraba e intenté contactar con él, al igual que a otros muchos autores que había leído. La mayoría contestó y Amir también lo hizo, en su caso desde La Habana, con palabras y detalles amables, como es él. A partir de entonces, le hice varias entrevistas, reseñas, e incluso en un relato me permití el lujo de incluir a Justo Marqués, uno de sus personajes más queridos por mí. Fui conociendo su obra y, sobre todo, su devenir, su persona, que no puede desligarse de la historia de la isla, de su isla y del nacimiento de un género en el cual es un auténtico maestro y un fundador.

El desencanto de finales de los sesenta, junto al resquebrajamiento de los ideales más o menos utópicos, da de mamar a una generación que va a recelar de la autoridad para refugiarse en la cotidianeidad, como ya sucediera en la Norteamérica de los treinta. Con estos mimbres surgirá también el neopolicial en Latinoamérica. En palabras de Mempo Giardelli "la literatura negra es una radiografía de la civilización, tan eficaz y sofisticada como inhumana y destructora. Es un medio tan bueno como cualquier otro para comprender, primero, y para interrogar, después, el mundo en el que vivimos".[1]

El neopolicial no solo se alimenta del desencanto y la desconfianza hacia la autoridad; la corrupción generalizada de jueces y políticos vitamina tramas y puntos de vista que viajan del criminal a la víctima, cuestionando la verdad unidireccional y dónde lo que toma especial relevancia no es el delito ni el delincuente, si no el envoltorio. Así lo afirma uno de los grandes en el género, Paco Ignacio Taibo: es una literatura "de crímenes muy jodidos, en la que lo que importa no son tanto los crímenes si no el contexto".[2]

En Cuba, la Revolución del 59 lo cambia todo, aislándola de golpes militares y políticos, pero también de referencias, aunque evidentemente surgen las propias al margen de la oficialista novela policial revolucionaria. Ignacio Cárdenas Acuña, Rodolfo Pérez Valero y Luis Rogelio Nogueras, en los setenta, marcan los primeros pasos de corte tradicionalista, dónde dos o más investigadores son ayudados por representantes del pueblo para luchar y vencer a los contrarrevolucionarios. Años más tarde, serán

---

[1] Francisca Noguerol Jiménez, "Entre la Sangre y el Simulacro", en *Tendencias de la Narrativa Mexicana Actual* (Frankfurt: Vervuert Verlag, 2009), 175.

[2] Taibo II citado en Alex Martín Escribá y Javier Sánchez Zapatero, "Una Mirada al Neopolicial Latinoamericano. Mempo Giardinelli, Leonardo Padura y Paco Ignacio Taibo II", *Anales de Literatura Hispanoamericana* 36 (2007), 54.

Daniel Chavarría y el recordado Justo Vasco, los que se atreven a ir un poco más allá y fieles al género mueven a sus personajes entre gente de dudosa reputación y legalidad ambigua y amparada. El reconocido Leonardo Padura junto a otros autores como Amir y Lorenzo, unos años más tarde, aprovechan las licencias del género para reflejar, sutilmente en algunos casos y no tanto en otros, las carencias y marginalidades de una sociedad que ve desmoronarse sus pilares empeñada en ocultarlas.

Putas, yonquis, chulos, jineterismo, corrupción, se hacen recurrentes en las subtramas de estos autores, con descaro y ternura, con respeto y humor de supervivencia, pero sobre todo, como es en el caso de Amir Valle con un estilo narrativo impecable, que como buen narrador hispanoamericano se reconoce continuador de una tradición de literatura realista en que el reflejo de su época resulta incómodo incluso para él, pero crucial.

Bien es cierto que quizás tanto Padura como Daniel Chavarría puede que hayan tenido más repercusión a nivel general, pero sus tramas se quedan en la mitad del iceberg. La serie policíaca de Mario Conde, incluso su adaptación televisiva que ha resultado una sorpresa muy agradable, navegan por la superficie de la marginalidad sin quitarle un ápice de relevancia, eso sí. Conde viaja en un permanente vaivén desde la nostalgia al amargo presente, manejando a la perfección una dialéctica desencantada que empapa su vida, su devenir y hasta su rostro.

Leo Martín, el policía de Lorenzo Lunar, tiene ciertas similitudes con Mario Conde, también desencantado, pero éste con su entorno más cercano. Martín es menos policía que Conde, más humano, hasta el punto de que no querer renunciar a esa terrenalidad le genera un inevitable choque con los suyos, que le acerca a la visceralidad cuándo resuelve los casos. Conde y Martín están agotados mentalmente, la fatiga del desencuentro que agota almas y desmonta proyectos vitales.

Pero sin duda, hay que leer las novelas de Amir Valle si queremos bucear hasta el fondo de la marginalidad en un ejercicio de apnea que quizás no aguantemos, para conocer las raíces psicológicas, sociales y políticas de los barrios desarraigados de La Habana y sus habitantes al borde de la esquizofrenia.

Como no podía ser de otra manera, Amir nombra a su serie de novelas negras con la denominación de origen: "El descenso a los infiernos", compuesta hasta la fecha por siete novelas: *Las puertas de la noche*, *Si Cristo te desnuda*, *Entre el miedo y las sombras*, *Últimas noticias del infierno*, *Santuario de sombras*, *Largas noches con Flavia* y *Los nudos invisibles* (publicada sólo en fragmentos en diversos medios digitales y revistas literarias impresas).

Algunos autores pasan por la marginalidad en sus escritos como si pasearan por un zoo de esos antiguos con mujeres barbudas, hombres sin extremidades y niños con caras deformes; es decir, hablan de la tragedia como un circo, desde fuera. Pero la novelística de Amir Valle es profunda, humana, desgarradora: en un alarde de pirotecnia narrativa lleva al lector por una montaña rusa que desciende por túneles oscuros, sin que pueda ralentizarse el ritmo, para que a los lectores no se nos descubran los miedos que escondemos. Solo unos pocos, cirujanos de la precisión narrativa, saben dosificar las raciones de Averno con un tempo que te hace bailar al son y una trama, de prosa ágil, más adictiva que la mayoría de drogas. Y Amir Valle es de esos.

Así lo dice el reconocimiento internacional que ha tenido y seguirá teniendo, sin dudas, en todas sus publicaciones. Desde el Premio Nacional de Cuento que obtuviera con apenas 19 años en 1986, el más importante de su país en esa época, al Premio Internacional Vargas Llosa, pasando por todas las veces en que obra ha sido finalista del prestigioso Premio Dashiell Hammet en Gijón, el Premio Internacional Ciudad de Carmona de Novela Negra, y otros de literatura infantil, erótica...

Las emociones forman parte de la reserva genética del hombre y se pueden transmitir desde la manera más arrolladora a la más sutil, amplio espectro que Amir Valle controla con su dominio narrativo siendo capaz de mostrarnos la decadencia de una de las ciudades más apasionantes del mundo, de un país que pretendió ser la luz de los pobres en el planeta y terminó convirtiéndose en ese espectro corrompido que las novelas de Amir muestran, dejando traslucir el dolor que siente por ella, con descripciones detalladas de La Habana Vieja, de las amarguras y decepciones del teniente Alain Bec, sus encontronazos con el negro Alex Varga y todo lo que envuelve sus diferentes y complementarios puntos de vista sobre la supervivencia en un mundo cercano que a ambos se les desmorona a cachos.

Sin concesiones, en las dos primeras entregas de la serie de su descenso particular a los infiernos cubanos, lo vemos tocando temas tan delicados y tabúes como la prostitución infantil (*Las puertas de la noche*) o la prostitución homosexual (*Si Cristo te desnuda*), donde se ve envuelta Patty, la hija del negro Varga y con cuentas amorosas pendientes con el propio teniente Bec. Las primeras páginas nos narran el descubrimiento de los cadáveres desnudos de Cristo y Patty, con sus grandes glúteos y el sexo aún humedecido, mezclando el erotismo más carnal con la descripción periodística perital en un ejercicio de equilibrio en el alambre y no de malabarismo explosivo, dónde cualquiera de nosotros habría caído fácilmente en el abismo sentimental, mostrando en ello toda una garantía de autor inteligente y de un estilo cargado de metáfora.

En la siguiente entrega *Entre el miedo y las sombras*, los terrenos pantanosos de la droga y las altas esferas se enturbian entrelazándose hasta enmarañarse, la misma mierda de siempre que diría alguno, esta vez de la mano de Alex Varga ¿quién dijo que los protagonistas de la novela policial tenían que ser siempre los detectives e investigadores policiales? A Amir le duele la isla y le da igual quién sea la voz que lo manifiesta.

Lo demuestra, una vez más, en la que quizás sea, para mí, la novela más difícil y madura, dentro de la serie: *Santuario de sombras*. A Amir le sigue doliendo la isla, insisto y me repito, y aquí aborda uno de los temas más dolorosos y complejos que puedan existir: la desesperación de miles y miles de cubanos que se lanzan al mar en cualquier tipo de utensilio que flotase para abandonar la isla y, cómo no, escapar de las implicaciones políticas de ciertos sectores en este drama. Un tema que como europeo del sur vivo y creo conocer. Pero no es así; ni de lejos uno puede sospechar la historia oculta de todos los implicados.

Lejos de armar un relato periodístico que podría caer en el sensacionalismo, Amir pone voz coral al drama, que como siempre tiene sus pilares en casos reales, documentados y tristemente reales, todos ellos con un horizonte común, utópico, desfigurado por la emoción de lo que se deja atrás, mitificado por el deseo, y que el autor conoce de primera mano. Antonio, Maira, el travesti Magnolia La Loca, son todos ellos representantes de la desesperación que harán de su capa un sayo y saltarán al vacío, sin flotador, ni madero flotante, con una mochila de pasado que los acerca al abismo del fondo y que Amir llena de detalles que completan de manera magistral el grito agónico que componen a modo de Guernica.

En *Largas noches con Flavia*, los personajes se repiten, a veces con otros nombres, y la decepción, el desencanto, las calles desconchadas de La Habana al igual que las esperanzas de sus habitantes, siguen viviendo en la pluma de Amir con casos nuevos, pero de trayectoria muy presente, vital, casi recurrente, en los barrios de esa ciudad que le sigue doliendo como una espina enquistada. La doble moral, en la que tanto insiste el autor, nos sigue reglando momentos de amargura e impotencia, pero también de humor cínico y es que los relatos de Amir Valle están urdidos de habitantes comunes de La Habana, que el autor convierte en personajes creíbles, llenando su narrativa de una verosimilitud que molesta por toda la miseria humana a la que nos enfrenta, de una historia que convive en un mundo paralelo al oficioso, que transcurre en otro paisaje con el mismo fondo, pero poblado de sombras que un turista en su luna de miel puede atisbar, pero nunca comprender sin la guía de la lectura de obras esta calidad.

Amir Valle, maestro del neopolicial cubano, rastrea conflictos, remueve zonas de confort en el pensamiento y evita inventar. Si acaso, reinventa con poética, con metáfora, la amargura de algo que duele en el fondo, casi tanto como duele la muerte de un ser querido.

Las flores negras de Amir Valle[1]

Lorenzo Lunar Cardedo

La década de los noventa introdujo cambios en la realidad cubana que, sin dudas, repercutieron en breve en la producción literaria de esos años. Y en la actual.

La novela policiaca cubana, portadora de una estética rígida y de preceptos, más que literarios, político-ideológicos, es una de las zonas de las letras cubanas en la que mejor se refleja este trauma.

Ya a fines de la década de los ochenta se notaba el fallecimiento, por vía natural, de un fenómeno que se había caracterizado en los últimos veinte años por las gigantescas tiradas y un inusitado entusiasmo lectoral. La novela policiaca, que alguien había definido como un arma de los escritores cubanos en la lucha de clases, fenecía desgastada en sus propios cánones.

La abrupta llegada de eso que alguien bautizó, con magnífica ironía, como Período Especial, dio el tiro de gracia al artificial fenómeno. Varios de los escritores por plantilla del género, emigraron del país. Otros buscaron blandos cargos de dirección que les permitieran atravesar, con comodidad y privilegios, los años duros. Alguno decidió guardar sus armas para no reflejar en su obra la cruda realidad circundante y así evitar hacerle el juego "al enemigo" –no olvidemos que la novela policial siempre ha sido realista por antonomasia y que el producto cubano, aunque no lo fuera del todo, al menos pretendía serlo–. Muchos ya habían muerto como escritores. Otros, físicamente.

---

[1] **Nota de la Editora**: Texto leído por el autor en el homenaje realizado a la obra de Amir Valle durante las sesiones del Premio de Novela "Enrique Labrador Ruiz" del Taller "Carlos Loveira", Santa Clara, del 14 al 17 de mayo de 2003.

Ya en la década de los ochenta se venían operando ciertos cambios en la narrativa cubana. Una generación de nuevos narradores introducía como novedoso elemento en su cuentística el personaje reflexivo: El niño aquel que comenzaba a ver la realidad con otros ojos. A pensarla de manera diferente a como lo hacían sus predecesores literarios y, por momentos, a cuestionarla. Desde la duda. Desde la reflexión.

Aquella generación de narradores que se presentara como cuentista en los años ochenta, en los inicios de los noventa comienza el asalto a la novela. Y es uno de sus miembros, Leonardo Padura Fuentes, quién con mayor éxito nacional e internacional lo consigue.

Con su tetralogía "Las cuatro estaciones" (*Pasado perfecto*, *Vientos de cuaresma*, *Máscaras* y *Paisaje de otoño*) Padura se inserta en lo que el novelista y crítico mejicano Paco Ignacio Taibo II llamara, desde antes, el neopolicial iberoamericano.

Padura incorpora en sus novelas policiales el análisis crítico de la sociedad cubana de fines de los ochenta. Las cuatro estaciones del convulso mil novecientos ochenta y nueve son el escenario de su tetralogía. Con el fondo de la purga en el Ministerio del Interior, después de los dolorosos casos de corrupción develados en ese año, Padura cuenta cuatro historias protagonizadas por Mario Conde, un raro oficial de la policía que tiene que descubrir culpables que se mueven en las zonas encumbradas de la neoaristocracia cubana.

Sin embargo, en la segunda mitad de la década se incorpora un nuevo nombre al neopolicial cubano: Amir Valle.

Si Leonardo Padura paseó sus cuatro estaciones por los salones de la vieja y la nueva burguesía cubana, por las oficinas de los Ministerios, por las residencias del Vedado y Miramar (todo eso a pesar de la extracción humilde de su héroe Mario Conde), Amir Valle fue el primero en tirarla contra la calle.

Pertenece Amir Valle al frondoso grupo de jóvenes escritores cubanos que el profesor Salvador Redonet bautizara como "Novísimos", precisamente por suceder en el tiempo a aquellos nuevos narradores de los ochenta. Y, entre estos novísimos, es

Amir de los que el narrador y crítico Arturo Arango etiquetara como "violentos", en última instancia por su compromiso con la realidad.

Heredero de la manera de decir de Carlos Montenegro, Lino Novás Calvo y Cabrera Infante. Discípulo, confeso y probado, de Eduardo Heras León y José Soler Puig. Periodista de carrera y oficio. Amir Valle no tenía otra opción.

Sus primeros libros de relatos; *Tiempo en cueros* y *Yo soy el malo*, ya mostraban su preocupación por las aristas más turbias de la realidad cubana. Esa zona que por dolorosa no se reflejaba en el discurso oficial: la diferencia de clases, la doble moral, la corrupción administrativa y humana y el derecho al libre albedrío o, mejor dicho, su ausencia en ocasiones.

Así no resulta extraño que el debut de Amir Valle en la novela sea precisamente con el neopolicial o, para decirlo con más propiedad, la novela negra.

Una novela negra que tiene como escenario principal el barrio. Ese barrio inmenso (todo un municipio, el municipio más poblado de Cuba) que es Centro Habana. La capital de la capital de Cuba. La capital de La Habana. La capital del crimen insular. El barrio en el que vive Amir. Y como protagonistas la gente de ese barrio - tanto los criminales como el héroe y sus compañeros-, y los crímenes de ese barrio: el consumo y comercio de drogas, la prostitución juvenil e infantil como colmo de la prostitución relajada y natural que se practica en la zona y las innumerables violaciones de la ley que acompañan todo esto, además de las imprescindibles para el cubano buscavidas y sobreviviente.

Las puertas de la noche es la primera novela negra de Amir Valle. Premiada en mil novecientos noventa y ocho por la Editorial Distel de Alemania cuenta con tres ediciones: En Alemania 1999, en España 2001 por Ediciones Malamba y en Puerto Rico 2002 por Plaza Mayor.

En *Las puertas de la noche*, Amir Valle presenta los dos personajes que serán la piedra angular de una serie de novelas que ya va por tres títulos publicados. Son ellos: el policía investigador Alain Bec y el ex detective privado, antiguo capo del crimen organizado habanero y actual mandante del barrio, Alex Varga.

Alain es policía por libre decisión. Quizás por un innato espíritu de justicia que lo impele a serlo. Lejos de las dificultades económicas del cubano medio (y de la inmensa mayoría de los cubanos que viven por debajo de la media), Alain decide chocar con la realidad; como ejercicio de voluntad, como acto de fe. Personaje raro en la literatura negra universal, es un policía bien casado y feliz en su matrimonio. Tiene hijos de los que cuida con amor. No se la pasa empinando el codo durante toda la historia. Es racista.

Alex Varga es un negro viejo al que Alain tiene que acudir, por necesidad, en busca de ayuda para solucionar su primer caso: una serie de asesinatos en los que las víctimas son niños, adolescentes con retraso mental y problemas sociales. Alex, conocedor histórico de cuantos manejos se hacen en el barrio. Portador de un código de ética marginal que se impone a los mismos conceptos morales (mezcla de moral socialista y burguesa) que imperan en la personalidad de Alain. Única persona confiable en última instancia para un policía que debe buscar él (casi) solo una verdad insólita, dura y, al final, prohibida.

Con el desarrollo de esta novela, y en las que le suceden, se establece y consolida una relación filial entre Alain y Alex. Y los conflictos adicionales a esta: Patty, la preciosa mulata, hija de Alex, como una hermana para el policía y a la vez como la amante fogosa, deseada e inolvidable. El encuentro entre la ética del policía y su acción. El mero hecho de aceptar como "padrino" a un negro. Conflictos que realzan la dicotomía de Alain ante la vida: esa vida apacible que trata de mantener a toda costa dentro de su hogar, y la vida real que fluye de la puerta de su casa hacia fuera, en las calles de Centro Habana.

Después de *Las puertas de la noche* vendrán *Si Cristo te desnuda* (Ediciones Oriente, Cuba, 2001 y Editorial Zoela, España 2002) y *Entre el miedo y las sombras*. (Editorial Zoela, España 2003) a consolidar la presencia de Amir Valle como uno de los principales exponentes del neopolicial cubano e iberoamericano.

Ya en *Si Cristo te desnuda* la moneda tiene que ser devuelta: Alain debe trabajar para Alex. Es una petición del viejo. Una necesidad. Sólo él, su hijo, lo puede ayudar. Y el policía lo hace con gusto. Aunque para ello tiene que violar todas las normas que rigen su condición de policía.

Y cada vez Alain Bec es más marginal. Porque cada vez el camino de la verdad se aleja más de las vías de la oficialidad. Cada vez Alain Bec se acerca más a la imagen de Alex Varga, a quien cada vez ama y respeta con mayor fervor.

La obra de Amir Valle en la novela negra se caracteriza por su limpieza de estilo y por su compromiso ético con la realidad interna de la obra. Realidad que debe ser –y es en las novelas de Amir– verosímil e irrefutable. Realidad interna que es una prolongación de la realidad cubana actual.

Amir es un autor que ha asumido el género sin prejuicios, y con espíritu renovador.

Los ambientes de las novelas negras de Amir Valle son palpables. Sus personajes tangibles. Las historias que cuenta, creíbles, a pesar de parecerles lo contrario en el primer momento a aquellos que se han fundado, por cualquier razón o por cualquier vía, una idea edulcorada de la realidad cubana. A pesar de que no sean admisibles para aquellos que, aún conociendo esa realidad, meten la cabeza en la tierra como el avestruz para no ver su existencia.

Un estilo, fundado en su oficio de periodista, que le proporciona la palabra precisa para nombrar las cosas. También la sagacidad y el ímpetu que sólo tiene un auténtico periodista (o un detective privado) para indagar la realidad, para buscar los testimonios más crudos y reveladores de la vida de los habitantes de ese barrio, Centro Habana, cronotopo de sus novelas negras, e investigar las viejas historias que circundan esos hechos actuales. Esas viejas historias que son la semilla de la realidad presente.

Y para contar esas historias con el lenguaje que corresponde.

Es Amir Valle un incansable trabajador. Obsesionado por la literatura y sus posibilidades de comunicación, ya tiene una obra amplia y consolidada en la cuentística, el testimonio, el ensayo y la novela de la isla.

Y no sólo en la novela negra; otros asuntos y otros modelos expresivos también son objetivos en su obra novelística. Dos veces ha sido ganador del Premio Nacional de Novela erótica "La Llama Doble", y vale la pena buscar las zonas negras también en esas novelas, no costará mucho trabajo encontrarlas.

Para usar un lugar común: Amir Valle ha cultivado un frondoso jardín literario. Un jardín en el que resaltan esas flores negras de las que cuida con una alevosa mezcla de amor y crueldad.

Las novelas negras de Amir Valle
y el pensamiento social cubano actual

Armando León Viera

Me provocan una sonrisa, aunque me causan pena, quienes catalogan a la novela negra de género menor. Debo confesar, por elemental honestidad, que estoy muy lejos, y en total desventaja, de quienes se dedican, con rigor, al importantísimo ejercicio de la crítica, en cualquiera de las esferas de la creación, pero, sobre todo, en el campo de la Literatura. Me faltan el arsenal teórico y el tiempo para ejercerla, aunque trato de leer todo lo que se publica en esa materia.

Hace poco leí unas reflexiones del mexicano Paco Ignacio Taibo II, que me condujeron a otras, aplicadas a mi entorno. Decía Paco: "Tengo la sospecha de que en tiempos de crisis ideológica la literatura se ha vuelto en un referente que tiene mayor profundidad analítica explicativa que los referentes tradicionales: la teoría política, el periodismo, la sociología. La literatura de alguna manera logra retratos, incluso la construcción de modelos, estereotipos y visiones más profundas de las que están logrando otras ciencias sociales".[1]

En Cuba la novela negra cuenta con nombres ilustres, bien conocidos, y otros de menos difusión, pero que mucho prometen. Entre los primeros se destacan Leonardo Padura, Daniel Chavarría, Lorenzo Lunar y Amir Valle.

De Padura, la serie integrada por *Pasado perfecto, Vientos de cuaresma, Máscaras y Paisaje de otoño*, ha marcado pauta e

---

[1] **Nota de la Editora**: Véase "Literatura y crisis de ideologías", en *Boletín* de la Editorial Plaza Mayor, Número 9, del 30 de septiembre de 2004.

inspirado versiones teatrales que han convocado a miles de espectadores.

Chavarría, quien afirma ser ciudadano uruguayo y escritor cubano, constituye un fenómeno de venta en las ferias literarias que cada año se celebran en Cuba. En consecuencia, la televisión - lo mismo en entrevistas y reportajes que en mesas redondas con temas relativos a la cultura en general, y al mundo del libro, en particular- le resulta tan natural como el agua al pez.

Lunar, por su parte, ha dejado su impronta con títulos salidos de esos boleros tan arraigados en la identidad cubana, y que retratan, con extraordinaria variedad de matices, a su patria chica, la ciudad de Santa Clara.

Pero Amir Valle es un caso único: con una impresionante trayectoria de premios en concursos literarios nacionales y allende los mares, iniciada desde muy joven, ha pasado de ser uno de los más reconocidos y nombrados escritores cubanos, a la nada envidiable condición de *quasi* fantasma. Hace mucho que no se le ve en los grandes eventos literarios, ni se le invita a los talleres que con frecuencia se organizan a lo largo y ancho de la geografía cubana, ni se le cita en ninguna de las tantas publicaciones del país, ni integra delegaciones de intelectuales cubanos a cualquiera de los puntos cardinales de este planeta. Tampoco se le incluye, aún cuando su producción no cesa, en las actuales antologías de la narrativa criolla. Como en un viaje en la máquina del tiempo, Amir ha pasado de la celebridad a un casi absoluto anonimato en la Isla. Lo cubre un permanente manto de silencio. No obstante, si se le pregunta a los miles de libreros y bibliotecarios que en Cuba existen, darán fe de la presencia de Valle en las listas de libros y autores más solicitados cada año por nuestros insaciables lectores.

Y cabría preguntarse: ¿cuándo y cómo empezó esa kafkiana metamorfosis de Amir Valle, contraria a la lógica de los creadores, que pasan de ser desconocidos a célebres, según el impacto de sus obras?

No me atrevería a dar una fecha precisa, pero creo que tiene como eje al año 1999, cuando se le ocurrió la idea de presentar un libro, titulado entonces *Sade nuestro que estás en los cielos* o *Prostitutas en Cuba* a la categoría de Testimonio del Premio

Literario Casa de las Américas. Era el fruto de cinco años de ardua investigación y búsqueda de datos referidos a la expansión o metástasis, en la sociedad cubana, de la prostitución y otras lacras asociadas a ella.

Circuló entonces con mucha fuerza un rumor de que el libro había merecido el premio, pese a su contenido, muy distante de los aconteceres reflejados en los medios de difusión del país, y del discurso oficial. Luego, en la ceremonia de premiación, cuando se anunció que ese género del concurso quedaba desierto, se escuchó un abucheo que no pasó inadvertido para la prensa extranjera presente. Según ha explicado Amir, medios informativos diversos comentaron que un escritor cubano había sido despojado del Premio Casa por motivos políticos y, desde entonces, le llovieron ofertas para la publicación del libro, tentadoras, sobre todo teniendo en consideración la austeridad financiera de Amir, como la de la mayoría de los cubanos. No se puede soslayar, en este punto, que el autor rechazó las proposiciones, por la sencilla razón de que el libro sería utilizado, por tales editoriales, en el rejuego político que caracteriza a los adversarios del gobierno cubano.

La novelesca trayectoria de la referida creación continuó con un hecho inédito en Cuba: alguien hurtó uno de los ejemplares presentados al concurso, lo fotocopió y lo colocó en Internet. En el proceso, la obra sufrió mutilaciones y cambios en su estructura, y comenzó a circular libremente, incluyendo los datos del autor: dirección particular, número de teléfono y dirección de correo electrónico, indispensables para la comparecencia al Premio. Asesorado desde el punto de vista legal, Valle presentó una querella internacional y un proceso de búsqueda contra el perpetrador del acto de piratería intelectual, toda vez que fue cometido sin su consentimiento. Pero así se desató una inesperada y masiva circulación, y cientos de mensajes le han traído, durante años, las más diversas opiniones, reflexiones y el agradecimiento de innumerables lectores. Uno de ellos, durante la presentación de otra obra, le dio, por azar, la clave para un título que le pareció más adecuado que el original: desde entonces se nombra *Habana Babilonia o Prostitutas en Cuba,* y ha marcado, por más de una razón, un hito en la vida de Amir.

Esta afirmación la avalan otros intelectuales, como el periodista cubano, residente en España, Carlos Cabrera, que en mensaje al autor, señaló: "Acabo de leer tu magnífico libro sobre la prostitución en Cuba, que se me antoja el mejor inventario de víctimas de la sociedad cubana actual."[2] El desaparecido y muy laureado narrador Guillermo Vidal fue más rotundo, al afirmar: "Desde la publicación de *Biografía de un cimarrón*, de Miguel Barnet, allá por los años sesenta, no se había escrito en Cuba, dentro del género, un libro de tanto impacto social... lo que, además de su calidad, lo convierte, efectivamente, en un clásico de nuestras letras". Otra comunicación personal, del poeta, narrador y ensayista Antonio José Ponte, expresa: "Te felicito por ese clásico que has escrito". Y Dagoberto Valdés, ensayista y director de la revista *Vitral*, opinó: "Se trata de un libro imprescindible en la historia del testimonio cubano; un referente obligado en nuestros estudios sociológicos, un libro esencial, clásico ya".

Amir Valle carga, pues, con la responsabilidad de haber escrito un libro devenido clásico.

Pero toda la información recogida durante la etapa de investigación, habría de convertirse en materia prima para nuevas obras. La extraordinaria capacidad de fabulación de Amir metabolizó historias y dramas personales, que como lava volcánica produjeron la erupción creativa que parió títulos como *Las puertas de la noche, Si Cristo te desnuda, Entre el miedo y las sombras, Santuario de sombras, La montaña del diablo*[3] y *Los nudos invisibles*, todas en el campo de la novela negra, todas duras, desgarradoras, inquietantes, porque reflejan, como dijera la narradora Rebeca Murga, refiriéndose a la primera de las mencionadas, pero que bien pudiera aplicarse a cualquiera de las otras: "...la vida áspera de la sociedad habanera de estos tiempos, donde se advierte con más crueldad la pérdida de las fronteras entre lo bueno y lo malo en la conciencia del hombre..."[4]

---

[2] Las citas siguientes son tomadas de la web de Amir Valle: www.amirvalle.com. **Nota de la editora**: Véase http://amirvalle.com/es/comentario/sobre-su-obra-testimonial/, consultado el 8 de febrero de 2018.

[3] Novela publicada en 2008 bajo el título *Largas noches con Flavia*.

[4] Rebeca Murga, "Amir, el héroe que abre la puerta," en web de Amir Valle: www.amirvalle.com. **Nota de la editora**: A estos apuntes se puede acceder a

Y es que Amir Valle asume otras responsabilidades. No aspira a que el lector coincida con sus enfoques, sino a que esa persona que le regala su tiempo y su atención, no quede indiferente ante la propuesta. ¡Y vaya que lo logra!

Con toda la virilidad que conlleva, ha querido ser, desde la Literatura, un cronista comprometido con los tiempos que le han tocado vivir en esta isla, con una mirada profunda, honesta y valiente, a la vez que desgarrada, muy desgarrada.

Es cierto que no son todos, pero en Cuba es muy común topar con funcionarios que usan y abusan del poder, y toman decisiones que afectan las vidas de mucha gente, desde la perspectiva del más extremo fundamentalismo ideológico. Para ellos, en una escala de blanco, negro y mucho gris, sólo es válida la imagen positiva, edulcorada, exportable, de la cotidianidad cubana. Es una especie de norma ISO 9000, que debe garantizar un producto de bello embalaje, para que este siga siendo el paraíso del Caribe que el mercado turístico reclama. Pero, muy a pesar de ellos, la zona colonial de La Habana, con tanto esfuerzo y voluntad restaurada, linda con otras donde la vida es supervivencia, los rigores existenciales el pan nuestro de cada día, los códigos de conducta, aquellos nacidos de la resistencia de los marginales al rechazo, la hostilidad y la indiferencia del resto de la sociedad que los margina y condena. Una sociedad que —no descubro nada nuevo— ha asimilado y practica, desde hace demasiado tiempo, una duplicidad de moral, discurso y proyección social, que la corroe. ¡Y de todo eso, nada más y nada menos, escribe Amir Valle! Sabiendo el costo, ha decidido decir sus verdades —que no serán absolutas, pero son las suyas— ahora, aquí, no dentro de diez años, ni desde otra latitud.

Uno de los más lúcidos intelectuales que ha parido Cuba, el Doctor Fernando Ortiz, lanzó en un editorial de su revista *Ultra*, en fecha tan lejana como 1941, reflexiones de extraordinaria vigencia. Decía Don Fernando:

---

través del enlace http://amirvalle.com/es/ensayo/amir-el-heroe-que-abre-la-puerta/, consultado el 8 de febrero de 2018.

Es el pensar autónomo lo que más distingue al ser
humano, apartándolo de la bestialidad, y tanto más
cuanto mayor es la independencia del juicio. A quien
no piensa con propia cabeza se le dice "gregario"
porque tiene el hábito de pensar, decir y hacer lo que
hacen los otros en la misma grey. El folklore cubano
aludió a esos tipos, tan abundantes, llamándolos
"Vicentes", por aquel personaje proverbial del dicho:
"¿A dónde vas Vicente? A dónde va la gente". A esos
mismos sujetos indiferenciados y sin vertebración, con
término castizo se les dice "rebañegos" o
"acarnerados". En vulgar se les llama "carneros", con
acento despectivo se les califica de "borregos", y hasta
se les increpa con peores adjetivos.[5]

Amir, conocedor de esas certezas, se niega a ser un Vicente.
Responde a una educación de principios, de padre y madre,
maestros, que le inculcaron el derecho irrenunciable a decir lo que
se piensa, sin ocultarse. Tras las palabras que pueblan su
narrativa, hay muchas horas de reflexión, de indagación, de
análisis, de estudio interminable de su entorno social, de
intercambio frecuente con los habitantes de su Habana adoptiva.

Amir Valle bebe de la fuente de Don Fernando Ortiz: "Pero
entre todos los deberes humanos, el de pensar es uno de los más
difíciles de cumplir. Las pasiones con frecuencia nos ciegan el
intelecto, los intereses nos lo anublan, la pereza nos lo debilita, las
circunstancias nos lo entorpecen, las propagandas nos lo engañan y
los vicios nos lo pervierten.... Por eso todo pensar, si es
verdaderamente tal, significa algo de placer como amor, de
orgasmo como creación, de dolor como parto, de fatiga como
trabajo.... Quien no piensa 'como se manda' es un hereje peligroso
y maldito.... Se condena a todo hombre que piense con libertad....
¡Mala época para quienes pensar quieren por sí!"[6]

Y Amir no sólo piensa, sino que escribe. Y al hacerlo, influye
y trasciende. Varios colegas suyos, algunos de gran renombre,

---

[5] Fernando Ortiz, "El primer deber del hombre", tomado de la versión publicada
en *OtroLunes. Revista Hispanoamericana de Cultura*, No. 2, 2007.
[6] Ibid.

reflejan en obras posteriores, aunque no lo proclamen, la paulatina apropiación de un conocimiento de esa otra realidad cubana que antes de *Habana Babilonia* o *Prostitutas en Cuba*, y de la saga negra que le siguió, no poseían. Puede que parezca exagerado, pero hablo de un antes y un después.

Y del mismo modo que en América Latina, años atrás, circularon de mano en mano las canciones de Silvio Rodríguez y Pablo Milanés, pese a la represión brutal de las dictaduras militares, se difunden hoy, para malestar de ciertos funcionarios, no sólo de la Cultura, los libros de Amir Valle que aún no han sido editados en Cuba. Y sirven, por si no bastara, de tema para tertulias y debates entre cubanos y cubanas, sobre todo jóvenes. Y si aún fuera poco, muchos académicos, profesores y estudiantes de Literatura Hispanoamericana en todo el mundo, se interesan por la obra de este duendecillo de nuestras letras.

Y puede que, al final, sea yo el equivocado, y que la novela negra sea, efectivamente, un género menor, pero me consuela saber que de él se valen, como vía de comunicación y aporte a la sociedad, mujeres y hombres realmente grandes.

Babilonia en La Habana:

Lo cubano como referente en la obra de Amir Valle

Armando Añel

Podría sonar a lugar común o verdad de Perogrullo decir que la realidad cubana es un referente en la obra de un escritor cubano, pero lamentablemente no resulta así. La mayor parte de las veces la literatura cubana, sobre todo la que se escribe en Cuba, soslaya de una forma u otra, en ocasiones más sutilmente, en otras de manera más burda, una exploración verdaderamente profunda de las particularidades sociopolíticas --la política marca el ritmo de la vida insular más que en cualquiera otra nación del mundo si exceptuamos quizá a Corea del Norte-- presentes en la mayor de la Antillas. Sucede, tal vez, porque aquellos escritores que viven dentro se cuidan de no resultar demasiado "ofensivos" para poder viajar afuera, mientras que muchos de los que viven afuera se cuidan de no resultar demasiado "ofensivos" para que se les permita entrar... de cuando en cuando.

Al saltarse estos condicionamientos, el autor de *Las palabras y los muertos* y *Habana Babilonia* (libro también conocido por el título alternativo de *Jineteras*) quedó en tierra de nadie, mas ostentando el privilegio creativo de ser uno de los pocos cronistas de fondo de la realidad cubana.

Quizá por ello el de Amir Valle sea el único caso de escritor cubano secuestrado a la inversa por funcionarios del régimen vigente en Cuba –o al menos el único caso que conozco–: en lugar de impedírsele salir de la Isla, se le impidió entrar sin haberse ido nunca (irse de Cuba significa, en el argot manejado allí, irse oficialmente, administrativamente, del país). Una situación rocambolesca que el escritor explica en entrevista concedida a la editora cubana Belkis Cuza Malé. Y vale la pena reproducir este fragmento de la entrevista, porque pone en contexto lo que he dicho hasta aquí:

> "En el año 2005 salí a España a presentar mi novela *Santuario de sombras*, que contaba un caso real de tráfico humano entre las costas cubanas y la Florida mucho antes de que eso se convirtiera en noticia y, cuando quise regresar a Cuba, no me permitieron entrar," explica Amir. "Estuve un año exigiendo regresar sin respuesta, y mi editor alemán me propuso entrar en la beca de seis meses de la Fundación Heinrich Böll mientras se resolvía mi situación. Como no hubo respuesta, el PEN Club Alemán me acogió como becario en su programa Writers in Exile, de tres años. Por eso llegué a Alemania, país donde me siento como en casa. Como detalle curioso, dejé de reclamar mi regreso cuando el mismo funcionario del consulado de Cuba en Alemania que me trató con arrogancia en el interior del edificio, me alcanzó fuera del Consulado con el pretexto de darme un paraguas que yo había olvidado dentro y me dijo en tono cómplice que no insistiera más porque yo estaba en un listado de personas a las que no se les permitía regresar a Cuba".[1]

Autor prolífico a sus 50 años, reconocido internacionalmente, con varias decenas de libros publicados y muchos aún inéditos, Amir Valle parte de la marginalidad social cubana para desplegar la trama de todas sus exitosas novelas negras y de la mayoría de sus cuentos --Amir figura entre los escritores más leídos en Cuba (según algunas estimaciones, sólo superado por Leonardo Padura y Pedro Juan Gutiérrez), con el curiosísimo dato agregado de ser el único de los autores de esa lista que no reside en la Isla--. Pero probablemente sea en *Habana Babilonia*, su gran libro testimonial, donde la agudeza del observador riguroso alcanza sus mayores cotas.

---

[1] Valle, "Amir Valle, el príncipe cubano de la novela negra", entrevista a Belkis Cuza Malé, *El Nuevo Herald*, Estados Unidos, 31 de octubre de 2010.

Inicialmente concebido como novela, *Habana Babilonia o la prostitución en Cuba*, cuaderno propuesto para premio Testimonio Casa de las Américas 1999, fluye entre dos discursos aparentemente exclusivos: uno que contiene la pericia anecdótica del narrador que es Amir Valle y otro en el que de propia voz o por medio de cartas manuscritas los testimoniantes cuestionan la viabilidad de un proyecto político-social en bancarrota.

Habana Babilonia es un texto subversivo. Subversivo ética, estética, escatológicamente hablando. A caballo de los estratos reales (no formales) de una sociedad detenida en el tiempo, en este libro nos asomamos a un mundo marcado por la marginalidad. El libro rompe con esa visión edulcorada, idílica, que pretende encuadrar y aun minimizar el fenómeno de la prostitución en la Cuba de finales del siglo XX. De la mano de diseñadores, fotógrafos, guías, gerentes, dependientes, animadores de turismo; marcándole el paso a abogados, modelos, matronas, travestis, traficantes; prestándole oído a policías, pederastas, prostitutas, proxenetas de toda laya, el lector tropieza una y otra vez con la piedra de toque de una ciudad que huye de sí misma, de una nación que maldice para sus adentros mientras se ajusta su antifaz de cumpleaños. Perplejo, dividido entre el sujeto y el objeto, entre lo imaginado y lo inimaginable, el propio Amir se pregunta en uno de los capítulos de *Habana Babilonia*:

> ¿Hasta dónde podía llegar aquella realidad burlando mi imaginación? A veces creía conocerlo todo, imaginaba que Sade y Maquiavelo no pudieron haberlo hecho mejor, y de pronto la realidad sobrepasaba mis cálculos, echaba por tierra la inmunidad del asombro en la que me fui vacunando mientras me perdía en los laberintos de este mundo tan oscuro. ¿Sucedía aquello en mi país, aparentemente tan tranquilo, tan puro, tan limpio moralmente? ¿Hasta dónde llegaba la mierda, la podredumbre de aquel modo de vida…?[2]

"Muy lejos, muy lejos", le contestan a guisa de vivencia sus decenas de entrevistados.

---

[2] **Nota de la Editora**: Véase Valle, *Habana Babilonia*, 183.

Claro que en *Habana Babilonia* también se le hace lugar a la estadística. El libro ofrece cifras aproximadas, datos oficiales y no oficiales, tablas y cálculos comparativos en un esfuerzo por develar el verdadero alcance de la prostitución en la Isla. El autor sugiere unas 20,000 jineteras de oficio para la época, es decir, de carácter regular, más cerca de 100,000 personas implicadas en el negocio a lo largo del país, aunque reconoce lo relativo de estos números pues entre otras razones resulta imposible contabilizar a quienes se prostituyen ocasionalmente o con menor asiduidad.263-264 "En 1993, según el diario Excelsior –escribe Amir Valle– existían en el Distrito Federal unas 200,000 prostitutas para una población de 22 millones 600,000 habitantes. En Cuba, en un año de auge del jineterismo, sólo en Ciudad de La Habana, según datos que circularon de modo extraoficial en diversos análisis de las autoridades turísticas, se obtuvo una cifra de más de 7,000 jineteras. Como se observa, los porcientos son los que hablan: en el DF un 0,8 por ciento de la población se prostituía; en la isla, un 0,35. La diferencia no es mucha. Todo lo contrario sucede si se dice que en México existían 200,000 prostitutas, mientras que en Cuba sólo había 7,000. Es un modo de simplificar el asunto que sólo lleva a una ceguera parcializada sobre un fenómeno que va más allá de cualquier cifra fría."[3]

Se lee *Habana Babilonia* --Premio Internacional Rodolfo Walsh al mejor libro de no ficción publicado en lengua española en el año 2007-- y se emprende un viaje sin retorno, ese que va de la inocencia a la turbación y enseguida al espanto. En este volumen la realidad cubana, en toda su sordidez, secuestra al lector a la inversa, como le ocurriera al propio autor en la vida real: le impide entrar cuando no se ha ido nunca, porque en sus páginas la furia de lo escatológico azuza la compenetración. "Es el libro de mi autoría que más amo y detesto," ha asegurado Amir Valle. Y no es para menos.

---

[3] **Nota de la editora**: Véase Valle, *Habana Babilonia*, 261-277.

La novela negra es en América Latina la mejor novela de la realidad[1]

José M. Martín Medem

Actualmente, en América Latina, la novela negra (en su más amplia acepción: novela policíaca, novela de aventuras, novela de intriga, novela picaresca), es la mejor novela de la realidad. Si hasta hace no mucho tiempo obligaban a la novela negra a que demostrase que era una buena novela, ahora las supuestas buenas novelas tienen que demostrar que pueden llegar a la categoría de novela negra en el sentido de pelearse, enfrentarse con la realidad y contarnos qué es lo que pasa en la vida cotidiana de la inmensa mayoría de los hombres y mujeres que en América Latina son cada vez más excluidos, con mayores dificultades para satisfacer sus necesidades elementales y para abrirse un espacio, para "resolver", como diríamos en cubano.

Remitiéndonos al caso cubano, hay tres características de la sociedad cubana que la Revolución no ha podido modificar en profundidad, aunque las leyes revolucionarias han cambiado las circunstancias y han garantizado los derechos: el machismo, que sobrevive con una tremenda potencia y el racismo, que es espectacular en la capacidad de supervivencia que tiene. Pero ese racismo incluye además uno de los elementos que forma parte habitualmente de la narrativa de Amir Valle que es esa marginalidad habanera que se mantiene en los mismos sitios, con las mismas características e incluso con eso que podríamos denominar "la ternura de la complicidad" entre los pequeños y los

---

[1] **Nota de la Editora**: Texto publicado originalmente en la revista *Contrapunto de América Latina* 4, Abril/Junio (2006), 116-117. Adaptado por el autor para esta edición.

medianos delincuentes pues prácticamente desde hace cien años en los mismos barrios y con las mismas características y es algo que tampoco ha podido resolver la Revolución. Y el tercer elemento es el sincretismo religioso que también forma parte de los otros dos anteriores y está en las novelas de Amir Valle. El machismo, el racismo y esa fuerza del sincretismo religioso son tres elementos que protagonizan las novelas de Amir Valle: *Las puertas de la noche, Si Cristo te desnuda, Entre el miedo y las sombras, Santuario de sombras*. Y, aunque evidentemente las novelas no son tratados sociológicos, precisamente por ser novelas son una especie de zumo de la realidad, zumo complejo de la realidad y zumo poético; son una manera espléndida de acercarse a cuestiones y aspectos tan delicados y complejos de la realidad cubana como estos tres a los que me he referido.

Quien haya leído las novelas de Amir Valle pertenecientes a esta serie: *Las puertas de la noche, Si Cristo te desnuda, Entre el miedo y las sombras, Santuario de sombras*, lo tendrá como conocimiento documentado; y si conoce Cuba, más; y si conoce La Habana, mucho más; y si conoce Centro Habana, ya no tendrá absolutamente ninguna duda de la veracidad de esta afirmación.

¿En qué lugar podemos ubicar la novela negra de Amir Valle? Parafraseando a García Márquez, es posible decir que durante mucho tiempo la Revolución Cubana no ha tenido quien la escriba. Desde que en su famosa "Palabras a los Intelectuales"[2] Fidel Castro dijo aquello: "dentro de la Revolución todo, contra la Revolución nada" produjo tres efectos inmediatos. Uno: se dejó en

---

[2] **Nota de la Editora**: Durante los días 16, 23 y 30 de junio de 1961 tuvo lugar un encuentro, en la Biblioteca Nacional, entre Fidel Castro y una representación de la intelectualidad cubana. A esta última le preocupaba la influencia del realismo soviético, especialmente luego de la censura al documental *PM,* de Sabá Cabrera Infante y Orlando Jiménez-Leal, y en medio de las presiones a Carlos Franqui y Guillermo Cabrera Infante los directivos de la revista *Lunes de Revolución*. Castro, por su parte, defendía "el derecho a existir de la revolución" y, con esto, la necesidad de poner el arte y la cultura al servicio de ella. *PM* nunca se proyectó en los cines, *Lunes de Revolución* cerró, definitivamente, en noviembre de ese año. Los Cabrera Infante, Jiménez-Leal y el propio Franqui, se sumaron a la diáspora pues, a juicio de este último, "La Revolución estaba de muerte". Véase Luis William, *Lunes De Revolución: Literatura y Cultura en los Primeros Años de la Revolución* (Madrid: Editorial Verbum, 2003), 192.

manos de la burocracia la determinación de qué es lo que está escrito contra, qué es lo que está escrito dentro, que es lo que se puede admitir y qué no se puede admitir, y ya está demostrado que cuando son los burócratas los que deciden cuál es la literatura que se puede admitir las consecuencias son lamentables. Dos: hasta fines del 90 no había existido una Revolución de la novela en Cuba, lo que se hace más notable si hacemos un recorrido por la segunda mitad del siglo XX, y se hace visible que Cuba es uno de los pocos países de América Latina donde no se ha desarrollado una novela nueva y donde no han surgido una serie de autores importantes. Y tres: no se había escrito, o estaba guardada en los cajones, la novela de la Revolución, hasta que este mismo autor, Amir Valle, escribió su fabulosa obra *Las palabras y los muertos*, que no es precisamente una novela negra, aunque haya mucho de negro en la realidad histórica que cuenta. Hasta ese momento "La 'Fidelidad' impidió la revolución de la novela en Cuba y ahora Amir Valle, después de escuchar a Fidel Castro durante tanto tiempo, se rebela, nos cuenta lo que la isla susurraba, y escribe la primera 'Novela de la Revolución'", dije al publicarse esa novela. Eso se debe a que Amir Valle pertenece afortunadamente a un grupo de escritores que descubrieron que eso de "dentro", "contra" tenía una tercera pata: "fuera de la Revolución". Es decir, escribir fuera del juego, pero no fuera de la Nación. Esta última oleada de escritores que han descubierto que se puede escribir fuera del juego, fuera de la Revolución, pero no fuera de la Nación, no fuera de la defensa de la independencia nacional, son los que están haciendo la mejor literatura en Cuba, y sobre todo la literatura que se faja con la realidad y que cuenta qué es lo que pasa de verdad en la isla. Novela que puede ser la negra de Amir Valle, el realismo sucio de Pedro Juan Gutiérrez, la novela policíaca de Leonardo Padura, la novela picaresca de Daniel Chavarría, por poner cuatro ejemplos de novelas que son devoradas por los cubanos.

En un momento determinado de su novela negra *Santuario de sombras*, uno de los personajes de Amir Valle recuerda aquellas palabras de Martí que dice "los desagradecidos sólo ven las manchas en el sol". Ese es un mérito más de las novelas de Amir Valle, y de toda la nueva novela de quienes escriben fuera de la Revolución pero desde la Nación; y es, al mismo tiempo, el mejor elogio crítico de la Revolución Cubana, ya que al identificar las manchas en el sol, se está reconociendo que se producen sobre el esplendor de lo que fue la Revolución Cubana.

Facundo Sombra y la intimidad de Fidel Castro[1]

Manuel Gayol Mecías

L as palabras y los muertos (Premio Internacional Mario Vargas Llosa, Universidad de Murcia, España, Seix Barral, 2007), del escritor cubano Amir Valle, trata sobre la muerte de Fidel Castro y los momentos en que el jefe de su escolta, Facundo, rememora una buena parte de la vida del dictador y de su propia existencia al lado de un hombre que lo embriaga y subyuga hasta tomar todo su pensamiento, su manera de ver las cosas, de sentirlas y hacer de su entorno el ombligo del mundo.

Las palabras y los muertos es, por tanto, una obra que se inserta dentro de la corriente de la llamada novela del dictador, pero con la particularidad de que este dictador -convaleciente de su secreta enfermedad y con supuestos signos de estar mejorando, según recalcan sus voceros, escritos y alguna que otra comparecencia pública- pertenece a nuestro tiempo, a nuestro momento bien actual; por lo que la novela habla del ahora, del presente histórico de los cubanos, a diferencia de las anteriores novelas conocidas que siempre abordaron la vida de un tirano, si no de ficción como *El recurso del método*, de Alejo Carpentier, o *El otoño del patriarca*, de Gabriel García Márquez (aunque ambos tomados de experiencias muy reales), sí de figuras de carne y hueso que son Historia siempre vigentes, como las novelas de *Yo, el Supremo*, de Augusto Roa Bastos, o *La fiesta del Chivo*, de Mario Vargas Llosa, entre tantas.

En este sentido de la Historia (con mayúscula para distinguirla de la "historia" narrativa), con esa diferencia del pasado y del

---

[1] **Nota de la Editora**: Texto publicado bajo el título "Fidel ha Muerto" en *Otro Lunes-Revista Hispanoamericana de Cultura* 3, diciembre (2007).

presente, la novela de Amir Valle afronta el riesgo de no esperar a que pase el tiempo para trabajar con criterios ya establecidos por la crítica, y se aventura en señalar, desde una ficción basada en la Historia actual, las opiniones y consideraciones que vienen de la conciencia popular, de lo que cada familia y cada persona comenta en sus casas, entre sus más allegados. Así, los comentarios que pululan en el pueblo entran en esta novela por el prodigio de la imaginación, dado por el recurso de una intrusión colectiva que, mientras especula literariamente, va asentando que la intimidad del poder es de esta manera y no de esa otra que decreta el decir oficial. Y esto es un acierto de *Las palabras...*, cuando establece sus propios vectores de una "realidad histórica" y los desarrolla en un tiempo presente con los criterios del murmullo popular.

Aquí la ficción novelística se hace instrumento de conocimiento y de corroboración para un personaje histórico concreto (figura pública, el "líder") mediante otro personaje que, según el mismo autor, "existe, aunque con otro nombre", y crea, por tanto, la posibilidad de acercarse más al documento histórico novelado:

> Es alguien a quien conozco muy de cerca y muchas de las palabras y frases que he puesto en su boca se la escuché decir en nuestros encuentros. Alguna vez le escuché decir que Facundo era uno de sus muchos nombres clandestinos. Para un lector ávido de averiguar la verdad será bien fácil encontrar la identidad si lee a fondo la novela y se dedica a mirar a esos seres que rodean a Fidel, como sombras. Él está allí, siempre a su lado, con esos mismos ojillos que le pinto en la novela, con esa misma rabiosa fidelidad, con ese fanatismo de quien mira a un dios de cerca. Nada tiene que ver con muchos de esos que estuvieron protegiendo a Fidel y ahora cuentan desde el exilio anécdotas muy parecidas a las que pueden leerse en *Las palabras y los muertos*. Facundo jamás traicionará, bien lo sé, porque ni siquiera tiene la inteligencia de entender que un ser humano puede equivocarse. No pasé ningún trabajo para escribir la vida íntima de Facundo, y a través de él los momentos que

desconocemos en la vida de Fidel Castro, porque sencillamente estaba ahí, al alcance de mi mano, desde mucho antes de yo saber que escribiría el primero de mis libros.[2]

Facundo, así, es un personaje también concreto, muy real, pero por su fanatismo, a veces, puede dar la imagen de haber sido inventado. Sin embargo, no lo es; la propia confesión del autor nos hace deducir cuán compleja es la realidad objetiva, que tiene circunstancias en que compite con la ficción. Para los que no conocen la verdadera y esencial realidad de la isla, puedo asegurarles que estos personajes son factibles concretamente, por el hecho –y esto se sabe bien en Cuba– de que los que articularon (y después degeneraron) la Revolución (el Jefe et al) posibilitaron los mecanismos de seguridad, y militares, para la creación de estos personajes facundones, para que crecieran con la idea de Castro metida en los tuétanos (recuerden que además de los jóvenes del Grupo de Apoyo al Comandante, están sus escoltas, y también muchos que han sido bien adoctrinados desde que fueron párvulos "pioneros") no sólo con el sagrado deber de cuidarlo de la manera más obsesiva y precisa posible, en el caso de los preparados para ser escoltas, digo, sino también como apéndices que pudieran alimentar su ego. Entre un sinnúmero de éstos ya adultos siempre existe uno de ellos que dirige a los demás escoltas y será el más apegado y el más confiable entre los confiables; al extremo de que se fusiona tanto a la existencia del Jefe que, de hecho, se convierte en su sombra. Este concreto guardaespaldas, personalizado por su discurrir psicológico, será el recurso literario que facilitará el camino de indagación en la misteriosa (hermética, digamos) intimidad de un dictador que siempre ha tratado de no permitir una grieta que conduzca hacia el conocimiento de su soledad. Facundo es, por tanto, la sombra -como lo ha querido orgullosamente él mismo-, que ya sin su cuerpo (la novela comienza con la noticia de que "Fidel ha muerto"), se abre a un narrador dual que -por la magia de la imaginación literaria-, en un caso del narrador implícito (el discurso pensante de Facundo), logra penetrar en el pensamiento y los recuerdos del dictador. Y, por otro lado, un

---

[2] Valle, "Cuba y el Exilio han Bailado al Son de Fidel," entrevista concedida a *La Opinión* digital, el 7 de octubre de 2007.

narrador explícito (semiomnisciente, porque narra desde afuera hablando de Facundo y penetra su intimidad) guiando al lector en cuanto a los personajes y los hechos. Pero también un narrador explícito que en muchos momentos se convierte en *vox populi* y alcanza a develar lo que la gente sabe por suposición y, que al mismo tiempo, es ya verdad popular, de las muchas cosas que rodeaban y rodean al Jefe. De modo que este narrador explícito facilita las intrusiones del autor que se hace eco de esa suposición popular.

La suposición aquí es especulación literaria y realidad objetiva al mismo tiempo; es lógica discursiva del sentimiento de la gente; es la fuerza fáctica del murmullo colectivo; y, por ende, es una impecable imaginación que sustenta la buena literatura de Las palabras y los muertos.

La especulación es lo que caracteriza a esta crónica íntima como una ficción bien imaginada, que se encuentra relacionada estrechamente con lo histórico y, de hecho, nos permite el mejor acercamiento a lo siempre sospechoso, hablado y nunca publicado. Podría decirse que es una novela umbral: entre la Historia y la ficción, por lo que los recuerdos fluyen basados en hechos secretos y/o públicos que, innegablemente, son acontecimientos ocurridos, pero que entonces descubren su interioridad, dejan sacar las esencias, mediante la aplicación de la imaginación literaria, especulativa, sugerente, incisiva. En este umbral, lo histórico a su vez se confunde con lo psicológico, con la emotividad, el sufrimiento, el odio, la simpatía; en fin, con la carga subjetiva que siempre está detrás de cualquier hecho, sea privado o no y lo hace creíble. En verdad, esta narración es y no es Historia, es y no es ficción.

La característica –bien conocida por todo el mundo– de que el dictador Castro haya estado rodeado siempre, en su vida política, social y familiar, de un contexto enigmático, lleno de cosas ocultas que no se corresponden con la transparencia que debe tener la proyección de una figura pública; que todo en él haya sido (y aún sea) "secreto de Estado", esta característica, repito, es lo que le da derecho al autor –¡al mismo tiempo de ser la única posibilidad!, por el secretismo con que todo se mueve en Cuba– de usar la especulación y la sugerencia, dos categorías del recurso de la imaginación, del cual dispone el novelista en su postura crítica para desenredar el mundo y el submundo de un dictador carismático, con una expresividad teatral y, en general, una personalidad bien compleja.

El alto nivel de imaginación realista (porque toda esta ficción lo que hace es corroborar públicamente lo que siempre se ha sospechado y sabido entre bastidores), junto a un bien hilvanado tejido de hechos objetivos, de personajes (unos históricos, otros menos históricos, pero conocidos), de situaciones y luchas palaciegas, que son dominio del autor, hacen de esta novela un accionar intenso, lleno de sorprendentes revelaciones, y por su barroquismo psicológico de ideas cruzadas en el discurso de los dos narradores y el intruso, un material imprescindible para acercarnos en profundidad a la manera de ser y pensar del tirano –aún presente– más viejo y de mayor duración de la Historia.

Hay momentos que pertenecen específicamente al narrador explícito, y que pueden servir de pinceladas para ir dejando entrever una caracterización satánica de Castro, como cuando se narra en la página 54:

> –Yo tengo mi pacto con la muerte, monseñor - comenzó a decir Fidel, pero se detuvo en el cambio de expresión que anegó de una seriedad hosca el rostro de Pérez Serantes.
>
> –Cuidado con lo que dices, muchacho –le escuchó decir al arzobispo–.Quien pacta con la muerte no es hijo de Dios.

El narrador explícito se confunde a veces con las intrusiones del autor, que vienen de la vox populi, como cuando se narra:

> Ramiro no se perdona que ella[3] lo haya dejado por un maricón que gusta de buscar marido entre su guardia personal. Eso decían. Si era cierto o no, y otra vez volvía a pensar en ello, Facundo no podía precisarlo. La única verdad en todo aquello era que los

---

[3] Se refiere a la difunta Vilma Espín, supuestamente reconocida como primera dama del gobierno, casada con Raúl Castro.

muchachones de la guardia personal de Raúl competían en porte y figura con cualquiera de esos galanes que salían en las películas americanas, aunque seguía sin entender tal empecinamiento por una mujer, si es que existía: Vilma, a sus ojos [los de Facundo], nada tenía que envidiarle a la bruja de Blancanieves. Estaba arrugada, pecosa, vieja, a pesar de las cremas caras y los trajes exclusivos que mandaba comprar, o se compraba ella misma en sus cientos de viajes anuales al extranjero.[4]

Encontramos que, aun cuando son los ojos agrios de Facundo, se transparenta asimismo la idea de un consenso crudamente crítico de la población (y bien sabemos que cuando se trata del oculto discurrir popular, siempre subversivo, las opiniones son muy descarnadas y no perdonan los traspiés que da la figura pública en cuestión). Se denota entonces una coincidencia entre el narrador implícito, el explícito y el autor como representante de buena parte de esa opinión pública (sabido es que a la opinión pública cubana sólo le queda como recurso de supervivencia la triste defensa de la doble moral).

Aquí veremos otro retazo de texto como extrapolación que va de la ficción al documento, y que al mismo tiempo puede ser una intrusión más; algo que, en nombre del murmullo popular, el autor se da licencia para intercalar en la novela. Y el mérito literario radica en que esta intrusión se encuentra bien ligada a la lógica del discurso de Facundo.

"Fidel lo miró, quedó como esperando a que él terminara de responder y por eso agregó [Facundo] lo que en realidad pensaba: 'el día que usted deje de pensar por ellos, Cuba se va a la mierda, Jefe, y perdone la sinceridad'".[5]

Asimismo, en la página siguiente (64) se ratifica este sentido: "el día que no esté, Jefe, este barco se va a la mierda, y disculpe que siga pensando lo mismo".

---

[4] Valle, *Las Palabras y los Muertos*, 58.
[5] Ibid., 63.

Realmente, el ego de Castro (que conforma la parte más irónica de la historia) funciona como un *leit motiv* de la novela: "–No joda, Jefe– soltó [Facundo] sin poder controlar el exabrupto–. Si usted se muere, esto se va a la mierda. Cuídese y no enrede más la pita".[6]

Como se ve, éste es uno de los fragmentos que se repiten en la novela, y en realidad aun cuando lo dice Facundo, porque lo siente, claro (¡qué más se le puede pedir!) viene además de ese correr y correr del comentario clandestino, de esa conciencia colectiva que en este caso coincide con la Sombra en creer que no hay otro que pueda sustituir a Castro como gente hábil –diríamos– para mantenerse en el poder.

Si, verdaderamente, en un futuro esto sucediera –como es probable que suceda– la novela ampliaría sus coordenadas realistas por esa tesis de que "La Revolución Cubana termina con Fidel Castro"; lo que quizás haga que algunos entonces la consideren como una novela de tesis. De hecho, el libro podría ser visto, hasta cierto punto, como un documento sociológico y político. Desde estas dos últimas perspectivas, muchas de las cuestiones que están planteadas en Las palabras y los muertos, por el camino de la ficción especulativa como recurso, si en un futuro se comprobaran, digo, a esta novela le podría suceder algo parecido al Facundo de Sarmiento, que ha sido clasificada en varios géneros, incluyendo el de la novela, y pasó a trascender como documento histórico y sociológico contra el tirano Rosas. Pero aquí se da la salvedad de que la narración de Amir Valle obtendría valor como documento sin perder sus cualidades novelísticas.

Una observación al márgen

En mi criterio particular uno de los factores clave de lo que ha pasado en Cuba no sólo se le ha de atribuir a Castro, a la dictadura de Batista y a las relaciones históricas entre Estados Unidos y Cuba, sino a toda esa generación suya y a las características antropológicas de los cubanos, que cuajaron dentro

---

[6] Ibid., 95.

de una problemática mundial de los años 60 –en el caso de la isla y desde una perspectiva política, Castro fue la cabeza representativa de esa generación–; cuando una serie de coincidencias de carácter económico, político, social y tecnológico se dieron cita en el mismo momento de auge de esa generación especialmente dominadora. Habría que estudiar este fenómeno entonces desde una proyección generacional también (¿cuáles fueron las razones para que esa generación fuera tan fuerte?), y quizás así pudiéramos explicarnos un tanto el proceso del castrismo –en medio de una serie de fenómenos que aparecieron en esa década: entre los positivos y en la música, tenemos el rock and roll, Elvis Presley, los Beattles y los Rolling Stone; por otra parte, los baby boomers, en la economía y la sociedad estadounidense; la conquista de la Luna por tres astronautas de Estados Unidos; el surgimiento de los hippies y la revolución sexual; el primer satélite puesto en órbita por la URSS; el "milagro" de la economía japonesa; y en otro sentido, favorecido por unos y negado por otros, el Mayo del 68, como detonación social; la invasión de Bahía de Cochinos en Cuba, la Crisis de Octubre, el comienzo de la Guerra de Viet Nam, entre muchos más. Acontecimientos todos que, de una forma u otra, en mayor o menor medida, conmocionaron el mundo–. Recordemos que esa misma generación de Castro se dividió en Cuba: los más fuertes, quedaron con Fidel a la cabeza y se apoderaron de la isla; y la otra parte, supuestamente más débil en esos momentos, se marchó al exilio y con el tiempo se repuso y creó una fortísima oposición, en Miami, New Jersey y California, desde donde incluso han podido influenciar en la política estadounidense y, específicamente desde Miami, desarrollar con capital y trabajo el sur de la Florida. Hasta se ha llegado a comentar que hoy en día se considera a Florida, para no decir exclusivamente Miami, el centro neurálgico del comercio en América Latina. Pensando así, podría estudiarse la posibilidad de que sólo cuando esta generación en la isla y en Estados Unidos desaparezca por vejez, o ya esté totalmente debilitada biológicamente, sólo de esta manera, repito, pudiera ser que entonces se empezará a resolver el problema de Cuba, aunque siempre, por supuesto, demoraría unos cuantos años más en lo que respecta a lo social y político... De hecho, en este sentido, encontramos en la mencionada entrevista al autor, algunas palabras suyas que podrían guardar cierta relación con este último planteamiento:

> Creo, sinceramente, que en Cuba ya no hay que hacer ninguna Revolución: lo primero es salvar lo poco que va quedando de la isla, y para eso cada día que pasa va siendo más claro que habrá que esperar a que Fidel (y toda su influencia en las élites del poder actual) muera.[7]

Pero todo esto es otra historia, un aparte para un trabajo otro, que ahora aquí, por supuesto, no es el caso.

La ironía como lenguaje dual

Una de las apoyaturas del recurso de la especulación, o del confidente, es la ironía:

> …un detalle que le mostraba la verdadera estima, el verdadero espacio que él, un simple militar, una simple sombra, ocupaba en el corazón de un hombre tan inmenso (…) Importaba sólo que el Jefe había salvado a Cuba y ahora estaba muerto y más allá de esa puerta que sigue tozudamente cerrada ante sus ojos solamente puede estarse tramando la desgracia. "Sólo un cerebro como el suyo puede salvar a este país, Jefe", le dijo una vez, como quien sabe está diciendo una verdad absoluta.[8]

Se continúa el estímulo al ego del personaje desde la perspectiva del narrador implícito, Facundo. No puede ser de otra manera para la Sombra, porque a Castro le satisface que constantemente le adulen; y esto sucede en toda la novela porque es la razón de servilismo de Facundo exclusivamente con su Jefe, porque conoce la personalidad narcisista del mandatario y lo complace. Esto se va transformando, por naturaleza propia, en una ironía absoluta que en su significado, en el trasfondo, digamos, da paso a la negatividad y hace que la figura del "Presidente" (nunca

---

[7] Valle, "Cuba y el Exilio," entrevista.
[8] Valle, *Las Palabras y los Muertos*, 93.

fue elegido por voto popular) se despeñe. En otras palabras, Facundo, como sombra que es, a pesar de ser un personaje de carne y hueso, es un ser que no puede pensar por sí mismo; alguien que, "en su obnubilación justifica todo, busca explicaciones donde una mente cuerda no las hallaría, intenta poner un orden justo a lo que por naturaleza ha nacido injusto, irracional".[9] Lo "injusto", lo "irracional" es lo que se halla detrás de las palabras de adulación de Facundo. Todo su discurrir es como una gran metáfora que induce a lo contrario.

En efecto, el lenguaje discursivo de Facundo conlleva un doble sentido, del cual el propio escolta no se percata debido a que está inmerso en creer en la primera lectura de lo que él dice: su pensamiento a favor de Castro; mientras que para el contexto de realidad cuerda que rodea sus palabras, éstas desprenden el sentido contrario de la negatividad.

Cuando la ironía se devela paradoja

El punto de vista del narrador implícito es -como ya dije- el fluir del pensamiento de Facundo, un personaje dentro de la historia de la narración y la Historia misma, que se constituye en la intimidad del Jefe. Facundo así deja escapar su ideología castrista. Pero las perspectivas de su pensamiento chocan constantemente con las coordenadas del pensamiento del mundo real, libre, objetivo, y también ya dentro de Cuba, clandestino y subversivo. Frecuentemente, el escolta está ensalzando la figura del Jefe, por sus acciones, su forma de resolverlo todo, de saber hacerlo todo, etc. Y es cuando sentimos la ironía de lo que es el Jefe mismo y que su visión del mundo no tiene nada que hacer con las coordenadas (y digamos también principios) del mundo objetivo. Entonces, la figura de este "líder" se va haciendo —como es en la realidad real, valga la redundancia— tremendamente adversa, sádica, cruel, y es que el choque entre el espejismo castrista creado en la mente de Facundo y el sistema de factores que conforman un pensamiento humanista legítimo hacen que la imagen del "líder"

---

⁹ Valle, "Cuba y el Exilio," entrevista.

120

se desmorone y se convierta en una tortuosidad, una distorsión, un disparate y un absurdo. De modo que pudiéramos decir que los discursos de los dos narradores: el implícito y el explícito, entre líneas, llega un momento en que convergen y se convierten en la paradoja de un efecto bumerán; en algo que regresa con su carga de negatividad contra el mismo personaje de los elogios, y da al traste con cualquier mínimo convencimiento que hubiera podido tenerse de la figura del mandatario. Es como si la vida de los cubanos, además de ser el infierno mismo, fuera una broma de mal gusto, en la que la ironía existencial del pueblo (fiestas, apoyo, marchas, consignas, etc.) no deja de ser siempre una patética danza de zombis aplaudiendo al brujo mayor.

La sombra y el Jefe

Ya se sabe que Facundo es de manera obsesiva la "sombra". Lo que no quiere decir que sea un cobarde o un oportunista que se escuda, para sus beneficios, en ser quien ampara al Jefe. Facundo tiene la estupidez de una robótica deshumanización porque se cree su destino: su misión en este mundo es cuidar del Jefe por encima de todo, y no vacila en dar su propia vida por aquel que lo significa todo para él (hay que recordar que a los 14 años empezó a prepararse para servirle). Ciertamente es un problema de luces y de alma. En verdad, Facundo es servil sólo con su Jefe; es un fanático, un apasionado del ser a quien cuida, a tal extremo que la relación cotidiana que mantiene con él es tan abarcadora que supera en mucho la relación que lleva con su esposa Nora, con quien incluso en los momentos íntimos del sexo no deja de hablarle de Castro (En este sentido, la vida de Facundo es morbosa, totalmente desajustada, una existencia extraña que parece encontrar más placer al lado del dictador que al lado de la esposa). No obstante, es un fanatismo cuerdo, consciente, que convence por la sinceridad y al mismo tiempo por la humana ignorancia que posee para sólo ver las cosas a través del prisma del Jefe. De manera que este fanatismo lo lleva a transparentar el pensamiento de Castro, aun sobre los más cercanos colaboradores, y hasta del hermano Raúl, quien sale muy mal parado en esta historia.

Otro de los logros -junto con el personaje de Facundo- es el sentido de persuasión de la novela, que nos convence de la carga deshumanizada del Jefe como un coprotagonista referencial. Lo que no evita que el lector tenga una identificación con el dictador, aunque adversa pero identificación al fin: lector-figura clave (gracias al fluir del pensamiento de Facundo). A pesar de la desfachatez y deformación del poder, se llega a sentir el carácter hipócritamente paternalista en la relación del Jefe hacia Facundo (pero, claro, es el paternalismo de todo autócrata), mientras que viceversa la proyección es apasionada y, de hecho, embelesada. De modo que Facundo es la sombra, y como tal es ficción (intangible), pero también como sombra es realidad concreta, reflejo de un cuerpo viviente.

Facundo "Sombra" agranda al Jefe, lo anima y le da la garantía de que está vivo y que tiene grandeza histórica. La sombra vive por y para el Jefe:

> Vuelve a tener ese chispazo en la memoria: alguien que le dice al Jefe, "pareces un diablo Fidel", y lo hace sonreír tal vez con esa misma sonrisa abierta que ha quedado atrapada en este pedazo de papel fotográfico. Lo conserva con celo. No ha tenido nunca el valor de sacarlo y ponerlo sobre el buró, como algunas de esas otras que tiene delante de los ojos, porque las víboras que siempre abundan en aquel palacio, que reptan, venenosas, por los pasillos, seguro dirían que era un modo muy eficaz de guataquearle al Jefe, como si a él le hiciera falta.[10]

Para una saga del poder

En sentido general, una narración como ésta, por la importancia del tema y por estar bien contada, le deja a uno el sabor de querer seguir leyéndola. Es una manera atractiva de conocer

---

[10] Valle, *Las Palabras y los Muertos*, 284.

verdades ocultas; o al menos, acercarse un poco más a los entretelones de un entramado histórico, cuya intensidad radica en el ocultamiento sistemático que se ha hecho de cómo verdaderamente ha funcionado ese poder. Por eso me atrevo a suponer que después de esta novela podría surgir otra en la que alguien más continúe esta historia, en su dimensión íntima, psicológica, política. Aunque sé muy bien, por la entrevista citada, que sería muy difícil que el autor volviera a escribir otra novela más del tema. Al preguntarle si su obra pudiera tener una continuación, Amir Valle respondió:

> Puede ser, pero te juro que no me vuelvo a meter en un proyecto tan ambicioso como éste, de modo que esa otra parte se la dejo al que la desee escribir…. Pero sí, hay mucho material de donde escoger, y no ya sólo en la historia de nuestro "ilustre" dictador. Hay unos cuantos de esos que se aferran al poder que tienen historias como para escribir una saga al estilo de Galdós o de Balzac.[11]

Las palabras y los muertos fue la rabia inteligente que sacó los demonios de Amir a modo de exorcismo, y que en estos momentos -supongo- le otorgan literariamente una enorme paz consigo mismo. Pero cierto, la saga puede ser interminable, puesto que aún quedan infinidad de cosas por decir.

Es la historia de la negatividad y la fascinación del poder en esta figura emblemática del mismo poder, prominente para producir crisis mundiales, hechicero de multitudes, hábil en política internacional, divisor genial para prometer lo que nunca ha cumplido y hacedor del espectáculo, entre tantas y tantas facetas. Y es así que la novelística nos da la posibilidad de adentrarnos en la interioridad de ese poder. Desarrollar el aspecto imaginativo para situar mejor el hecho del atropello realizado diariamente, durante casi cincuenta años con toda impunidad.

Quizás pudiera ser Nora quien discurriera la nueva historia, ¿la fiel esposa de Facundo?, porque supuestamente debe haber

---

[11] Valle, "Cuba y el Exilio," entrevista.

seguido paso a paso la vida de su marido y la del Jefe y, por tanto, sea ella entonces quien tenga que contar mucho de su drama familiar y social. O desde otro ángulo: ¿la mujer despechada por haber sido preterida?; ¿la mujer fanatizada también con el mandatario?; ¿la mujer en su papel de nueva sirvienta, a quien se le cambió el nombre y se le puso el de "compañera"?; quiero decir, un ángulo con el que podrían descubrirse otras tantas corrupciones y desvaríos del poder.

Naturaleza del cuerpo y de la sombra

Por último, pienso que el final es previsible, pero también porque es legítimo; un final en un tiempo indefinido, que se hace largura sensible en la ficción y brevedad en el ámbito objetivo de la circunstancia real, siempre en el mismo espacio cerca del Comandante. Mientras espera... ¿qué espera este hombre?... su turno, digamos: "–No te podías dar el lujo de morir, Jefe –dice, abre la última gaveta y saca la makarov"... Los pasos que vendrán por él; que ya vienen, esos pasos de botas que resuenan acercando el preciso instante de la definición... Ve a Rubén "quedarse parado frente al buró, seguido de los tres soldados, los ojos como de vidrio, tiesos, las manos caídas a lo largo del cuerpo, como un muñecón sin vida, como una estatua"... Durante toda la novela ha venido gravitando in crescendo su decisión, tomando fuerza en los propios recuerdos... "Sólo escucha la luz, el sonido chisporroteante de la luz, un bisbiseo enredado en esas volutas de luminosidad que le anegan el cerebro. También logra escuchar el clic metálico del percutor. Y el disparo..."[12]

Facundo o se mataba o lo mataban. No podía ser de otra manera. Aun cuando su suicidio es distinto al de los cobardes. Facundo atenta contra sí mismo por convencimiento de que ya no era nadie, y también como una manera de ganarle la partida a los que le van a matar, a los que eran "enemigos" de su Jefe. Si algo hay que decir a favor de él -incluso con cierta admiración- es que con su suicidio le niega la posibilidad a los "traidores" palaciegos de que lo compren o destruyan.

---

[12] Valle, *Las Palabras y Los Muertos*, 298.

Pero también porque, por encima de todo, Facundo es fiel a Fidel Castro, como ya lo ha definido el autor.

El caso es que si se va el cuerpo, la sombra tiene que desaparecer. Ésta es la razón más poderosa para que el final de la novela sea un principio básico que tiene que cumplirse: la sombra nunca -por naturaleza- puede traicionar a su cuerpo.

Amir sin desarraigos

Yoe Suárez

Es hoy el autor cubano fuera de la isla que más lucha contra el ego. Quizá porque es también el más premiado, el más cotizado, el más polémico. Amir Valle, es un escritor de culto desde que dibujó *Habana Bailonia,* el libro que expuso el mundo lo que nadie y todos querían ver en La Habana de los 90: la economía del sexo. El mayor bestseller que han generado literatura y censura en Cuba.

Amir fue uno de los líderes naturales de su generación. La generación que empezó a destacarse en los años 80 del pasado siglo y que algunos osaron llamar *Los Novísimos,* como si luego de ellos no viniera nadie más. La camada de una isla a punto de la noche, que configuró su espacio junto a otros autores, de otras generaciones: Guillermo Vidal, Leonardo Padura, Alberto Guerra Naranjo, Pedro Juan Gutiérrez, et al.

En verdad iconoclasta, cuando se montó en el bote de la honestidad, le negaron el puerto de regreso. Hoy crema sus odios en una hoguera de letras y fe. Las llamas tocan a ratos el cielo que pretendieron negarle.

Hubo un tiempo en que La Habana no tuvo una telenovela, una película o un video porno de moda, sino que circulaba entre las pocas computadoras personales de la ciudad o de mano a mano un libro: *Habana Babilonia.*

Me llegó cuando cumplía los 16, por medio de un joven profesor que, sabiendo mi hambre libresca, no sin cierta cautela extendió un disquete y las siguientes palabras: "Tienes que leer esto". Las frases en imperativo surten un efecto imantador cuando se les suma enigma.

A partir de ahí, volver frenéticamente a ese relato de la prostitución en La Habana de los noventa fue un rito diario tras llegar del Politécnico en que estudiaba. No sabía aun que quería ser periodista, o que Amir Valle, un escritor de nombre árabe nacido en el lejano oriente cubano, estaba haciendo periodismo en *Habana Babilonia*.

Luego supe todo: que en Cuba graduaban reporteros, pero los contrataban como propagandistas; que el Partido Comunista ha prohibido al escritor pisar su propia isla; que el periodismo real es una cimitarra: no hay borde que no corte; ni quien la empuñe está a salvo.

Amir charlaba los primeros días de 1999 con más de veinte autores del recién nacido Centro de formación literaria Onelio Jorge Cardoso, cuando les interrumpió un importante intelectual. Faltaban unas horas para que se leyera el acta del Premio Casa de las Américas, en el que participaba *Habana Babilonia* como Testimonio, pero en el mundillo literario habanero no hay nada oculto bajo el sol.

El hombre estrechó las manos del guantanamero Amir y el santiaguero Alberto Garrido. En las deliberaciones finales del jurado los libros de ambos habían resultado vencedores, les dijo.

El escritor Nelton Pérez entre el grupo del Centro Onelio no creía que Garrido, uno de los suyos, se hubiese llevado el premio. Tres mil dólares que, a fines de los noventa, en el peor crac económico de la historia cubana, sonaban a millonada. Nelton estaba, junto a los otros alumnos, eufórico, como si *El muro de las lamentaciones*, fuese un libro colectivo. Igual con *Habana Babilonia*.

No pasó mucho tiempo antes de que un rumor colmara los mismos espacios que la buena nueva: el jurado de Testimonio había tomado una decisión final distinta. Nelton estaba en una neblina dual: la alegría por un amigo, la incertidumbre por otro.

Al momento de la premiación, el acta declaraba a Garrido ganador en Cuento. Y al género Testimonio, huérfano, apenas otorgando alguna mención. Amir no fue a la gala. Quizá llegó a sus oídos, quizá hasta confirmó la noticia y, amén de ser tan cercano a Garrido, no asistió a la ceremonia.

Fue el escritor Ángel Santiesteban quien inició el abucheo cuando la lectura del acta aún no finalizaba. Muchos le secundaron. La voz amplificada por el micrófono se tornó "trémula y sola".

–*Habana Babilonia* no fue premiado, según se dijo, por falta de valentía del jurado –recuerda Nelton.

La mayoría de los asistentes miró hacia los saboteadores, confusos, sin saber qué ocurría.

Amir guardó pruebas de haber merecido un premio que no le dieron, entre ellas, declaraciones grabadas de un miembro del jurado de ese año, dos trabajadores de Casa de las Américas, y varios colegas presentes el día de la felicitación.

La cruz de frustración que cargó unos cuantos años sobre sus hombros, lo hizo rumiar la idea de publicar esas evidencias. Pero las vueltas de la vida le cambiaron el *mood*. Críticos en la isla y el exilio calificaron *Habana Babilonia* como el mayor *bestseller underground* de la literatura cubana; y, de corona en el pastel, ganó el Premio Internacional "Rodolfo Walsh" 2006, o lo que es lo mismo: fue el mejor libro de no ficción publicado en lengua española ese año.

–He decidido dejar en el pasado tan triste historia –dice sobre el incidente del Casa.[1]

Quizá medie también el respeto que Amir profesa por Roberto Fernández Retamar y Jorge Fornet, al frente de una institución "que sigue siendo muy importante para la cultura latinoamericana." Subsiste en el autor esa visión divisoria de que hay "errores de ciertos personajes y mecanismos fallidos de nuestra cultura y nuestra política," y de que "revivir ese triste hecho obligaría a mencionar la vergonzosa actuación de algunos colegas".

–¿Y por qué no inculpar a los culpables?

–Los cubanos vivimos tiempos en que se impone promover el diálogo, la reconciliación –reflexiona–. No seré yo quien siga dividiendo por el egoísmo de ventilar algo que, sí, me afectó

---

[1] **Nota de la Editora**: En referencia al Premio "Casa de Las Américas".

mucho, pero también me convirtió en uno de los cubanos más leídos en la isla.

¿Un libro sobre la prostitución en Cuba desde la llegada de Colón hasta el mal llamado Período Especial? Nelton revisita las arenas de un premio que fue desierto. Y no teme asegurar que *Habana Babilonia* es el libro más enviado por email en Cuba.

-Entonces no era tan frecuente el uso del correo electrónico en el país —comenta—, pero a donde quiera que viajaba, y yo solía hacerlo mucho, *Habana Babilonia* aparecía en las más increíbles conversaciones.

Nelton, que en aquel entonces vivía en la Isla de la Juventud, dice que "solía ocurrirme que alguien lo mencionaba como *pan caliente*". Así desde Manatí a Nueva Gerona o de Gibara a Santa Fe.

—Yo sonreía, y para dejar boquiabiertos a mis asombrados conocidos, confesaba tener la versión más completa del libro. No esa que circulaba como virus informático por las dichosas computadoras de bancos y empresas (adelantadas en tener acceso al servicio de email). Amir mismo me la había grabado en un disquete, y luego en una memoria flash.

Al libro que la gente leía solían faltarle unas cien cuartillas. Se veía en los bordes de sus páginas que fue escaneado o fotocopiado de uno de los ejemplares que participó en el Casa.

—Una tarde en que le visitaba, Amir se conectó a su email y, de los mensajes en la bandeja de Recibidos, leí el nombre de Paquito D´Rivera.

Nelton y Amir se miraron, y comenzaron a leer en voz alta y a dúo que el célebre saxofonista cubano le agradecía por aquella historia que se había terminado en un aeropuerto del mundo. Dice Nelton que escucharon, de las azoteas de Centro Habana, una melodía de Jazz.

Hacia los noventa, Cuba era contada idílicamente por sus periodistas, y más objetivamente por sus escritores. La circunstancia de un país cuyos literatos tuercen sus alas para narrar la tierra, y los reporteros vuelan por quién sabe qué nubes, remite a una nación afiebrada que aborrece su propio reflejo.

Rafael Grillo da el tiro de gracia al quinto cigarro presionándolo en el cenicero. Él, que conoce como pocos de Periodismo narrativo en Cuba, sabe que *Habana Babilonia* es un paso distinto de la ficción de corte realista, sobreabundante a finales del siglo XX, para meterse de lleno en la no ficción y el periodismo investigativo, modalidad escasísima entonces.

–Es una verdadera lástima que *Habana Babilonia* haya circulado solamente en un circuito clandestino y que hoy ni siquiera se le tenga en cuenta (o siquiera se le pueda tener en cuenta) dentro de los estudios de Periodismo en la Universidad cubana –suelta la áspera voz de Grillo.

Cuando se para ante el aula, rememora a sus alumnos a Tom Wolfe, Gay Talese, Jon Lee Anderson, Leila Guerriero, Martín Caparrós, Juan Villoro, Salcedo Ramos; pero esa genealogía estaría incompleta sin alguien de Cuba, alguien que, en el país de los alumnos, haya hecho lo que el periodismo, en sí, pondera como buenas prácticas.

Habana Babilonia fue la piedra que quebró la peligrosa costumbre de contarnos tras el cerco de la ficción. Hábito que fue suplente y moda. Como suplente de la prensa propagandística bajo el cetro estatal, hizo por registrar ese país excluido en los medios (tráfico humano, prostitución, etc.). Como moda ponía en peligro la propia historia que "registraba", porque las funciones sociales de escritor y periodista nunca son iguales; pudimos convertirnos en la caricatura de nosotros mismos.

Habana Babilonia dijo "esto es real, aquí hay gente de verdad". Si uno de los retos del llamado Nuevo Periodismo (categoría en que gravita el libro) era hacer personajes de las personas, en Cuba el desafío iba por otro rumbo: en una escritura llena de personajes necesitábamos personas.

Amir, apneísta literario de la s(u)ociedad cubana, no llega a esos fondos por pertenencia, sino por vocación de curioso. Su padre fue uno de los hombres que hizo la Revolución, esa casta que en la miseria nacional conserva privilegios como casa o auto propios.

Uno tiene que convencerse al final de que los hijos, sí, somos más como nuestro tiempo que como nuestros padres. En medio de unos años ochenta con cierto espíritu rebelde y reformista entre la intelectualidad cubana, Amir llega la capital para continuar sus estudios de Periodismo tras hacer dos años en la Universidad de Oriente.

Recibió clases de atentos profesores que, al saber su vocación como escritor, se concentraron en ayudarle a que periodismo y literatura se complementaran.

No obstante, en *photofinish*, la sensación de ser un escritor llegó antes que la de periodista. Ocurrió cuando, en la carrera, ganó los premios más importantes para jóvenes en el momento: el ya extinto "13 de Marzo" –de la Universidad de La Habana–, y el ahora moribundo "David". Ocurrió, además, cuando se hizo de un lauro que sólo ganaban escritores consagrados: el Premio "UNEAC"[2] de Testimonio.

Sin embargo, las marcas mayores de los años por venir en La Habana serían otras.

El 26 de octubre de 1987 no hubo grito más alto en el Palacio de la Revolución que el de Alexis Triana, de la Federación Estudiantil Universitaria. Estaba allí junto a un grupo de estudiantes de Periodismo cuestionando, frente a Fidel Castro, el modelo de prensa cubano:

–¡No me interrumpa como un padre que no quiere escuchar a su hijo!

El veinteañero Amir Valle, entre el grupo de revoltosos presente, no olvidaría el puñetazo de Fidel en la mesa.

–¡Te dejo hablar, pero si no puedo expresar ciertos puntos necesarios, me voy!

Triana hizo silencio, y hubo una sola voz hasta el próximo asalto.

Otro alumno, envalentonado por los aires de la perestroika soviética y la crítica al culto a la personalidad, espetó:

–Hay un titular en Granma que dice que Fidel *donó* un central azucarero a Nicaragua.

---

[2] **Nota de la Editora**: Unión de Escritores y Artistas de Cuba, UNEAC, por sus siglas.

En segundos un asistente hizo su entrada con una plana alzada, rectificando:

– "Dona *Cuba* central a Nicaragua".

Otra mujer con tono conciliador volvió su voz a los díscolos estudiantes:

– ¡Caballeros!, aquí estamos tratando el caso de Fidel como si fuera el de Kim Il-Sung…y no es lo mismo.

Tal parece que el mandatario entendió lo opuesto: que se le equiparaba con el líder norcoreano. La ira prendió de la amplia frente a la barba.

De aquella tarde bocona y un tanto confusa, me atrevería a decir, nació un Amir distinto que, a medida que le asediaran agentes de la Seguridad del Estado, iría transmutando de ser un ingenuo político en un descreído total. La fe, ya veremos, llegará a su vida diez años más tarde.

El periodista verdadero, dice Amir, mira el mundo buscando la verdad, "esté en el bando ideológico en que esté, y para ello debe desprenderse incluso de sus propios credos de modo que sus ideas, sueños, experiencia de vida y filiaciones políticas ideológicas o de otra índole no vicien esa búsqueda y le haga caer en equívocos".[3]

El concepto de defender lo defendible y criticar lo criticable de modo equilibrado es otro *tip* clave en su recetario; y, desde esa perspectiva, periodismo y literatura no resultan en ningún modo antagonistas. Por otro lado, le gusta el consejo de Hemingway para los escritores: ejercer el periodismo y abandonarlo a tiempo. Su caso.

Las novelas de Amir, por extraños canales (que ameritarían, por cierto, una novela de Amir) circulan en la isla. Semanalmente, su correo o por boca de los amigos, recibe mensajes de cubanos que las han leído. Otros, menos suertudos, se contentan siguiendo los artículos periodísticos que publica en Internet.

En 2014, Leonardo Padura, Abilio Estévez y él fueron el centro de un homenaje en Francia. Profesores europeos y

---

[3] Valle, "Amir sin desarraigos," entrevista concedida a Yoe Suárez, *OnCuba Magazine*, el 25 de octubre de 2015.

norteamericanos aseguraron que la serie de novelas *El descenso a los infiernos* recreaba una especie de Yoknapatawpha tropical, a partir de la vida cotidiana en los barrios habaneros.

El ego de Amir rozó las nubes, como lleno de helio.

Esa mirada costumbrista de la Cuba reciente se produce no desde la imagen de postal, sino desde una inmersión en lo oscuro, lo no imaginado, lo no revelado; lo que no se quiere imaginar ni revelar.

La prostitución infantil (*Las puertas de la noche*), la violencia homofóbica (*Si Cristo te desnuda*), el tráfico de drogas (*Entre el miedo y las sombras*) y de personas (*Santuario de sombras*), son los temas en que están afincadas las novelas negras que forman *El descenso a los infiernos*. Espacios de la narrativa social a los que el oficialismo da la espalda. Basta observar los titulares de sus medios en los últimos 50 años.

Amir ha reconocido que la serie está ligada a esa mega-crónica que es *Habana Babilonia*. Sin embargo decidió ficcionar la realidad en los cuatro libros.

–¿Por qué?

–Tuvo que ver la cantidad de información –cuenta–. Sobre esos sucesos tenía información y testimonios para hacer, en el mejor de los casos, un largo reportaje. Pero las historias me apasionaron tanto que entonces decidí vincularlas a otras y así crear ese mundo que reflejo en *El descenso a los infiernos*.

El escritor se propuso abordar realidades que vivía como ciudadano, día a día en los barrios de Centro Habana, uno de los municipios más superpoblados de la isla y, además, entre los más novelados.

Hasta ese momento, nadie había llevado a la literatura las temáticas que Amir recreó excepto, quizá, un querido amigo también residente en Centro Habana: Pedro Juan Gutiérrez. Ambos tenían sus casas en esquinas de una calle curiosamente llamada Perseverancia. Ambos vivían en las azoteas de enormes edificios. Hoy, al encontrarse en eventos fuera de Cuba, la broma se repite: "Escribimos sobre La Habana desde perspectivas muy parecidas porque veíamos la ciudad desde la misma altura".

Amir se considera un autor realista y, en esa cuerda, asume una convicción cuasimesiánica para con él y sus colegas: son "una de las piezas esenciales que debe contribuir al pensamiento social de un país a través de sus obras".

Grillo asegura que Amir desempeñó un papel importante y singular dentro de ese núcleo de escritores, *Los Novísimos*, cuya obra se dio a conocer en los noventa. Especialmente, por su tratamiento de la novela histórica de corte posmoderno (en *Los desnudos de Dios*), tampoco muy abundante en ese período tan volcado hacia la ficción del presente y el realismo sucio; además, por ser un exégeta y promotor de contemporáneos, en el ensayo titulado *Brevísimas demencias*.

Pero, ¿cómo asume el peso de la responsabilidad intelectual, un hombre que vive en Berlín, lejos del país al que quiere hablarle, y cuyas palabras son bloqueadas por la muralla mediático-editorial de un Estado totalitario?

Al Poder le gusta contar las verdades con sus ojos; al Poder Absoluto le gusta arrancar el resto de los ojos. El Poder que admite una sola narración del entorno teme más a un artículo que a una obra teatral o a declaraciones mediáticas que a una novela. Le preocupa más por el alcance difusivo, pero también porque se siente conquistador de la realidad y deficientemente interesado en la imaginación.

La edición noviembre-diciembre del año 2004 la revista *El Caimán Barbudo* vio cómo extraían quirúrgicamente de sus planas un ensayo sobre la novela erótica *Los desnudos de Dios*, de Amir. El censor de entonces, un joven militante comunista llamado Fernando Rojas, sería, una década después, Viceministro de Cultura.

En 2005, tras una de sus habituales invitaciones a España, el gobierno cubano prohíbe a Amir el regreso a la isla. El destierro, en la historia insular, es un mazazo común a los incómodos de todas las épocas. Inaugurado como castigo bajo el yugo español, el comunismo la ha ponderado entre sus prácticas más recurrentes.

El escritor, que de esas invitaciones solo agradecía al Estado la obligada tramitación de permisos de salida por la Unión de Escritores, se heló. Editores y colegas europeos y latinoamericanos le ayudaron mientras las gestiones con La Habana pasaban a ser cosa de días, luego semanas, meses para, finalmente, perderse en el calendario del desaliento.

–Pero hoy le agradezco a ese funcionario de la política o la cultura que decidió que yo era menos peligroso intelectualmente fuera de Cuba.

–¿Cómo es eso?

–He dicho muchas veces que el exilio suele verse sólo como un trauma, como una ruptura, pero en mi caso, si te soy sincero, fue un verdadero proceso de enriquecimiento espiritual e intelectual.

–Pero, los dos primeros años no pudiste abrazar a tus hijos, ni a tu mujer…

–Fuera de esa separación forzada no hubo ningún trauma, ningún proceso de desarraigo. Quizás mi visión poco traumática de la vida en estos mundos se deba a que desde joven soñé con vivir y hacer carrera de periodista en algún país árabe; Palestina era mi sueño entonces. Esas circunstancias, y mi enfermizo deseo de aprender de todo lo nuevo que se pone a mi alcance, terminó de hacer el resto.

El resto ha sido, entre otras cosas, doce años sin que se le permita poner un pie en la isla, un hijo casado, y las puertas abiertas de Planeta, Seix Barral, Ediciones B, Santillana y Grijalbo. Si la lengua es un territorio, y las editoriales (en tanto difusoras e influenciadoras ¿selectivas?) son sus ciudades, pudiéramos decir que Amir plantó bandera en algunas de las más importantes.

Varios de sus libros han estado meses enteros entre los más vendidos en España y Latinoamérica; cinco han obtenido premios de la crítica y la prensa especializada, y, además, se han traducido, también, en casas editoras de primer nivel en inglés, francés, italiano y alemán.

Un coctel de circunstancias (la calidad literaria, los amigos, la imagen del desterrado), se confabularon para impulsar su carrera. Aquí unas estadísticas: entre 1988 y 2004, es decir, en diecisiete años, publicó en Cuba diez libros y dos antologías; entre 2005 y

2015, una década, firmó doce libros, seis antologías y tenía tres libros contratados.

–Y lo mejor –dice–, he podido vivir de lo que escribo.

Siete años de vida. Eso le quedaba al escritor tunero Guillermo Vidal en 1997, cuando le habló de Dios a su hermano de andanzas, Amir. Vidal, quien había sido su más fiel defensor en duras circunstancias dentro de Cuba, no le hablo de religión, sino de relación.

Y esa fe salvó de la hiel el cuerpo de Amir.

–Sin Cristo, mi vida estaría llena de odios. Por pensar distinto, por defender mi derecho a decir lo que pensaba, viví años muy negros en un país que amo profundamente.

Otros intelectuales le aconsejaban fingir como ellos: seguir oportunistamente las reglas establecidas por la política cultural de la Revolución (aun cuando ya no creían ni en la Revolución, ni en esa política cultural).

¿Qué hace con la desilusión un hombre que recibe estocadas de gente a la que quiso, ayudó a que publicaran fuera de Cuba e incluso dio de comer? Los mejores amigos fingían ser sus enemigos por miedo a que los vincularan con él. La mayoría, después, le enviaba mensajes secretos pidiendo que entendiera sus posiciones.

Sobrevivió económicamente un "insilio" cultural y periodístico sólo porque su obra comenzaba a reconocerse internacionalmente y podía vivir de los derechos de autor. Sobrevivió espiritualmente descansando sobre un precepto bíblico: "poner todo ese dolor a los pies de Cristo", asegura.

–Yo he dormido siempre éticamente tranquilo gracias a Cristo y cada día de mi vida defiendo ese precepto cristiano que dice: "la verdad os hará libres".

A algunos fingidores se los ha tropezado en eventos fuera de la isla y han bajado la cabeza, avergonzados.

Pero nada de eso es nada. "Mi lucha más fuerte es otra", reconoce.

Quienes le conocieron en la juventud atestiguan de su petulancia. Había logrado muy joven lo que otros colegas de generación sólo alcanzarían años después.

–Día a día lo hago, hasta hoy, para no vanagloriarme estúpidamente de lo que he conseguido –confiesa–: comencé a pedirle humildad a Dios.

El cubano andaba (¿anda?) a todos lados como un caballo con orejeras, dice Amir.

–Va viendo sólo aquello que le dan de comer (léase información), pisa sólo el terreno que atañe a su vida y a la lucha por la supervivencia. Sólo unos privilegiados tenían acceso a todo un universo noticioso, experiencias y señales que llegaban a la isla desde eso otro que el gran Ciro Alegría llamó "el mundo ancho y ajeno".[4]

Amir, que es un animal de la información, cuando se vio en el destierro consumió vorazmente cientos de sitios leyó todo lo que no había podido encontrar en Cuba, investigó temas que llamaron su atención desde allá, hurgó en otras visiones de la historia cubana y universal que le habían contado en la isla.

–Ver mi país desde la distancia –rememora–, sin condicionamientos ni muros políticos o ideológicos, y con el único reto de tejer la versión más cercana a la verdad entre tantas versiones que tenía a mi alcance, me permitieron alcanzar una mirada menos maniquea, más profunda y compleja de Cuba.

–¿Cómo logras volver a ella en tu literatura, aun cuando este 2017 se cumplen doce años sin pisar tu tierra?

–Mantengo líneas de comunicación directa con cientos de cubanos de la isla –explica–, especialmente en los últimos años, me mantienen al día de lo que sucede allá, para no decir que muchas veces soy yo quien les cuento cosas que pasan en la isla, de las que ellos ni siquiera han escuchado.

---

[4] **Nota de la Editora**: La mención a la novela *El mundo es ancho y ajeno* (1941) de Ciro Alegría constituye, a todas luces, una alegoría a la situación desventajosa del cubano de a pie a quien Valle compara con indígenas en relación con el resto del mundo.

Hace poco, por ejemplo, a un escritor de novelas policiacas residente en el municipio Cerro le envió un dossier de informaciones sobre un crimen que sucedió allí mismo, "en esa Habana que él habita", remarca Amir. Mientras que para el autor en Cuba era imposible hallar esa información; al autor en Alemania le costó pocos minutos bajar de Internet los sucesos con lujo de detalles, y hasta un video.

Por lo demás, quien ha leído los libros de Amir entenderá que en su narrativa no son tan importantes los espacios físicos como los espacios espirituales, las circunstancias de la realidad como los traumas humanos. "Y esos, por desgracia, siguen siendo los mismos".

—Pero, la divulgación de tu obra es nula en la isla, ¿no temes que el público cubano, especialmente el joven, pierda la conexión con tu literatura?

—Es totalmente cierto que la divulgación oficial es nula en la isla, pero eso no sucede entre los lectores. Te recuerdo algo: lo que se prohíbe adquiere la resonancia del morbo y es perseguido por la gente. Si quieres que algo sea leído por miles de personas, ¡prohíbelo! o créale una leyenda negra. Hace unos meses leí en un artículo publicado en la isla que mi nombre estaba junto al de Leonardo Padura, Daniel Chavarría y Pedro Juan Gutiérrez entre los autores cubanos más leídos, y fíjate que soy el único que no vive en Cuba desde hace ya diez años.

Padura y Pedro Juan ya le habían comentado de ese fenómeno: que varios de sus libros, encabezados por *Habana Babilonia*, son perseguidos y pasados de mano en mano, de email en email o en memorias flash.

En 2015 el video promocional de su novela *Nunca dejes que te vean llorar* (Grijalbo), estaba circulando en El Paquete, ese Internet off line que circula semanalmente en toda Cuba. Mayormente jóvenes, le pedían de favor que les enviara el *pdf* de la novela. Amir se ríe hoy con el recuerdo de aquellas ingenuas y, hasta cierto punto, tiernas peticiones de autopirateo.

—Aun así, no lo niego, me gustaría que mis obras se difundieran en Cuba; eso sí, sin condicionamientos de ninguna índole.

–Te autodefines como hombre de puentes. En esa condición, ¿qué estrategia sugerirías a los 11 millones dentro de la isla y a los dos millones fuera de ella para edificar la nueva Cuba que necesitamos y se perfila desde ya?

–Que aprendamos de una vez que en la edificación de un país nadie es dueño de la verdad absoluta y, por ello, lo más juicioso y saludable es abrir el debate buscando que todas las propuestas que hoy existen sean escuchadas.

Para Amir, los cubanos supimos dialogar entre nosotros antes de 1959, y por eso la democracia cubana, aunque imperfecta, era internacionalmente respetada. "Sólo gracias a ese poder de diálogo logramos tener la que fue en su tiempo la Constitución más progresista y avanzada a su tiempo en el mundo: la de 1940".

–Pero lamentablemente –comenta– en esa vorágine que fueron los tiempos iniciales de la Revolución, se impuso y luego se extendió el credo de catalogar de enemigo o de mercenario a todo el que no pensara como el gobierno creía que debía pensarse, credo denigratorio que aún existe hoy.

El escritor repite que –como ya se reconoce, incluso en espacios de diálogo intelectual en Cuba– la personalidad de Fidel Castro, la popularidad de su liderazgo y su estilo de gobierno tuvo una enorme responsabilidad en el surgimiento de ese problema. Para más desgracia, esa deformación se ha trasladado a toda la sociedad, e incluso a los cubanos del exilio.

Amir ha cargado con la cruz de que, cuando analiza la realidad cubana con una mirada que no sea en blanco y negro, se le tilde de castrista, anticastrista, asalariado de los Castro en el exilio, e intelectual mercenario del imperio: todo depende del extremo que defienda quien escuche su discurso.

–Eso diera risa si no fuera una realidad trágica y vergonzosa –asegura–. Pero mientras los cubanos, incluido el gobierno, no entendamos que todos, piensen como piensen, tienen el derecho de opinar y ser escuchados a la hora de buscar las mejores vías de desarrollo para nuestro país, seguiremos empantanados en una sociedad que rehúye el verdadero diálogo.

Para acercarse a Amir Valle

Álvaro Castillo Granada

El que escribe este texto no es cubano sino casi cubano. Me explico: debido a mí constante presencia en la isla y en su espacio literario me he convertido en un personaje habitual que, como dice el novelista santaclareño Lorenzo Lunar, "no goza de los privilegios del extranjero, ni tampoco de los cubanos". Soy un lector/librero/escritor colombiano que está ahí, con sus colegas cubanos, de su lado y a su lado, desde el año 1995. Explicado esto (o por lo menos así lo pretendo) puedo pasar a lo que nos concierne: ¿Cuál es el impacto de Amir Valle en los lectores cubanos?

Esta percepción debo explicarla en tres ámbitos que, parafraseando a Truman Capote, responde a tres voces distintas: la del antologador, la del narrador y la del periodista. Son tres de las facetas de la obra de Amir Valle que es conveniente separar para poder entender cuál ha sido (y es) su presencia en el espacio de los lectores cubanos.

La del antologador: Amir Valle se ha dedicado con especial énfasis a seguir las voces de las escritoras cubanas que han renovado la literatura cubana del siglo XX dotándolas de un espacio crítico imprescindible para entender sus procesos y búsquedas estéticas. Esta obra antológica publicada en Cuba se encuentra en tres libros: *El ojo de la noche. Nuevas cuentistas cubanas*, *Té con limón* o *Ellas hablan del amor y el sexo. Cuentos eróticos* (en colaboración con Dulce María Sotolongo) y *Caminos de Eva. Voces desde la Isla Cuentistas cubanas de hoy*. Cualquier lector o investigador (para los dos han sido hechas antologías) que quiera entender y conocer la narrativa escrita por mujeres en Cuba busca estos libros como guías o bitácoras para exploraciones futuras.

La del narrador: es en esta "faceta" donde descubrí al autor hace casi diecisiete años. Gracias a una recomendación leí su primera novela, *Si Cristo te desnuda* (Editorial Oriente, Santiago de Cuba, 2001) e inicié un diálogo que, a pesar de la distancia y el tiempo, no se ha roto todavía. Este primer encuentro produjo en mí una suerte de "embrujo" que me impulsó a buscar todos sus libros anteriores y sumergirme en un mundo narrativo desconocido e ignorado por mí completamente. Unos años antes había descubierto el universo de Leonardo Padura (gracias a la recomendación de un librero de la Plaza de armas). Estas dos voces (a la que se sumó después la de Pedro Juan Gutiérrez) fueron para mí (y me atrevo que para muchos lectores cubanos) dotaron a la realidad e historia imperante de un mundo narrativo en el cual todos los ciudadanos podían sentirse invocados o convocados. Algo así como saberse retratados en las voces de unos escritores. La obra narrativa de Amir, particularmente, decidió sumergirse en los meandros y recovecos de una Centro Habana caótica, pauperizada y estigmatizada a partir del Período especial. Sus novelas cuentan unas realidades duras y espantosas que, no por el hecho de ser ignoradas o silenciadas, dejan de estar ahí e involucrarse en las vidas cotidianas de los habitantes de ese populoso sector de la capital cubana. Valiéndose del recurso del encuentro de un marginal, Alex Varga, y un teniente de la policía, Alain Bec, Amir realiza un retrato feroz de una sociedad que se encuentra en plena descomposición y transformación. *Si Cristo te desnuda* es la única de la serie "El descenso a los infiernos" publicada en Cuba. Las otras (*Las puertas de la noche*, *Entre el miedo y las sombras*, *Últimas noticias del infierno* y *Santuario de sombras*) constituyen una saga sobre el horror que habita en la ciudad. La circulación de ciertos libros en Cuba es un misterio: lo único cierto es que he conseguido la mayoría de libros en la isla y soy testigo de cómo pasan de mano en mano hasta casi perder sus carátulas o se convierten en "rarezas" que se venden a veces a precios inalcanzables para la mayoría de los cubanos.

Mención aparte debo hacer a sus dos novelas eróticas (*Muchacha azul bajo la lluvia* y *Los desnudos de Dios*) de cuya búsqueda (y lectura) he sido cómplice en más de una ocasión. Seguidores de este género me las han encargado en múltiples ocasiones sabiendo de mi trasegar continuo por las librerías habaneras. No puedo olvidar la gracia y emoción que le casó a Amir cuando le conté que una mujer me había contado que se leyó *Muchacha azul bajo la lluvia* iluminada por la luz de un poste durante una noche. También varias veces, cuando Amir vivía en Cuba, fui intermediario para que el ejemplar fuera dedicado a su lectora.

Finalmente, la del periodista: El primer libro de periodismo que leí de Amir fue *En el nombre de Dios* (Ediciones Unión, Cuba, 1990). Pero no fue sino hasta cuando leí en 2005 de un tirón, sentado en un sillón rojo, impreso en computador, el manuscrito de *Habana Babilonia* (que después se transformaría en *Jineteras*) que descubrí el inmenso cronista/narrador/testimoniante/entrevistador que tenía ante mí. Los vericuetos y desventuras que sufrieron este libro y su autor son dignos de otro reportaje. Sólo tengo que añadir que para sus lectores este libro es la obra que mejor refleja, condensa, historifica y denuncia una de las problemáticas más tremendas y duras de la realidad cubana. Tuve el honor de intervenir (de alguna manera) en su publicación en Colombia. En Cuba he visto como se pasa de mano en mano como si fuera un santo y seña. Algo así como una hermandad de un libro prohibido que se resiste a no ser leído o conocido.

Son, en mi opinión, estas tres aristas de la obra de Amir Valle las que propician el encuentro con sus lectores cubanos. Tres maneras de acercarse a una realidad que, no por narrada, ha sido contada. Sus obras se sumergen en lo más profundo de la sociedad, en esos meandros donde el ser humano se encuentra solo ante sí mismo y los demás, en esos intersticios donde el horror parece que reinara. Todo esto con el único fin de brindar y dar testimonio. Su testimonio. El que le tocó. El que lo eligió. A partir de estas exploraciones su influencia se ha sentido en las obras de algunos de sus contemporáneos como espacios a superar y disentir, como campos para explorar y cotejar, como lugares para encontrarse y hablar.

La obra de Amir Valle hay que buscarla en Cuba con paciencia y convicción: ella aparece en el lugar menos pensado. Como un pez que salta del agua al nadar a contracorriente.

TERCERA PARTE
MIRADAS Y FABULACIONES EN TERCERA PERSONA.

"Amir Valle, desde que lo conocí hace ya treinta años, tuvo la luz de los elegidos, como si el significado de su nombre ("príncipe", en árabe y "copa del árbol" en hebreo) marcara su vida con el sello de un protagonismo que siempre tuvo entre nosotros. Fue el líder natural de nuestra generación, ese grupo de narradores que los estudios literarios llamaron 'Novísimos'; fue el primero de todos nosotros en ganar premios nacionales de importancia; tuvo la mala suerte de sufrir antes que nosotros la censura y la represión cultural contra su obra, siempre crítica; y aunque de un modo muy traumático, tuvo la suerte de convertirse en el autor de nuestra generación más leído por los cubanos en la clandestinidad con su ensayo-testimonio sobre la prostitución en Cuba *Habana Babilonia* y, aunque de aquellos más de 50 narradores hoy apenas quedan unos 7 en Cuba, es de todos nosotros el único que fue desterrado en una sucia maniobra del gobierno para eliminar su mala influencia sobre la intelectualidad cubana".

ÁNGEL SANTIESTEBAN PRATS, "La ética contra la represión y la censura," prólogo al libro de ensayos *Palabras amordazadas. Censura cultural en Cuba.* (Amsterdam: EVA TAZ Foundation, 2016).

Uno de los nuevos valores de la narrativa cubana[1]

Rita Rial

Tiempo en cueros
(Cuentos, 1988)
Premio Nacional de Cuento "13 de marzo", Cuba, 1986

Sobradas razones tenía el joven narrador Amir Valle (Guantánamo, 1967) para escribir su primer libro de cuentos *Tiempo en Cueros*. Entre esas razones estaba, sin duda alguna la urgente necesidad de rescatar todo un universo poblado de vivencias, recuerdos y experiencias vitales de un pasado reciente a través de un eficaz recurso: la palabra.

Fueron varias también las razones por las cuales resultara Premio de Cuento en el Concurso "13 de Marzo" de la Universidad de La Habana, en su edición de 1986. Un jurado compuesto en esta ocasión por los narradores Armando Cristóbal Pérez, Jaime Sarusky y Bernardo Callejas, tuvo la certeza de que un texto como *Tiempo en Cueros* revelaba la presencia de un narrador con talento.

Y es que asomarse a *Tiempo en Cueros* permite el encuentro con un escritor, que a pesar de su juventud, sorprende gratamente por el buen manejo de los recursos expresivos, puestos en función de recrear un mundo nutrido por las experiencias personales de su autor.

Todo el universo narrativo del libro gira alrededor de los conflictos personales de su protagonista, un niño de campo, quien

---

[1] **Nota de la Editora**: Este texto, incorporado a modo de prólogo en la edición del libro, puede considerarse la primera reseña sobre la obra de Amir Valle. Véase *Tiempo en cueros* (La Habana: Universidad de La Habana, 1986), 5-6.

nos irá descubriendo con exquisito ingenio momentos esenciales de su infancia y adolescencia. De esta forma, se irán revelando, las arriesgadas aventuras del protagonista, las discusiones con sus padres, las travesuras con los amigos, los problemas del barrio, el encuentro con el amor y otras tantas peripecias, abordadas desde un adecuado tratamiento del lenguaje.

De los diez cuentos que conforman el volumen se destacan por encima de los demás: "La nube del tío", "Limpieza" y "Abuelo en dos Tiempos", cuyas temáticas sin ser nuevas en nuestra literatura adquieren matices diferentes, no solo por la acertada utilización de la prosa poética, sino también porque las mismas llegan a través de la perspectiva de un niño. De ahí, por ejemplo, la frescura y la originalidad que emana del cuento "La nube del tío", cuya temática tan llevada y traída en nuestra narrativa, adquiere una nueva connotación:

> Al fin me mira y se pone muy serio para decir una palabra triste..., dice que ya estoy grandecito y debo saber que el tío se murió ayer cuando el avión se le rompió en el aire y no vendrá nunca más a darme caramelos ni a adornar el cielo del pueblo con las figuras de sus aviones de plata.[2]

Por su parte "Limpieza", la mejor pieza del libro, nos muestra con satisfacción el buen dominio que posee el joven Amir de las técnicas del cuento contemporáneo. De una simple faena cotidiana como resulta la limpieza de un hogar, surge con habilidad extrema, un campo abierto de numerosas interpretaciones, posibles por el poder de sugerencias que proporciona el cuento. "Limpieza" es también una buena muestra de prosa poética.

> La escoba saca el polvo de ahí abajo y va a recoger el de los rincones....

> Porque ella con la escoba se lo lleva todo, lo que yo viví y lo que me contó papi o ella misma... Lo barre todo, nada queda después que pasa el yarey por el piso, ya se llevó lo mío y empieza a borrar lo de ellos dos....

---

[2] **Nota de la Editora**: Véase Valle, "Las nubes del tío", en *Tiempos en Cueros* (La Habana: Editorial Universidad de La Habana, 1988), 10.

Desde el pequeño secreto que me dijeron sale aquí y llega hasta el más reciente que pude ver pero ella sigue barriendo los recuerdos y ya no puedo saber ni el color, ni que son esos polvos, ni de quien son porque no me lo han contado....[3]

Cuentos como "Algo de Aves" y "Babisofando" son dentro del libro los menos logrados, sobre todo este último que, en ocasiones, resulta desagradable por el modo tan descarnado de asumir la realidad; sin embargo, no invalidan de modo alguno los valores esenciales del libro, más aún si tenemos en cuenta que *Tiempo en Cueros* es el primer libro de cuentos escritos por Amir, entre los dieciséis y dieciocho años de edad, lo que constituye, a mi juicio, un caso admirable dentro de nuestra narrativa.

Para Amir Valle, el Premio "13 de Marzo". constituye un estímulo y un reconocimiento público a su labor literaria que a nosotros nos proporciona la agradable satisfacción de conocer a uno de los nuevos valores de la narrativa cubana.

---

[3] **Nota de la Editora**: Véase Valle, "Limpieza", en *Tiempos en Cueros* (La Habana: Editorial Universidad de La Habana, 1988), 18.

Amir Valle es el malo[1]

María Matienzo

Yo soy el malo
(Cuentos, 1989)
Primera Mención Nacional de Cuento "David," Cuba, 1986.

Aunque hay al menos una generación que no sabe que Habana Babilonia fue un best seller, de diskete en diskete, a falta de ediciones cubanas; basta con dos libros de Amir Valle para trazar un mapa de la sociedad cubana.

En la librería del boulevard de San Rafael me encuentro un libro de Amir Valle: *Yo soy el Malo* publicado por Letras Cubanas en 1989. El título, quizás un buen anticipo de lo malo que será después Amir, cuando, con su libro Habana Babilonia lleve al colmo la estética de su generación literaria.

Siento que el realismo atrapó a Amir Valle desde un inicio y tuvo cuidado de no soltarlo nunca, aun cuando en este libro recuerde que hubo una época en que todos fuimos muy ingenuos, ahora somos desmemoriados, desalmados, amargados y hasta frustrados sin una gota de inocencia.

A diferencia de *Habana Babilonia* el narrador de *Yo soy el Malo* empieza siendo un adolescente de campo y su capacidad de asombro hace que se hurgue en su personalidad, como si fuera en los huecos de la nariz de donde nunca se sabe qué va a salir.

Un adolescente que crece con el machismo, la violencia y un patriotismo que para muchos son los que se llama, buenos valores:

---

[1] **Nota de la Editora**: Publicado en el blog *Fuera de Revolución*, de la autora, el 7 de agosto de 2017, http://fueraderevolucion.blogspot.es/1502121144/amir-valle-es-el-malo/, consultado el 10 de febrero de 2018.

los mismos buenos valores que después Amir colaborará a desmembrar en *Jineteras*, como también se conoce su famosa novela.

En *Yo soy el Malo* hay un único narrador atolondrado con la búsqueda de la perfección, la construcción de un hombre nuevo bajo el dictado omnipresente de Fidel Castro. Es la voz de un hombre nuevo que evoluciona hacia la militarización del pensamiento en una sociedad donde se escuchan y se acatan órdenes, y que no puede terminar de otra manera que en el engendro que somos hoy: un pueblo sin alma (creo que ya lo dijo para Martí Noticias, Zoe Valdés).

Aunque ya haya al menos una generación que no sepa que *Habana Babilonia* fue un best seller, de diskete en diskete a falta de ediciones cubanas; basta con dos libros de Amir Valle para trazar un mapa de la sociedad cubana que se trunca para los que no hemos tenido acceso a sus ediciones en el extranjero.

Creo que solo he leído estos dos libros de Amir Valle. *Habana Babilonia* del pensé entonces que más que literatura era un documento antropológico. Con el tiempo no he cambiado de idea.

El segundo es este que estoy tratando de reseñar sin contar ni un solo argumento de las historias que lo conforman. Creo que el regusto que me dejó vale más que cualquier cuento que haga sobre los cuentos de Amir.

Además, no quiero hacerle el juego a la desidia intelectual y poner las cosas fáciles. Quien quiera leerlo que lo busque o que me lo pida y se lo presto.

Las peripecias de un muerto[1]

Susana Haug Morales

Manuscritos del muerto

(Cuentos, 2000)

Finalista Premio Internacional "Casa de las Américas", Cuba, 1994

Manuscritos del muerto es un libro con muchas peripecias, no sólo literarias. Sufrió tantos avatares antes de ver la luz que, me lo recordaba un amigo, por poco se queda en manuscrito. Afortunadamente, el muerto, al parecer, era persona pudiente y contaba con sus influencias en el cielo, así que garantizó la llegada a tiempo de los cuentos al lanzamiento en la feria del Libro 2000, donde, casi minutos antes de la presentación, aun se desconocía el paradero del libro, y algunos lo imaginaban en puerto, otros, todavía en el extranjero; pero el muerto, supongo, se había confabulado con Amir Valle, el autor, para dejarnos a la expectativa hasta el último momento, como ahora, tras haberlo anunciado mucho y que desesperados por fin, nos lanzáramos a comprarlo. El muerto, hay que reconocerlo, además de dictarle las historias, lo hacía muy bien, y acaso mejor ahora, después de un seminario de técnicas narrativas.

En tiempos de dinosaurios monterrosianos, también los cuentos largos son válidos. Amir sabe, con sus artimañas de escritor ya avezado, invitarnos desde las primeras líneas , valiéndose de unos principios que se sienten como ramalazos, a no soltar esa otra vida del papel, puesta ante nuestros ojos , donde queda captada la realidad de un ser humano escogido al azar, lleno de incertidumbres, de tropiezos y desgracias que arrastra la existencia. Confieso haber caído en su trampa al comenzar a

---

[1] **Nota de la Editora**: Palabras de presentación de Manuscritos del muerto, Centro Cultural Habana, La Habana, Cuba, 4 de noviembre de 2000.

leerme "Laura," "Mambru no fue a la guerra" y "Las Castañas al fuego", textos con los que, sencillamente, enmudecí. "Laura", premio cuentos de amor Las Tunas 1997, texto de un erotismo fuerte, predominante también en las otras narraciones como goce y bacanal, y a su vez como forma de eludir la impotencia y el llanto, recreado en vorágine de acciones continuas e imágenes más que pura descripción, característico de los relatos de Amir, conmueve más allá del lenguaje y el desgarramiento de sus personajes, de tal vitalidad que cobran independencia y reconocen el patetismo de sus propios destinos. A pesar de la crudeza de la prosa, nos llega, como en "Mambrú...", con un lirismo sorprendente. El protagonista de "Mambrú...." se debate entre la soledad, las orgías onanistas en torno a una mujer con figura de diosa, a ratos inventada o vislumbrada en atisbos desde el portal de su apartamento, mientras acude con la misma angustia a las remembranzas de su juventud y el vórtice de una guerra que lo cambió para siempre. "El desesperado amor de los ahorcados" es un cuento en pocas palabras genial, el postre de todo libro, que me hubiera gustado escribir algún día. Y está contado de la única forma posible, tan descarnado que las líneas finales suenan a irrealidad, a algo soñado e improbable. Los personajes son desnudados – no sólo literalmente, y puestos a confesar cada miedo, cada odio y deseo recóndito que han permanecido allí inveterados a su condición de seres. Los finales, algo difícil de lograr cuando inicio y desarrollo sostienen un nivel cada vez en ascenso de la acción y el drama, tienen un cierre altísimo, como el de "Cirios, rostros grises y una flor en la solapa," cuyo aire resume el vacío o el sino dramático de todos los cuentos, sobre los cuales se cierne, inevitablemente, el pesimismo y un reproche a la vida, incapaces de explicarse sus personajes el porqué de sus golpes, frustraciones, la ruptura de familias por el éxodo o el desamor que los rige, como si estuvieran condenados a padecerlos ya por el acto simple de nacer: De cualquier modo, la felicidad es algo tan fugaz que a veces resulta un secreto eterno para los que, a pesar de que siempre se dice lo contrario, aún creen en ella.

Las nostalgias y la ironía, el hombre enfrentado a su propia miseria y a las vueltas inesperadas del destino o la suerte, signan el aire a veces duro, a veces poético y siempre realista de los *Manuscritos…* Su lectura obliga a identificarnos con ellos; implica una empatía que rompe la pasividad del lector, lo obliga a convertirse en fisgón y partícipe involuntario y seguir la exhalación de las narraciones, forzado a aventurarse más allá del punto final, urdiéndole un futuro a ese juego de marionetas al que todos estamos sentenciados. Y es este mensaje el que nos transmite el autor a la postre: el acto de vivir está ya controlado por la casualidad y la predestinación, poderes que escapan de nuestras manos para gobernarnos a su antojo. Nadie es, por tanto, libre, ni puede vislumbrar su porvenir, sino acatarlo.

Gracias a la ambigüedad caritativa que eternamente nos asalta, de si es el autor el narrador o no de sus historias, y a lo cual Amir se respalda, nunca podremos saber cuánto hay de autobiográfico, de experiencias propias, y cuánto de fabulación. Quizás al respecto "La nostalgia es un tango de Gardel"[2] podría arrojarnos algunas luces sobre el Amir escritor, las tribulaciones de todo intelectual con los concursos y la publicación de sus libros, en que se basa el sustento familiar, y además la incertidumbre de la creación, en torno a otra historia de amor con aires de melodramatismo, que por supuesto, salva la acidez del tono y una absoluta objetividad, único modo de no caer en telenovelones con este cierre "una simple historia de amor… donde la nostalgia, ese bicho que muerde las esquinas más débiles del hombre, fuera mucho más que un… tango de Gardel".[3] Lo cierto es que sus protagonistas son cubanos de raigambre, aunque aludan, ya al descuido o con intención e ironizando, a ciertas aristas que todos reconocemos por lo cotidiano: ellos sobreviven entre el mercado negro, la precariedad económica y el espejismo de los dólares, la deificación de los turistas, para quienes es terrenal el paraíso, los fracasos, la utopía de los viajes o los anhelos de regresar a la patria tras una ida de varios años, a rememorar rincones, barriadas y gentes que quedaron atrás, en la historia de un pasado que se los come vivos, porque Cuba es tierra siempre añorada para aquellos que una vez se marcharon pensando enterrarla en la distancia, y resulta, imposible negar el encanto de La Habana desde cualquier capital

---

[2] **Nota de la Editora**: También publicado en Valle, *Nostalgias, Ironías y Otras Alucinaciones. Cuentos escogidos* (Madrid: Betania, 2017), 11-22.
[3] **Nota de la Editora**: Ibid., 22.

del mundo. Sin embargo, todos trascienden su situación y se nos figuran personas más creíbles, llenas de deseo, de amor, de sueños, perversión, remordimientos y evocaciones, puestos a sufrir los laberintos del azar, a padecer sus tropiezos y reveses, tras perder ilusiones y fantasías, que la vida se ha encargado de desbaratarles, como un divertimento, por el hecho de existir. Y está, por supuesto, Dios, criatura desconocida y conjurada cientos de veces… supuesta y reinventada, porque a la duda no cabe más que imaginarlo… ¿y si Dios existe?, tal vez la pregunta más formulada entre creyentes y ateos, dice el exergo de "Miedo", interesante en cuanto a la jugarreta con el narrador omnisciente, cuya voz, por primera vez, no pertenece al Todopoderoso. Entonces, ¿a quién?

La fórmula de la buena escritura acaso nunca existió fuera de la mente de alquimistas, virtud o vicio que va royendo y contaminando de locura y originalidad a los escritores. Amir tiene la fortuna de poseer un muerto que le susurra historias al oído, con un gusto exquisito y olfato de catador experimentado… ojalá descubriera yo sus secretos; los menos afortunados, vagan por las calles en busca de inspiración, o persiguen aquellas mujeres inasibles, después desdibujadas en sus textos, a las que suelen llamar musas.

Historia de muchachos cuerdos[1]

Dean Luis Reyes

Brevísimas demencias. *Narrativa cubana del 90*
(Ensayos, 2001)

Uno que se la pasa paladeando la frase exacta, buscando la idea precisa que ponga en claro el parecer y, de paso, no sea injusto o inexacto; uno que deja el resuello limando ese criterio que debe ser escrito y, al cabo, dejará insatisfecha a tanta gente; uno dando vueltas a lo mismo y ahora viene Amir Valle a darse el lujo de ser tajante. Porque su libro *Brevísimas demencias* (Editorial Extramuros, 2000) obvia los preliminares para pasar la cuenta a toda una época de singulares resonancias para la narrativa cubana.

Siento que tal desembarazo posee múltiples razones: por un lado, el libro de Amir no es un ensayo puro y duro, no tiene la ascendencia de ese "centauro de todos los géneros" que decía Alfonso Reyes (excepto en el capítulo siete, donde la trama de la idea expuesta se trenza con un jugoso divertimento literario), sino más bien el tono y aspecto de una investigación prolija, de hilación mayormente cronológica, de cotejo de hechos; por otro, el oficio periodístico del autor integra aquí una actitud reporteril casi, haciendo crónica en ocasiones, que culmina un volumen tan repleto de precisiones históricas como de valoraciones críticas de estos.

Ese afán de frontalidad, esa desnudez formal y expositiva, es virtud y defecto, pues la vocación testimonial de Amir pudo desprenderse del tono académico; aunque ya nadie podrá afirmar que las idas y venidas "clandestinas" de la promoción de narradores cubanos de los años noventa y sus precursores de los

---

[1] **Nota de la Editora**: Texto publicado en el periódico *Juventud Rebelde*, el 8 de abril de 2001, 13.

ochenta quedó en el olvido o presa de dispersas páginas de revistas. Brevísimas demencias llena un vacío extenso, iluminado por acercamientos momentáneos en publicaciones periódicas, conferencias, intervenciones en eventos, prólogos de libros o antologías y algún que otro cuaderno que resume ensayos sobre el tema, casi nunca con afán de totalidad y casi siempre a cargo de los propios autores encartados (descontando los destacados estudios de Salvador Redonet y Maggi Mateo, entre otros).

Amir es parte de la tendencia que digo: en su libro funge como juez y parte. Por eso se agradece su mirada desde adentro y desde afuera, su perspectiva de conjunto y su conocimiento de vida y milagros de una promoción de escritores caracterizados por la dispersión, la discontinuidad y perseguidos por esa rara actitud de la crítica que aún perdura. Y es que la de "fiscal silencioso ante niño travieso" –brillante símil escrito por Francisco López Sacha–[2] pareció ser la pose preferida de los críticos ante una zona de la creación literaria cubana que venía calibrando obsesiones temáticas y modos de expresión nuevos a una velocidad mayor que la respuesta de los legitimadores y jerarquizadores de tales desplazamientos.

En los noventa han sido otras las suspicacias aducidas por quienes valoran, amén de asuntos álgidos y aproximaciones poco optimistas presentes en la literatura de los treintañeros que hoy escriben, aunque tampoco sobraron intempestivos aplausos, sonoros silencios, títulos de cortísima tirada y troneras interpretativas en el instrumental de una crítica aficionada a la exégesis de obras realistas, de escritura nada laberíntica y ni jota de experimentos u oscuridades en la determinación del sentido. Así que quienes ahora van arribando a la madurez de una forma de narrar que desdibujó los contornos de la cartografía preponderante en la literatura nacional -pues se encuentra hasta geográficamente dispersa- tienen ya una suerte de biografía que recoge la génesis

---

[2] **Nota de la Editora**: El autor se refiere a Francisco López Sacha, "El Cuento ante la Crítica Cubana: Un Fiscal Silencioso frente a un Niño Travieso", leído en el Forum de la Crítica e Investigación Literarias del mes de enero de 1987 e incluido, más tarde, en *La Literatura Cubana ante la Crítica* (Havana: Unión, 1990). Véase la página 216 de este volumen.

social, antecedentes, influencias y suertes nada definitivas de un puñado de poéticas que han sembrado entre nosotros la diversidad.

Aquí está, incluso, el resumen agotador de un viejo debate: de qué manera definir a los nuevos narradores. Como me ha intrigado siempre la vocación etiquetadora de parte de la crítica, sobre todo la que suscitan los predios universitarios y académicos, llama la atención que Amir use energías en revisarlas. Aquel bautizo como *novísimos* y sus derivaciones --atribuido a Redonet--, o la más geométrica clasificación de Sacha entre *iconoclastas* y *tradicionalistas*, pasando por las vertientes temáticas de los rockeros, los autores de temática gay, la mirada femenina, son producto de un ansia por resumir esa arrolladora inasibilidad de una literatura que no ha parado de mutar en los últimos veinte años, pisando los talones e incluso tomándole la delantera a una realidad desbocada. Aunque los análisis teóricos exijan definir su objeto de estudio con precisión milimétrica a través de definiciones que, ya se sabe, siempre los traicionan, hoy las tendencias de la escritura en Cuba siguen saludablemente irreductibles a los conceptos.

Me permito aquí una digresión para apuntar que jamás debió este libro padecer la deficiente edición y emplane que abandonó a su curso faltas de ortografía, repeticiones innecesarias, errores de encaje, páginas ausentes e incluso construcciones gramaticales inexactas que a todo autor escapan pero una mirada imparcial descubre y sana. Termina siendo peligroso que el lector cubano desconfíe del producto material que adquiere y deba revisar la continuidad ininterrumpida del paginado o la inexistencia de hojas en blanco.

Al cabo, la utilidad de este libro descansa en ese ánimo tajante, que promoverá no menos descaradas opiniones. Y es que todo movimiento literario debiera tener esos episódicos raptos de debate en que ventile sus trapos más o menos sucios y se exhiba ante el común de los mortales como un ente vivo y bien humano. Sería una felicidad escucharlos, alborotando ya menos solemnes, con todo el desenfado que les asiste, como los muchachones incendiarios que labraron una literatura de la nada, quizás no plagada de clásicos, pero sí distinta, singular. Al cabo, el pasado nos sonríe, malicioso, cuando deja ver su veredicto: los rebeldes de ayer son los profetas de ahora; miren si no: ya hay quien les dedica un libro de Historia.

Amir: el héroe que abre la puerta[1]

Rebeca Murga

Las puertas de la noche[2]
(Novela negra, 2001)

Las puertas de la noche se abren para dar paso a una historia policial distinta, de esas que pueden sanear, y de hecho lo vienen haciendo en los últimos años, el policiaco cubano.

Aparecen de nuevo la víctima, el culpable y los móviles para el crimen. Ahí está otra vez el hombre que intenta descubrirlo todo para devolverle a las calles su inocencia, haciendo del mundo un buen lugar para vivir, aunque no tan insípido que no merezca ser vivido. Pero falta en este libro la capacidad de confundir la realidad con la creación literaria en el intento de asumir la literatura como un reflejo del mundo habitado, patrón identificador de aquella novelística de los años setenta que conociera el placer de las publicaciones millonarias a precios módicos. Y precisamente en hacer consciente esa ausencia es donde está el mayor logro de Las puertas de la noche, (Editorial Malamba, España, 2001) del escritor cubano Amir Valle, y el que más le agradecemos nosotros, los lectores.

Es por tanto una historia para convencer, escrita desde la posición que avanza del alma al mercado y regresa para dejar en los lectores el sabor chandleriano del hombre común y a la vez extraordinario. Sin dudas, la Editorial Malamba comenzó muy bien su Colección Narrativa Cubana con la publicación de estas páginas, que si bien no son las únicas dentro del universo del policiaco cubano nacido en los años noventa, donde se están escribiendo novelas excelentes que no

---

[1] **Nota de la Editora**: Texto leído por la autora en el homenaje realizado a la obra de Amir Valle durante las sesiones del Premio de Novela "Enrique Labrador Ruiz" del Taller "Carlos Loveira," Santa Clara, del 14 al 17 de mayo de 2003.

[2] **Nota de la Editora**: Novela seleccionada por *El País*, como una de las dos más impactantes novelas negras publicadas en España durante ese año, junto a *Hit List*, del escritor inglés Lawrence Block.

siempre pueden ver cómo se abren sus puertas a la luz del mundo editorial, permite recibir con alegría la ansiada evolución.

La vida áspera de la sociedad habanera de estos tiempos, donde se advierte con más crueldad la pérdida de las fronteras entre lo bueno y lo malo en la conciencia del hombre, se expone con la mirada de alguien (un policía) envuelto también en esa disyuntiva implacable. Prostitución infantil y sexo a cualquier hora, una ciudad en ruinas, prejuicios raciales, conflictos de la familia aferrada a la convivencia, son los elementos que mantienen la primacía de la trama. Es el mundo de la miseria, y es esta la lección: "la mierda te puede caer de quien menos tú te lo imagines."[3]

El verdadero reto para el triunfo de Las puertas de la noche está en la simpatía que despierte en los lectores el héroe de Amir, en la aceptación o rechazo de sus códigos, construidos a partir de sus limitaciones a los ojos de un Philip Marlowe. A su caracterización se le han atribuido puntos débiles que lo hacen caer en conflictos interiores: sabe que el héroe lo es todo, pero él conoce sus limitaciones; sabe que debe ser un hombre solitario, pero él siente urgencia de los demás; debe ser un hombre con sentido del honor, pero a veces y en silencio lo pone en dudas. El héroe ahora es suficientemente bueno en su medio e ignorante de las verdades de otros ambientes donde debe involucrarse para llegar a la meta, por fuerzas del destino y siempre con la ayuda de los demás. No seduce a una duquesa, "tigresa" en este caso, aunque está seguro de que no desgraciaría a una virgen, pues sólo tiene ojos para la esposa que ama. Eso sí, al igual que el héroe chandleriano es un hombre común, corriente, y pobre.

Sin dudas, Amir Valle ha dado muestras con Las puertas de la noche de haberle perdido el miedo al sencillo arte de matar. Algunos, todavía al estilo de los años setenta, podrán imaginarlo con su elegante uniforme azul de policía atravesando los barrios más oscuros de la Habana, pistola en mano en busca de un asesino peligroso. Otros, conocedores de que todos los escritores de historias detectivescas cometen errores y nunca llegarán a saber todo lo que necesitan , después de chocar con la realidad interna de esta atrayente novela, podrán darse cuenta de cómo al fin se abren las puertas de la noche.

---

[3] **Nota de la Editora**: Valle, *Las Puertas de la Noche*, 208.

Un escritor tan popular como las telenovelas[4]

Nelton Pérez

Muchacha azul bajo la lluvia
(Novela, 2001)
Premio Nacional de Novela Erótica "La Llama Doble," 1999

Esta novela de Amir Valle no es un libro apto para quienes buscan en la literatura simple y sano esparcimiento. La lectura de esta historia puede ser peligrosa si no se tienen en armonía todos los sentidos y al día los órganos sensibles del cuerpo, que es el templo que este autor intenta dinamitar y acalorar con sus páginas ardorosas y ardientes. Siempre será bueno tener, sino a mano, por lo menos cerca un psicoanalista.

La publicación de esta curiosa novela está justificada con el único Premio Nacional de novela erótica existente en Cuba: "La Llama Doble". Yo, por la imprudencia de quien redactó el acta del jurado, sentado delante de mí en una oficina de cultura en Las Tunas, fui el primero en saber el título de la novela ganadora. Una hora más tarde, llamé por teléfono a Amir por otro asunto y él, muy interesado en el certamen, me preguntó si se había filtrado ya quien podía ser el premio. Desconociendo que hablaba con el ganador, dije que una novela ahí con un título cursilísimo. "¿Cuál, cómo se llama?", me dijo, ansioso. Y yo, que ni sospechaba que Amir concursaba, demoré mi respuesta diciéndole: "Yo no llegué a tiempo para entregar mi novela, si no los tres mil pesos..., seguro que le gano a esa novelita de título tan...." "¿Pero cómo se llama, flaco?", dijo, ya impaciente, Amir. Entonces, como si lo que susurrara fuera una mala palabra o un verso de Buesa, desde aquella cabina telefónica, dije: *"Muchacha azul bajo la lluvia,* es cursi ¿no?" Amir no respondía. Lo escuché llamar eufórico a

---

[4] **Nota de la Editora**: Palabras de presentación de la novela, Feria Provincial del Libro, Las Tunas, 28 de febrero de 2002.

Berta, su esposa, y pregunté sin saber que preguntaba: "¿es tuya, Gordo?" Lo que Amir me respondió, fue más porno que erótico.

Sé, porque después lo leí y conozco bien al autor, que este libro es una venganza. Una venganza contra Alberto Garrido, Jesús David Curbelo y Guillermo Vidal, entre otros muchos que no y que sí se nombran en el texto.

"¿Por qué yo...?", se decía Amir a principios de 1999. Él, el escritor residente en La Habana que más ayuda y antologa a todos los guajiros del país con ínfulas de literatos, era el personaje de más trajín y vilipendiado en los libros de sus mejores amigos. ¿Él, que no por azar vive en Perseverancia, entre otras dos calles que se nombran Ánimas y Virtudes? Recordó seguramente que el alemán Herman Hesse tenía toda la razón cuando escribió que el peor enemigo de un escritor es otro escritor. Así que un buen día Amir Valle se cansó de que muchos colegas le utilizaran una y otra vez en sus libros y fabularan de él que era un cornudo profesional, un impotente, un eyaculador precoz, incluso que llevaba bien escondido tras su apariencia flemática y comportamiento mono vaginal, un carnavalesco y cabaretero homosexual, y comenzó a escribir como quien toma a lo siciliano un plato de sopa fría, y párrafo a párrafo, en los pocos momentos en que no trabajaba en alguno de sus proyectos de libros —Amir siempre está, como el gran periodista que es, en misa y en procesión, escribiendo dos o cinco libros a la vez—, fue tramando y tejiendo con desahogo este libro. Sospecho que se obligó a estructurarlo en ocho capítulos para homenajear al *Paradiso* de Lezama; también sospeché (y luego confirmé) que cuando se lo releyó completo en la versión final, telefoneó a sus víctimas, otroras verdugos, y les avisó que se prepararan.

La novela en efecto se ha vendido muy bien y ha dejado muy mal parados a sus protagonistas. Como muy acertadamente supo ver el jurado, el erotismo de esta novela es a la vez escandaloso y sutil, descarnado pero de un nivel artístico que lo coloca entre las mejores novelas escritas en Cuba sobre el tema. Es, además, un hermoso homenaje al mexicano Carlos Fuentes, un escritor que marcó nuestra generación con algunos de sus libros, especialmente con el relato "Aura", que está en el trasfondo de esta obra de Amir.

Amir Valle vive un momento especial en su carrera de escritor, luego de varios años de silencio editorial en que muchos le recordaban su último libro, titulado "Yo soy el malo", para echar sobre él todo el silencio y el chiste de un juego de significaciones entre esa frase y la obra del autor. Luego de haber sido, en nuestra generación, el primer narrador más elogiado por la crítica, reapareció en las librerías, no sólo las nacionales, con siete libros, cuatro novelas, dos de cuento y uno de ensayo, y lo que más le favorece es el éxito de ventas y lectura de que disfruta en cualquier rincón compartiendo con sus amigos Guillermo Vidal y Jesús David Curbelo la cima de los autores cubanos más leídos en estos años. Las libreras no sólo se limitan a promocionar y vender sus libros sino que se enamoran. Yo pongo cara de asombro, dejo por sentado que es mi amigo y luego, maliciosamente, les insisto: "¿les gusta el gordito?" Y no me lo explico, señores, con otra razón que no sea que por ahí anda mucha gente falta de terapia sexual y mal matrimoniados.

Y es que esta novela sugiere como "dormir" muy bien. Una lectora me confesó que cada noche lee una página de *Muchacha azul bajo la lluvia* a su esposo, para reinventarlo como era en su luna de miel; otra mujer, que su marido la obliga cada vez que llueve a mojarse y desde entonces, a pesar de los catarros que se pesca, es feliz y hasta le parece azul a su marido. Un socio de mi barrio dejó de releer a Padura; Chicho, el mensajero de la bodega La Paloma, otrora lector de policiacos cubanos, me asegura que la novela Primero muerto, de Justo Vasco y Daniel Chavarría, ya no es su libro de cabecera desde que leyó *Si Cristo te desnuda*. Así, supongo le pasa a uno cuando, descontando la cierta calidad, un escritor se vuelve tan popular como las telenovelas y tan leído como Corín Tellado. Amir, le gusten o no mis comparacionesn es un escritor de best-sellers.

Finalmente, como se supone que equilibre estas opiniones personales con serias apreciaciones literarias, debo decirles que este libro no es sólo erótico, a ratos es intrigante y de misterio, con buenas dosis de policíaco, genero con el coquetea muy bien, pues ya se sabe que Amir es, junto a Leonardo Padura, uno de los maestros y renovadores de ese tipo de novelas. Además de ser un escándalo libidinoso, *Muchacha azul bajo la lluvia* está marcada por la poesía en que se regodean sus escenas más íntimas; a ratos, y sin que moleste a la lectura, es una mesa, bueno, más bien una cama redonda e informativa, pues nos propone leer muchos otros libros y autores, en especial a los protagonistas de la reciente literatura cubana, y el lector más alumbrado por sus páginas descubrirá que su ambiente fantasmagórico rinde un homenaje de alto nivel literario al relato "Aura", del mexicano Carlos Fuentes, que ya habíamos mencionado.

Voy a citar aquí un par de análisis sobre esta novela que me parecen esenciales:

La profesora universitaria argentina Norma Pérez Martín, editora de la prestigiosa revista *Francachela*, escribe:

> "Música, pintura, ese simbólico gato de milenaria prosapia felina, se dan cita en esta novela llena de misterio, angustia, hasta desembocar en su "inesperado final" como bien se señala en la contratapa. Lirismo, plástica, ensayo, cine, rock, crítica literaria, minuciosas informaciones bibliográficas, se conjugan con hábiles juegos especulares y focalizaciones – por momentos – imprevisibles. Parafraseando a tu personaje digo (no pregunto): "Habrá otras lecturas por debajo". Claro que las hay: múltiples y movilizantes. Una novela polifónica que deja al lector feliz por haber concluido un libro que empieza a revolver la mente y el corazón del receptor, día tras día. Te lo aseguro.
>
> La creciente intriga acerca de la desaparición de las muchachas y esa misteriosa vida del Maestro pone en tu obra ingredientes de suspenso, de incógnitas inquietantes. Ese violín, asumiendo una vitalidad compleja, al igual que los encuadres espaciales, enfatizan el relato que subyuga mientras avanza y avanza.
>
> El final de esta bellísima novela es inesperado, poético, perversamente luminoso."[5]

---

[5] Palabras de presentación de la novela en *Terceras Jornadas de Educación, Literatura y Comunicación*, Corrientes, Argentina, el 28 al 30 de junio del 2001.

Ayer, en uno de los conversatorios sobre la actual literatura cubana, escuchamos a nuestro querido Guillermo Vidal decir sobre esta novela algo que, lo sé porque vi su cara mientras escuchaba, conmovió profundamente al autor de Muchacha azul bajo la lluvia. Dijo Guillermo, y permítanme leer el texto que el propio Guillermo me ha prestado:

"La grandeza de esta novela es su aparente sencillez, el entramado casi de juego de niños que armó Amir con nosotros como personajes y esas tres ninfas fantasmales. Me siento honrado de ser uno de sus personajes, porque esa es una de las novelas que yo habría querido escribir alguna vez, novela poderosa, sugerente, subyugante. Pero ya Amir la ha escrito y quienes me conocen saben que no me gusta ser un segundón de nadie, aunque se trate de un escritor que colocará las letras cubanas en planos de resonancia internacional, junto a otros grandes que ya lo han hecho."[6]

Ojalá usted, como yo, como Guillermo, Garrido, y Curbelo en esta fabulosa novela, encuentre muchachas azules bajo los aguaceros.

---

[6] Ibid.

Un verdadero descenso a las cloacas[1]

Jesús Lens Espinosa de los Monteros

Si Cristo te desnuda
(Novela negra, 2001)
Premio Nacional de Novela "José Soler Puig", Cuba, 1999

¿Qué puedes hacer? Puedes intentar revelarte. De hecho, algunos lo intentaron. Y casi les sale bien la jugada..., pero no nos adelantemos demasiado y vayamos al principio.

Estamos en Cuba. Más concretamente, en La Habana Vieja, uno de los barrios más conflictivos de la capital isleña. Han aparecido dos cadáveres desnudos: el de Cristo y el de Patty, en una actitud y posición bastante poco ecuménicas. La china le ha tocado a Alain.

Alain es poli, con placa y pistola. Pero también es hijo del Barrio. Y amigo de Alex, capo di capi, alcalde oficioso del Barrio... y padre de Patty. Así que Alain se tomará unos días de las vacaciones que le deben y, de forma extraoficial, aunque contará con la ayuda de algunos de sus compañeros, tendrá que investigar un crimen especialmente repulsivo que le llevará a descubrir que no sabe tanto como cree, que no es tan importante como se imagina y, lo que es peor, esa investigación le obligará a enfrentarse cara a cara con el sórdido ambiente de la prostitución homosexual masculina.

Pero aún hay más. Amir Valle, el autor de *Si Cristo te desnuda*, para terminar de enganchar al lector desde el primer párrafo, hace que Alain tenga una especial relación con el caso: conocía a la víctima. Bueno, a una de ellas. A Patty. Y la había conocido, como se decía antiguamente, en el sentido bíblico de la expresión. Por eso cuando la encuentra... "Desnuda, con sus grandes glúteos y su sexo de vellos negrísimos, abierto, aún con signos de la humedad del coito, sus caderas y su grupa, casi perfecta, encima del muchacho que aún tiene

---

[1] **Nota de la Editora**: Texto publicado en el sitio digital *Entrelectores*, consultado el 10 de febrero de 2018, Véase el enlace https://www.entrelectores.com/libros/amir-valle/si-cristo-te-desnuda-amir-valle.

los ojos abiertos, pero ya con el vacío de la muerte en la retina, (le pareció que) Patty sigue teniendo esa aureola erótica que siempre, desde que la conoció hace dos años, lo había excitado".[2]

Este párrafo es el comienzo de la novela. Tal cual. Alain, como el protagonista de la célebre película *La mujer del cuadro*, está enamorado de una muerta. Sólo que, para rabia y desesperación, suya y nuestra, Patty no podrá resucitar de entre los muertos para consumar el amor, el deseo, que Alain le profesa. Por eso, la resolución de este caso obsesiona especialmente a un policía, racional y científico, que ve puesta a prueba su capacidad de aguante.

Pero, si ya hemos hablado un poco de Patty, es hora de preguntarnos por Cristo. Amir lo describe en pocas palabras: "...alguien que, tras salir de la cárcel, lo único que sabía hacer bien era corromper lo que tocaba o todo en lo cual pensaba: una especie de Rey Midas que convertía en mierda hasta el aire que respiraba".[3] Vale que el fenómeno de las jineteras, aunque negado por el régimen, fuera aceptado y tolerado; pero de ahí a admitir que en la Cuba revolucionaria existieran Doce Apóstoles dedicados a satisfacer los desviados deseos carnales y sexuales de unos turistas corrompidos...

Alain se verá obligado a hacer juegos malabares en lo más alto del alambre para que una situación tan explosiva como esta no termine por estallarle en las manos.

Amir Valle emplea distintos narradores y, por tanto, diferentes puntos de vista para contarnos un verdadero descenso a las cloacas más sórdidas y nauseabundas del Paraíso Caribeño. Su prosa, afilada como el cuchillo de Bill el Carnicero, es altamente adictiva. *Si Cristo te desnuda* es una de esas novelas que te dejan sin aliento y de las que, cuando la has terminado de leer, te han convertido en devoto de su autor. Cruda, dura, sin concesiones al sentimentalismo; tal y como es la realidad cubana de hoy en día, a la vista de la obra de autores como el propio Amir Valle, la de su amigo Lorenzo Lunar o la de Juan Tomás Gutiérrez, esta historia nos reconcilia con esa novela negra de calidad excelsa y compromiso ético y social con que la editorial granadina Zoela nos viene deleitando gozosamente de un tiempo a esta parte.

---

[2] **Nota de la Editora**: Véase Valle, *Si Cristo te Desnuda* (Santiago de Cuba: Editorial Oriente, 2001), 9.

[3] **Nota de la Editora**: Ibid., 90.

Una novela que suena como un aullido[1]

Jesús Lens Espinosa de los Monteros

Entre el miedo y las sombras[2]
(Novela negra, 2003)
Finalista del Premio Internacional "Dashiell Hammet", 2004

Si vas recorriendo los anaqueles de tu librería favorita, sin intención clara de comprar nada en concreto, y das con un título así, ¿cómo no te vas a parar de inmediato para echar un vistazo al libro de marras? Lo coges, te quedas mirando la foto en blanco y negro de la portada: unos tipos encendiendo un cigarrillo en un turbio garito; y reparas en el nombre del autor: el cubano Amir Valle. Se terminó el mariposeo literario. Pagas el libro y te vas a casa. Apenas son las ocho de la tarde.

Te pones cómodo en el sofá y comienzas a leer. "Curiosa dedicatoria", piensas, cuando lees que el libro es, entre otros, para tres reconocidas personalidades de la literatura criminal, "porque me han hecho creer en el poder de la novela negra". ¿Tiene, de verdad, algún poder la novela negra? El caso es que Amir es autor de otras dos novelas criminales, protagonizadas por Alain Bec, un poli de La Habana, muy de su barrio, un barrio en el que, a veces, las lealtades le obligan a hacer encaje de bolillos durante sus investigaciones. O sea, que el terreno que pisa le es familiar.

---

[1] **Nota de la Editora**: Texto publicado en el sitio digital *Entrelectores*, consultado el 10 de febrero de 2018, https://www.entrelectores.com/libros/amir-valle/entre-el-miedo-y-las-sombras-amir-valle.

[2] **Nota de la Editora**: Esta novela estuvo entre las cinco finalistas nominadas a este premio, que se concede cada año a la mejor novela negra publicada en todo el mundo, en lengua española.

En esta ocasión, igual que en *Las puertas de la noche* y en *Si Cristo te desnuda*, la historia que nos cuenta Amir está rigurosamente basada en hechos reales, lo que no hace sino darle un plus de emoción e interés a una trama que te atrapa desde la primera página, con una prosa tan ágil como poderosa.

Atendamos, por ejemplo, a la descripción de un crimen pasional: "Una satánica masacre. No paró de darles machetazos a sus cuerpos desnudos, sudados, pasmado el gozo del coito por el susto de la muerte, hasta que no estuvo él mismo salpicado de tanta sangre que no logró ver más nada y se detuvo para ir a limpiarse la cara al lavabo del baño".[3] ¡Ahí queda eso!

Sin embargo, en *Entre el miedo y las sombras*, Alain no está. Se ha ido al otro extremo de Cuba, tomando el protagonismo absoluto de la historia el viejo Alex, otro de los personajes habituales en la narrativa de Valle. Alex es el capo del barrio, una especie de segundo padre de Alain, que sabe todo lo que se cuece en sus dominios. Por eso, cuando aparecen tres cadáveres enterrados en la tumba equivocada, Alex se ve obligado a desentrañar el misterio. ¿Quiénes son y porqué están convertidos en fiambres?

Las pesquisas de Alex van sacando a la luz una realidad que el estricto régimen socialista cubano se niega a aceptar: la del creciente tráfico y consumo de drogas entre los locales y las decenas de miles de turistas que cada año visitan la Perla del Caribe. Una lacra como la de la drogadicción debería ser propia y exclusiva de las decadentes sociedades capitalistas. En el paraíso socialista, sencillamente, no cabe. Por tanto, los cuadros del Partido hacen lo posible, y hasta lo imposible, para que no se hable de ello. Pero la realidad está ahí, y todo el que tenga ojos en la cara puede verla.

Una realidad que el viejo Alex conoce bien, no en vano dio sus primeros pasos por los bajos fondos de la mano de tipos como Meyer Lansky, Lucky Luciano o Al Capone. Ahí radica, precisamente, la grandeza de *Entre el miedo y las sombras*: al darle a Alex el papel protagonista, podemos ver, a través de sus

---

[3] **Nota de la Editora**: Véase Valle, *Entre el Miedo y las Sombras* (Granada: Zoela Ediciones, 2003), 18.

ojos y sus recuerdos, cómo las cosas no son tan diferentes ahora y entonces, ya que el plan sigue siendo "llenar la isla de hoteles, concebir un nuevo país de cara al turismo, así de simple, aunque ese cambio trajera prostitución, droga, nuevas clases sociales. La misma idea de aquellos mafiosos. Y la misma mierda como resultado".[4]

Es éste un párrafo clarividente que demuestra cómo a Amir Valle le duele Cuba. La Cuba de sus amores y sus desvelos. Esa La Habana, arquitectónicamente ecléctica, en la que los edificios se caen a pedazos y sus vecinos huyen, arrojándose al océano en busca de una oportunidad. Y como le duele Cuba, Amir grita de dolor. Sus novelas suenan como aullidos. Aullidos altos, valientes, claros y diáfanos, en los que llama a las cosas por su nombre.

---

[4] **Nota de la Editora**: Ibid., 88

¿Quién desnuda a quién?[1]

Enmanuel Castells

Los desnudos de Dios
(Novela, 2004)
Premio Nacional de Novela Erótica "La llama doble", Cuba, 2002

Con la obra *Los desnudos de Dios*, su autor, Amir Valle, acaba de convertirse en un escritor macho (al decir de Cortázar sobre los lectores) y se inscribe, ya definitivamente, en la lista de los imprescindibles y más importantes creadores de la Cuba contemporánea.

El hombre que hace más de veinte años viene publicando y ganando premios dentro y fuera de los mares nacionales en todos los géneros casi permisibles del abanico literario, aquí se erige como un consumado conocedor del tema Eros y fabula de una manera grandilocuente poniendo en tela de juicio (y de dudas, por supuesto) la veracidad de un hecho que además de haber sido real, a estas santas horas de la vida aún no se puede dar fe de su existencia.

Un manuscrito que deviene en tratado sexual sobre el método en que unas supuestas Amazonas realizaban el acto carnal más beneplácito del mundo, allá en las postrimerías del siglo XV, es pesquisado cinco siglos después, tanto en Francia como en Cuba por dos genios de la literatura universal: Julio Cortázar y Lezama Lima. La no menos célebre Anäis Nin dice haberlo transcripto gracias a la suerte que corriera Henry Miller al encontrarlo en un monasterio abandonado, y de ahí en adelante, eche a volar su imaginación señor lector, señor escritor, señora especulación, maravilla de historia que se teje y crece y seduce como la más agradable de las putas humanas.

---

[1] **Nota de la Editora**: Palabras de presentación de la novela *Los desnudos de Dios*, Centro Cultural Habana, La Habana, 18 abril de 2004.

La grandeza de esta novela radica en varias columnas. Amir Valle no sólo se detiene en construir una historia que ha de arrastrarnos desde el principio hasta el final por esa máxima tonta de introducción, nudo y desenlace. Aquí cada línea pesa su precio en oro, pues si bien toda la novela puede ser una muy intencionada manipulación de la verdad o una muy vacilante manera de jugar con cronos, o una muy erudita manera de construir con palabras casi originales el famoso manuscrito del que se da crédito acérrimo de su existencia, hay otras intenciones y osadías pocas veces vista en la historia de la Literatura Cubana.

Aquí los personajes principales no son Pedro y María, sino Don Julio Cortázar y Don José Lezama Lima, vacas sagradas y bien ponderadas figuras del arte universal, genios que dejaron un legado y un caudal de pensamientos de referencias obligadas hasta para el mejoramiento humano, y Amir Valle tuvo la valentía y la delicadeza de acercarnos a los hombres comunes que pudieron ser esos dos señores intelectuales en sus trajines más personales, amén de verdad o mentira de lo que de ellos se dice en la novela. Aquí está desnudo y protegido el Lezama de quien tantos rumores se decían en secreto en ciertas reuniones privadas y sociales, con su caminar de respiración al límite y el sofocante calor habanero que le producía claustrofobia. Y está (¡Oh, bendita suerte!) el Cortázar hombre (no mito), un Cortázar sin camisas y sexual, bien lejos de las oficinas de la UNESCO en su papel de traductor o de las hermosas conferencias ofrecidas en Casa de las Américas. Los que bien tuvieron la suerte de tener cerca a uno y a otro, han conjurado que el retrato obtenido por Amir es lo más cercano al tipo de hombres que fueron en sus momentos más personales y privados, no a los monstruos creativos de *Paradiso* y *Rayuela*. Ya se sabe que vida y obra de un autor no siempre están realmente relacionadas.

Para los puritanos que quieren conservar a Cortázar en una urna de cristal, basta con que se asomen a las dos citas que abren *Los desnudos de Dios*, Bioy Casares lo resume espectacularmente en tres líneas: "nos pareció fabuloso que no existiera un patrimonio único sobre la imagen y el recuerdo de un hombre como Julio". A Amir tendremos mañana que agradecerle la posibilidad de ver un nuevo Cortázar, casi desconocido hasta la fecha.

Pero esta novela no se limita solo en tomar a Cortázar y a Lezama como personajes principales, sino que su autor, hijo de la generación nacida en los 60, rinde tácito homenaje a todos esos nombres que nos hicieron huellas y sombras en nuestra formación como escritores de la otra Cuba. Es una verdadera galería de personalidades literarias y artísticas mezclados en esta fabulación intemporal donde se cruzan las voces de Jesús Díaz, Antonio Benítez Rojo, Ernest Hemingway, Reynaldo Arenas, Dulce María Loynaz, el padre Gaztelu, Carpentier, Reynaldo González, Harold Gramatges y hasta el mismísimo Fidel Castro hablando de la muerte con Gabriel García Márquez. Pero además (y esto pienso que es una de las cosas que vigoriza el rigor y el talento de su autor) hay una Cuba libre de tapujos y descubierta a una verdad ineludible cuando se trata de ciertos desmoronamientos morales en que hemos declinado, sea por las razones que hayan sido. Y está también el rigor de la investigación antes de escribir la primera palabra, cosa a la que nos tiene acostumbrado Amir desde su papel de periodista y ensayista.

Los que hemos tenido la suerte de llegar hasta el fondo de su nueva casa, es decir, hasta lo más adentro de su alma, podemos descubrir guiños, mañas y redundancias en esta novela que viene cerrando un ciclo de novelas eróticas que se inició con *Espectros*, inédita en Cuba a la hora de redactar estas líneas. Títulos como *Si Cristo te desnuda* y *Manuscritos del muerto*, dan muestra de la obsesión con que Amir vuelve una y otra vez a sus temas, no por repetitivos, sino por abundantes e infinitos. Si bien *Los desnudos de Dios* no el summum de la gran novela del Eros, es el puntillazo mejor logrado en el conjunto de novelas que el autor agrupó bajo ese signo. Pero el libro que mejor representado está en los entre líneas de *Los desnudos...* es su ya mítica obra *Habana Babilonia o Prostitutas en Cuba*, acuciosa investigación de Amir en el género de testimonios y cronología histórica sobre la introducción y desarrollo de esa manifestación sexual en Cuba desde el siglo XV hasta los días de ayer mismo. Pero si alguien todavía no lo sabe, *Habana Babilonia* es tal vez el libro de Amir más leído desde la clandestinidad moderna, pirateado en la sede de un concurso nacional y transmitido digitalmente desde Internet a través de correos electrónicos, algo así como cuando se pasaban las canciones de Silvio Rodríguez en la época en que la era estaba pariendo un corazón.

Para mí, los detalles menos felices de *Los desnudos de Dios* están en los títulos que marcan sus diferentes capítulos, pues en el gran mar de palabras e ideas profundas que los puebla, uno olvida qué decía esa hermosa construcción poética a principio de página. Pero si hay algo que detesto del libro (y que me perdone Amir por la agresividad de la palabra) es la página 179 con esa malograda Nota del Autor. Un libro tan genialmente especulativo como este no necesitaba de "aclaraciones". Ni Amir, ni yo, ni casi ninguno de los escritores de nuestra generación conocimos personalmente a Cortázar, ni a Lezama y mucho menos a Anäis Nin. Ellos jugaron y manipularon con oficio erudito la interrelación entre imaginación y hechos reales, sobre lo que fue y no es y construyeron mitos y leyendas al transgredir con aplastante maestría los límites de cronos, inasible línea entre realidad y ficción. Desde sus sagradas escrituras, uno advierte el don que Dios le dotó como autores para modificarnos el alma y reconocer, mística y terrenalmente, que existen otros modos y formas posibles de la "Realidad". Hasta la página 178 eso se consigue magistralmente en la novela. Amir Valle es de los que sabe de memoria que la buena literatura ni se explica ni se aclara, y esa Nota del Autor (para mí) es un epílogo fallido. Un autor de oficio como él no debe volver a cometer ese imperdonable pecado.

Estructurada como un rompecabezas y con un aliento casi suspense *Los desnudos de Dios* es una novela asequible, pero no fácil. Quizás no pretenciosa, pero sí eficaz. Tal vez algo delirante, pero indiscutiblemente magistral, fascinante y arrolladora. Lleva eso que tiene el amor y sobre todo el acto sexual: magia, misterio, seducción, arrebato y frenesí. Después, después viene la paz cuando el alma ya está enriquecida.

Últimas noticias... desde un infierno posible[1]

Jesús Lens Espinosa de los Monteros

Últimas noticias del infierno
(Novela negra, 2005)

> *– La mierda ahoga esta ciudad. Y cuando descubres algunas de sus más sucias esquinas secretas, sientes que la mierda te ahoga también a ti. Pero... es hermosa, ¿no crees?*
>
> *– Es hermosa, viejo... Terrible y asquerosamente hermosa.*

Sirva este diálogo como perfecto compendio de una novela corta de Amir Valle cuya longitud es inversamente proporcional a la cantidad de cosas que ocurren en ella.

Últimas noticias del infierno, publicado originalmente como relato largo, ha sido reescrita y ampliada por su autor como novela ya ocupa un lugar destacado en la novelística negra y criminal de Amir Valle; formando parte de su aclamada serie "El descenso a los infiernos".

Dotada de una unidad e individualidad propias, lo que permite leerla como una historia policíaca clásica, con su planteamiento, nudo y desenlace, *Últimas noticias del infierno* está protagonizada por dos de los personajes habituales de Amir Valle: Alain Bec, policía; y Alex Varga, conocido como el Viejo, pez gordo de los bajos fondos de la Habana Vieja. Y es que, si la política suele hacer extraños compañeros de cama, el brutal asesinato y desmembramiento ritual de un viejo travesti hará extraños

---

[1] **Nota de la Editora**: Reseña publicada en *Granadablogs*, sitio personal del autor, el 19 de junio de 2014, consultado el 10 de febrero de 2018, http://www.granadablogs.com/pateandoelmundo/ultimas-noticias-del-infierno/.

compañeros de investigación. O no tan extraños. Al menos, no tan extraños en Cuba.

A través de novelas como *Las puertas de la noche*, *Si Cristo te desnuda* o *Entre el miedo y las sombras*, Amir Valle ha ido narrando las biografías de Alain y Varga; vidas al límite que se entrelazan, se comunican, se hablan y se relacionan. Vidas conformadas por historias, aventuras y desventuras repletas de vida y pasión. Y de tensión y muerte. Biografías que desembocan en algo parecido a la amistad. Una amistad a veces ensombrecida por el horror, la repulsión y el miedo, pero siempre presidida por el respeto y la comprensión.

En el caso que nos ocupa, la investigación de la muerte de Sabrina, un viejo y conocido travelo de la Habana Vieja, obligará a Alain y a Varga a viajar. Muy lejos. A viajar en el tiempo. A viajar hasta los años en que Cuba, la Puerta de las Américas, era un universo radicalmente diferente al de ahora. Un viaje, por cierto, que no resultará ni cómodo ni agradable, pero sí muy ilustrativo. Y de una importancia esencial en la consolidación de la relación entre Alain y el Viejo, a quién el lector conocerá mejor, mucho mejor, al terminar la novela, lo que le invitará no solo a leer las novelas anteriores de la serie, sino a esperar con ahínco la siguiente obra de ficción de un Amir Valle que, a través de estos personajes, está contando la historia más sórdida, desconocida y menos complaciente de La Habana.

Ensayista, historiador y periodista; Amir Valle, ganador del Premio Carmona de Novela Negra y gran conocedor del trasfondo criminal de la Cuba contemporánea, es uno de los autores esenciales a los que hay que leer para desentrañar lo que ocurre en lo más profundo de La Habana, en la capital de esa Cuba que no aparece en los folletos turísticos ni en los anuncios de las agencias de viaje. Una Cuba que tampoco se encuentra en los discursos oficiales del régimen, por supuesto. Una Cuba que necesita de autores valientes y comprometidos, de autores de la talla del propio Valle, de Lorenzo Lunar o de Leonardo Padura; para ser descubierta por los lectores.

Una Cuba apasionada y apasionante, por supuesto, pero en la que las cosas nunca son lo que a simple vista parecen.

Oscuros reflejos de Cuba[2]

Eduardo Antonio Parra

Santuario de sombras
(Novela negra, 2006)
Premio Novelpol 2007 - Mejor novela negra en lengua española[3]

Que la llamada novela negra es la que despliega una mayor precisión a la hora de trazar la radiografía literaria del mundo actual, parece estar fuera de duda. En América Latina, por lo menos, este tipo de narrativa ha evolucionado hasta adquirir suficiente madurez como para absorber de la tradición artística los recursos, las técnicas, las estructuras y las estrategias que le permiten poseer una ductilidad formal desconocida en épocas anteriores, y al mismo tiempo apropiarse de todos los asuntos y tratamientos posibles para presentarlos a los lectores envueltos en el fondo oscuro de la vida delictiva.

Aunque en la mayor parte de las obras pertenecientes al género siguen siendo esenciales tanto la investigación de uno o varios casos criminales específicos, como el recorrido por las entrañas del mundo subterráneo urbano el "perseguido y el perseguidor" de los que habló en algún momento Borges, y "la investigación y el viaje" que Ricardo Piglia señala como únicos temas posibles en la narrativa contemporánea, los autores han multiplicado las posibilidades de tales elementos, situándolos en ámbitos antes exclusivos de las novelas histórica, política, urbana, social,

---

[2] **Nota de la Editora**: Reseña publicada en *Revista de la Universidad de México* 46, diciembre (2007), 96-97.
[3] **Nota de la Editora**: La Asociación Cultural Novelpol, de lectores especializados en novela negra, concede cada año un premio a la mejor novela publicada en lengua española el año anterior.

psicológica, erótica, étnica, moral o filosófica, hasta dotar a sus relatos de la versatilidad necesaria para trascender cualquier encasillamiento. La narrativa negra es, pues, en nuestros días, un laboratorio donde el lenguaje se pone a prueba como en cualquier otro género literario. Un espacio cerrado que, paradójicamente, jamás abandona las referencias a la realidad. Una obra artística universal cuya vocación es constituirse reflejo de una sociedad determinada.

Estas y otras reflexiones me vinieron a la mente durante la lectura de la obra más reciente de Amir Valle, cubano radicado desde hace poco fuera de la isla, a causa todo parece indicar de los asuntos que ha abordado en algunos de sus últimos libros, *Las puertas de la noche, Si Cristo te desnuda, Entre el miedo y las sombras, Habana Babilonia o Prostitutas en Cuba*, y al que me refiero, *Santuario de sombras*, publicado en España por Editorial Almuzara. Salvo *Habana Babilonia* mezcla de ensayo, crónica y reportaje donde se aborda el problema del "jineterismo" en la isla desde puntos de vista diversos, incluido el de las mismas jineteras, los títulos mencionados son de novelas de corte criminal, donde el autor incursiona en tópicos bastante conocidos (e incluso promovidos) por ciertos turistas extranjeros, pero hasta hace poco considerados "inexistentes" por el gobierno comunista, como la drogadicción y el trasiego de estupefacientes, el homosexualismo, la prostitución infantil y el tráfico de órganos, sin dejar de lado los múltiples males y problemas menores que aquejan la Cuba de Fidel Castro.

Apegado a algunos arquetipos del género, sin que por ello sus relatos sean "tradicionales" en el sentido estricto del término, Amir Valle construye sus historias en torno a dos personajes que funcionan como impulsores de la acción y al mismo tiempo establecen puntos de vista complementarios sobre los hechos: Alex Varga, un viejo negro que antes de la Revolución fue guardaespaldas de Meyer Lansky (cerebro de la organización de Lucky Luciano en la mafia de Nueva York) durante sus viajes a la isla, y ahora descuella como capo de los delincuentes en Centro Habana. Bec, un honesto teniente empeñado en resolver los casos con apego ley y a su conciencia de hombre decente. A pesar de moverse en campos contrarios, ambos son amigos, se indignan por la nueva ola delictiva que tiene en jaque al país con crímenes nunca antes vistos, y trabajan hombro con hombro en sus respectivas áreas de influencia con el fin de descubrir a los perpetradores. Sin embargo, quizá lo más interesante de esta extraña mancuerna sean las largas conversaciones que sostienen, en las que analizan y critican la situación cubana "desde dentro", rastreando el origen del crimen en la corrupción política y en las crisis económicas sucesivas, producto de una mala dirección del régimen.

Alex Varga y Alain Bec son, de nueva cuenta, la mancuerna protagonista en *Santuario de sombras*, quinta novela de la serie negra del autor. Pero, al igual que sucede en las anteriores, mantienen un perfil bajo, más bien de testigos que sólo actúan en el momento preciso, con el fin de que sean otros personajes quienes carguen con el peso principal de la trama y los lectores veamos actuar a las víctimas y a los victimarios por cuenta propia, escuchemos sus miedos y ambiciones, comprendamos las razones de su existencia sin el filtro y la interpretación ni del narrador ni de quienes poco a poco van desentrañando el misterio.

Igual que sucede en otras latitudes entre el primer y el tercer mundos, el tráfico de personas de Cuba a los Estados Unidos es un problema añejo, que incluso ya había sido abordado por la vía de la narrativa por lo menos en uno o dos relatos del genial cuentista Lino Novas Calvo. Sin embargo, el nuevo milenio le ha impreso su sello particular al añadir, a la pobreza secular de los habitantes de la isla, el elemento de la geopolítica actual. Así, si en tiempos de Novas Calvo (antes de la Revolución) los traficantes de personas debían burlar tan sólo a la guardia costera norteamericana para evitar la cárcel y que su "carga" fuera deportada de regreso a su país de origen, hoy deben cuidarse también de los guardacostas cubanos, pena de sufrir un castigo aún más severo. Es decir, ahora el negocio es más difícil, más peligroso y, por lo tanto, más lucrativo. Ocho mil dólares deben reunir quienes desean salir de modo clandestino hacia Miami. Se paga la mitad al iniciar el trayecto en yate, y el resto al arribar a la costa norteamericana. Pero algunos traficantes han descubierto la manera de que su negocio sea más lucrativo: matan a sus pasajeros, no importa si son mujeres, ancianos o niños; despojan a los cadáveres de todo lo que llevan y los arrojan al mar o abandonan los cuerpos en algún islote desierto.

En una suerte de proemio a la novela, Amir Valle expone las corrientes de conciencia de algunos sobrevivientes de estas masacres, que no logran deshacerse del recuerdo de la noche que cambió sus vidas (las travesías siempre se llevan a cabo en medio de las sombras). Igual que en una confesión hecha en base a susurros angustiosos, con un ritmo circular, repetitivo, como suelen ser las pesadillas, las voces que zumban en el interior de los personajes trasminan poco a poco la lectura, hasta que en vez de leerlas escuchamos su tono de salmodia, de reclamo, de íntimo tormento, en una composición polifónica, fragmentada, donde de modo simultáneo cada uno de ellos nos transmite el instante de su "quiebre" existencial. Con ello el transcurso del tiempo queda anulado dentro del relato, al menos en estas primeras páginas, convirtiendo al lector en una suerte de espectador del infierno donde, como ya lo ha apuntado Borges, la eternidad es el principal atributo de la tortura.

Las imágenes desplegadas aquí poseen tal violencia visual y sonora, y a la vez están tan cargadas de elementos poéticos, que resultan estremecedoras e inolvidables: cada uno de los protagonistas tiene grabado a fuego, acentuado por su propio terror e impotencia, la escena del asesinato de sus familiares (esposa, hijos, hermanos, amantes) en alta mar entre las sombras de la noche, la brutalidad y la burla de los homicidas, la visión de los cuerpos destrozados y la agonía de fingir la propia muerte en el agua, junto a los cadáveres flotantes, hasta ver cómo el barco se aleja dejándolos abandonados a merced de las olas. Son estos mismos sobrevivientes quienes, meses después y cada quien por su lado, establecen contacto con Alex Varga y Alain Bec para que los ayuden a localizar, primero, y a desenmascarar después a los criminales, pues exigen venganza o justicia, que en estas circunstancias vienen a ser lo mismo. Todos recuerdan el rostro del responsable. Todos se lo han topado de lejos ya sea en Miami o en La Habana y el encuentro les excitó de nuevo los terrores nocturnos y el recuerdo incisivo de la tragedia. Necesitan que el infierno acabe y, para lograrlo, es preciso que acaben primero con quien lo causó.

Y en cuanto la mancuerna del capo y el policía comienza a realizar sus pesquisas, como ocurre regularmente en las novelas de Amir Valle, los velos que cubren el submundo de La Habana se descorren y aparece en primer plano la corrupción donde se desenvuelven los funcionarios gubernamentales cubanos los del Ministerio de Turismo en este caso, junto con las lacras (muchas de ellas "inexistentes") que corroen por dentro esta sociedad: el tráfico de niños, el jineterismo, la homofobia, el racismo, la miseria generalizada, las mafias del mercado negro, la hipocresía de los vividores del comunismo, las oleadas de migrantes que huyen de la isla y el mito del imperialismo. La lectura de *Santuario de sombras* es semejante a un recorrido por una galería de claroscuros (más oscuros que claros), en la que el autor eliminó hasta donde le fue posible el color local isleño al que otros escritores nos habían acostumbrado la música, la santería, entre otras cosas, para centrarse en el drama, en la violencia, en una historia estremecedora donde la única explosión de alegría posible ocurrirá, si acaso, cuando los agredidos obtengan su revancha.

En *Santuario de sombras*, Amir Valle echa mano de su experiencia tanto de narrador como de periodista para trazar un retrato minucioso de la ciudad que habitó hasta que fue obligado a exiliarse; para jugar de manera incansable con el lenguaje y estructurar su relato hay pasajes cuya técnica polifónica recuerda *La noche de Tlatelolco*, de Elena Poniatowska; para colocar ante el lector a los verdaderos causantes de la miseria de su país, para tejer con astucia una trama realista, cerrada, pero con evidentes guiños a la tradición literaria universal, el dostoievskiano tema de "el doble" es aquí fundamental y, sobre todo, para echar abajo muchas de las mentiras que envuelven la vida en Cuba "ilustrada para extranjeros..." para construir, en fin, una verdadera novela negra.

La cara oculta del castrismo[1]

Elizabeth Burgos

Habana Babilonia o *Prostitutas en Cuba*

(No Ficción, 2006)

Premio Internacional "Rodolfo Walsh", 2007[2]

Pocas veces la lectura de un libro me había causado sentimientos tan disímiles como *Habana Babilonia. La cara oculta de las jineteras* de reciente publicación en francés, del cubano Amir Valle. Sentimientos tales como el suspenso de una novela policíaca y la nausea que debe producir transitar por las cloacas de una ciudad. En su libro, el autor logra entregarle al lector la versión más putrefacta de un mundo al que ha dado lugar el régimen "revolucionario". "Un mundo de la noche, oscuro, sórdido, siniestro", según las palabras del propio autor, que no obedece sino a sus propias leyes y parece celebrar el culto al Marqués de Sade.[3]

El libro en su versión en español data de 2006. Por supuesto, desechado en Cuba por las editoriales, ha circulado clandestinamente, al punto de convertirse en un best-seller clandestino.

---

[1] **Nota de la Editora**: Publicado originalmente en el semanario ZETA y tomado de *Webarticulista.net*, con fecha 27 de enero de 2010, http://webarticulista.net.free.fr/eb201027011450+Elizabet-Burgos+jineteras.html, consultado el 10 de ferero de 2018.

[2] **Nota de la Editora**: Este premio internacional se concede cada año al mejor libro de no ficción publicado en lengua española el año anterior a cada convocatoria.

[3] **Nota de la Editora**: Véase Valle, *Habana Babilonia*, 16.

La jinetera es una mujer entre trece y treinta años que vende su cuerpo a turistas a cambio de algún beneficio económico; en particular dólares, pues es la única moneda válida en la Cuba antiimperialista. Las tarifas son extremamente bajas en relación a las que se practican en Europa, de allí el atractivo que ejerce ir de turismo a Cuba, pues obtener veinte dólares, significa para un cubano triplicar el salario que se gana al mes. Sólo con dólares se accede a comprar medicinas, y muchos productos vitales.

Resultado de nueve años de encuestas en archivos y documentos históricos, aunado a una encuesta minuciosa entre prostituta y proxenetas, de policías corrompidos, choferes de taxi, agentes de turismo, propietarios de burdeles clandestinos y de traficantes de droga, de agentes de seguridad de turismo que cerraban los ojos ante el fenómenos, el arte de la publicidad al servicio del mercado del sexo, del tráfico de droga, al sexo con animales, a la prostitución infantil, el autor logra documentar con profundidad, el funcionamiento del fenómeno de la prostitución en la Cuba "revolucionaria". El autor logra penetrar el mundo paralelo en que se desarrolla esa actividad y las leyes que la rigen, las complicidades de los órganos policiales, la manera cómo la prostitución forma parte de la organización del turismo.

Pese a que uno de las mitos fundadores y que hasta ahora le han dado legitimidad a la "revolución" cubana, es el de la figura de la Habana "burdel de los americanos" que Fidel Castro erradicó, "restituyendo así el honor de las cubanas y por ende del país", sin embargo no se demuestra sino indiferencia ante el hecho de todos conocido, de la existencia de las jineteras, jóvenes muchas menores de edad, que ejercen la prostitución, yendo a la caza de turistas en el Malecón de La Habana y en los hoteles que le están destinados. Se sabe que ese comercio del cuerpo se ha extendido también a los niños varones, habiéndose convertido Cuba en el universo de la pedofilia. Lo más notable es la indiferencia ante esos hechos de aquellos que continúan repitiendo el tópico de que el mayor logro de la "revolución" cubana fue el de haber erradicado el mal de la prostitución.

También es sabido a manera de rumor, que contrariamente a la prostitución de antes de 1959 que la ejercían mujeres pobres provenientes del campo en su mayoría, las prostitutas de hoy son jóvenes, muchas universitarias y otras, estudiantes de secundaria, menores de edad. Muchas ejercen ese oficio a sabiendas de su propia familia, ya que como dicen, "gracias a la muchacha logramos resolver". "Resolver" es el término más empleado en el lenguaje familiar cubano, para significar la búsqueda de modos de subsistencia.

Hasta hora se habían escrito artículos acerca del tema, pero ninguno había logrado realizar un estudio tan profundo y pormenorizado como el de Amir Valle. Logró transmitir la verdad de ese submundo valiéndose de la vivencia testimonial de mujeres que practican esa actividad, como también la de hombres, los proxenetas que administran el negocio, los policías que actúan de cómplices a cambio de dinero, de profesores universitarios reciclados en el oficio de chóferes de jineteras y de los clientes turistas.

El libro tiene una organización compleja, dado el propósito del autor de eludir el simplismo o caer en la denuncia vehemente. Pese a que en muchos momentos el autor interviene expresando sus sentimientos, su asco ante las situaciones que le tocó vivir en el transcurso de su encuesta, se trata de un estudio objetivo, respetando las reglas del género testimonial. Está basado en entrevistas y en capítulos de índole histórico destinados a contextualizar la presencia de la prostitución en Cuba desde la época colonial, hasta la época actual. Cada período tiene sus particularidades. Las circunstancias que hicieron favorable el comercio del cuerpo en la época actual, por supuesto, ha sido la dieta de penuria instaurado por el régimen, que se exacerbó tras el decreto del "período especial", cuando la extinta Unión soviética privó a Cuba de los subsidios que tan generosamente le prodigaba desde los comienzos del régimen castrista. De cierta manera, era cómo si la antigua URSS se pagara una bailarina en el Caribe. En realidad, ha sido el propio gobierno castrista el primero en ejercer el jineterismo.

Muchas jineteras intervienen en el transcurso del libro, pero el hilo conductor es la historia de vida de Susimil, convertida en Loretta, que el autor había conocido quince años antes, novia de su mejor amigo, muerto de leucemia. Mujer de una gran belleza, sus ojos los "más tiernos del universo. Una mirada de animalillo indefenso que provocaba... un instinto paternal de protección casi sobrehumano", ahora convertida en una mujer de "una agresividad ríspida, hiriente, ajena".[4] Universitaria, inteligente, exmujer de diplomático, narra la corrupción que reina entre los funcionarios cubanos en el extranjero.

La jineteras entrevistadas por el autor provienen de diferentes niveles de la sociedad cubana. Todos exponen en un lenguaje crudo los mecanismos de sobrevivencia y explotación en ese vasto universo marginal de la prostitución.

Para el autor, en una entrevista en *El Nuevo Herald*, a propósito de su libro, considera que se ha operado un cambio en la conciencia social de Cuba. Antes, la figura del "chivato" y de la prostituta eran las figuras más aborrecidas del país. Hoy por el contrario ser informante de la policía asegura mantener cierta protección y estatus. Para muchas familias cubanas no significa un trauma que una hija se convierta en jinetera. Incluso dice el autor haber estado con familias que hacen chistes acerca del futuro de jineteras de las nietas.

"Ser un profesional en Cuba hoy no significa gran cosa. Los marginales ganan mejor su vida que los universitarios. Las prostitutas, los vendedores clandestinos de ron y de tabaco son considerados como símbolos de éxito en la Cuba de hoy. En donde la pobreza de una sociedad es llevada al límite del exterminio, toda forma de sobrevivencia es aceptable. Lo que demuestra que Cuba no es una sociedad diferente de otras", acota el autor.

Pero muy pocas sociedades han llegado al grado de humillación que sufren hoy los cubanos debido al genocidio económico al que ha sido sometida la isla por Fidel Castro.

---

[4] **Nota de la Editora**: Véase *Habana Babilonia*, 15.

Las palabras del poder[5]

Madeline Cámara

Las palabras y los muertos
(Novela, 2007)
Premio Internacional de Novela "Vargas Llosa", 2006

América Latina ha sido prolija en dictadores así como en una novelística sobre el Poder; al menos sus generales han dado mucho por escribir. Desde el relato de mediados del XIX "El matadero" de Echeverría, hasta la *Evita* de Eloy Martínez, las figuraciones literarias sobre el militarismo en el continente van del naturalismo al postmodernismo, con su etapa de realismo mágico que lideró *El otoño del patriarca* de García Márquez. Por lo tanto el tema ni es nuevo ni se agota.

Este fenómeno de actualización reside a la vez, en la triste vigencia del tema en la realidad, la avidez de un amplio sector de lectores de clase media – esa suerte de conciencia crítica de la sociedad que siempre espera que la literatura redima al pueblo-, y claro está, de la maestría de escritores que han hecho del tópico un modo de contar la Historia. *Pedro Páramo*, de Rulfo; *Yo, el supremo*, de Roa Bastos; *Recuerdos del porvenir*, de Garro; *La casa de los espíritus*, de Allende y un corto etc. Desde el Boom y sus márgenes, el caudillo se convirtió en la metáfora que engloba la miseria y la decadencia de la civilización latinoamericana después de las guerras de independencia.

En la literatura cubana sobresale Carpentier con su *Recurso del método*, pero también la cuentística en torno a la guerra del Escambray, subvalorada y desconocida, es una fuente para

---

entender la mítica sobre militarismo cubano. Pienso en obras de Jesús Díaz, Eduardo Heras León, Norberto Fuentes, Vicente Echerri, así como una reciente novela de Osvaldo Navarro *Hijos de Saturno*, de la cual siento muy cerca el libro que a continuación comentaré. Me refiero a *Las palabras y los muertos* (Premio Mario Vargas Llosa de la Universidad de Murcia, 2006) publicada por Seix Barral, 2007 del cubano residente en Alemania Amir Valle.

Valle es miembro destacado de la generación de narradores de los años noventa, que puso en el mapa su mejor crítico, el fallecido Salvador Redonet. Luego se les dividió en "exquisitos y violentos" según su estilo. Comenzó Valle dentro de la segunda categoría, con una escritura directa, de anécdota fuerte, personajes delineados, diálogo duro. Y aunque no creo que ha abandonado su pasión por el realismo, mucho ha vivido y publicado este aun joven narrador, lo suficiente para caer enamorado de la palabra, y de la maquinaria misma que es la novela, según lo ha demostrado con su obra de ficción y de crítica Vargas LLosa. Quien haya leído *La fiesta del Chivo* encontrará en la novela de Valle ese implacable tictac del reloj de una muerte anunciada moviendo toda la acción.

En este caso se trata de los antes y después de la desaparición física de un mito contemporáneo: Fidel Castro. Quizás cuando la vida despeje las expectativas sobre el desenlace del personaje de la vida real, la novela podrá ser apreciada aun mejor en su magistral composición espacio-temporal y en la polifonía de su visión. En esto reside el reto asumido: hablar de lo inmediato de modo estrictamente literario. Valle escoge para narrar la perspectiva de un hombre de pueblo, un guardaespaldas del Comandante; pero a través de él, filtra toda esa imaginaría popular que ha rodeado al mandato castrista, el temor y la admiración, el rencor y la fe, la esperanza, y la frustración de un pueblo siempre redimido por su choteo.

El novelista logra mezclar ese humor redentor, de naturaleza anónima, dentro de una trama de solidez histórica y eficiente armazón de tensiones logrando un retrato en suspenso del patriarca cubano, el "relato de costumbres" detrás de las bambalinas que han sostenido la dictadura más vieja y una de las más decrépitas del continente.

Jinecienta: la historia de una jinetera[1]

Elidio La Torre Lagares

Tatuajes
(Novela, 2007)

Entre los referentes en la literatura cubana posterior al desmantelamiento de la Unión Soviética, sobresale la figura de la jinetera mulata que enuncia y reformula una identidad nacional vista desde una ética del deterioro. Tras la pérdida del respaldo soviético para comida y combustible, y ante el recrudecimiento de las políticas estadounidenses hacia la isla caribeña, el estado cubano declaró el llamado Período Especial de los 1990, formulado como pericia estratégica para superar la crisis económica sin contravenir los ideales de la revolución y el compromiso socialista. Así, Cuba instaura una política económica sustentada en base, entre otros renglones, a la industria turística en cuyo desarrollo y crecimiento desencadenan otras formas taimadas de economía, como la del turismo sexual o la prostitución.

La historia de la jinetera, que oficia a la luz de una ilusión o deseo de prosperidad, es un cuento de hadas enfermas. También es el sujeto de la novela *Tatuajes* del narrador y periodista cubano Amir Valle (1967, Guantánamo).

Sobre el tema, Valle ha apalabrado el carácter antropoético e investigativo del tema en libros como *Jineteras* (2006), ampliado al publicarse con su nombre original *Habana Babilonia* en 2008, obras en las que el autor consagra sus dotes como prosista cernidos por la óptica periodística. En *Tatuajes*, el novelista nos trae la historia de Loretta (en la realidad se trata de Susimil, jinetera entrevistada por Valle, que centra el discurso de *Habana*

---

[1] **Nota de la Editora**: El autor de este texto estuvo a cargo de la primera edición de *Tatuajes*, publicada en la editorial Terranova, de Puerto Rico.

Babilonia) y su disolución por las calles de La Habana como una "jinecienta", o, a mejor decir, una jinetera cenicienta.

La utopía es un sol que se ahoga en el Caribe. Una araña que teje en la esquina de un cuarto donde la ilusión queda atrapada. Loretta, como muchas de las jineteras de La Habana, aspiraba a una educación, la risa de un amor de ensueño y la estabilidad de un matrimonio duradero. Eternos campos de cerezas.

Pero no hay amor posible, como tampoco hay certezas absolutas. La nada es real. La historia de una jinetera es la historia de todas las jineteras.

La utopía -tratada en *Tatuajes* como la plenitud del ser- es siempre un espacio de especulación. Desde el presente narrativo de la historia, la Loretta que se ofrece al lector supone una suerte de reencarnación de Blanquita, el nombre original de quien fuera una vez esposa del exitoso empresario Raydel. Loretta, mulata de impresionante cuerpo, nunca desfasa su condición de juguete sexual tanto para su esposo como para el padre de éste. Loretta se convierte en un bien de consumo y no cumple otra función que no sea la de proporcionar placer.

Consecuentemente, el prestigio y poder de Raydel erosionan bajo sus propios excesos. Cuando pierde el favor de aquellos que le beneficiaban, no encuentra otro modo de recuperar el dinero perdido que vendiendo a su mujer como prostituta.

El poder pierde garra. Hay que sobrevivir o, de otro modo, claudicar. Cabalgar hacia la supervivencia siempre.

No obstante, la disolución de los sujetos es otro modo de revolución, porque la disolución es liminar. Revela y descubre desde esa Habana Vieja "por donde aún no soplaban los aires de la restauración, el Prado y sus leones callados y renegridos, los edificios del Malecón, corroídos por el salitre" y "el muro cuarteado y estirado como una serpiente".[2] La óptica es múltiple y la realidad se semiotiza en el texto con un narrador de visión interna que focaliza a través de Loretta, las cartas que ésta le escribe a su madre y la voz carnavalesca de Farah, quien se

---

[2] **Nota de la Editora**: Véase *Tatuajes*, (San Juan: Terranova Editores, 2007), 1ª edición, 45.

pronuncia desde la marginación, la persecución y esa otra segregación que es la enfermedad (muere de SIDA). No se es porque simplemente se es. Se "es" porque el espacio es asediado por lo que era y ya no es. *Tatuajes* sugiere -mas no dice- que sin la posibilidad de elegir, no hay libertad.

Pero no todo se disuelve en el aire. En *Tatuajes* existe un diálogo por lo bajo con la *Cecilia Valdés* de Cirilo Villaverde. Loretta/Blanquita incorpora el conflicto vital de la Cecilia de Villaverde, quien por su naturaleza marginal de pobre y mulata que fracasa en sus aspiraciones sociales reconfigura una alegoría de la silenciada identidad cubana, tema recuperado en los '90 por escritores como Reynaldo Arenas. Pero *Tatuajes* es también *Tres Tristes Tigres* de Cabrera Infante como es *El sonido y la furia* de William Faulkner: polifonía incontenible.

El trazo que deja *Tatuajes*, más que su realismo sin manteles, y al no ser una narración estrictamente lineal, es el de la novela difícil que exige un lector cuyo espacio sea el del sentido. Sin duda, *Tatuajes* debe ser vista –y estudiada- como una de las mejores novelas caribeñas de la primera década del siglo XXI.

El arte de novelar[1]

Elmer Mendoza

Largas noches con Flavia
(Novela negra, 2008)
Premio Internacional de Novela Negra Ciudad de Carmona, 2008

La literatura cubana de nuestro tiempo está llena de variantes; no sólo las referentes a la calidad de su escritura, sino a las que surgen de la posición de los autores con respecto al régimen político de la isla, incluyendo el lugar donde habitan en la actualidad. No es un secreto que los que menos soportan los desacuerdos con los políticos son los artistas, y esa es una línea evidente en *Largas noches con Flavia*, la novela con que Amir Valle ganó el III Premio Internacional de Novela Negra Ciudad de Carmona, en 2008, publicada por Almuzara, en España, en junio del mismo año.

Es una novela policiaca clásica, fuerte y dinámica. Tres jóvenes españoles que han hecho de mulas llevando droga en el cuerpo son asesinados. Salvar a Flavia, la cuarta involucrada, se convierte en un interesante viaje emocional donde se presentan aspectos inquietantes de la isla: "Cuando se ponía el uniforme y se hundía en los barrios marginales de la ciudad, encontraba a la otra Cuba, la mayoritaria, la real, la que se iba hundiendo en sus propias miserias, en su ruina y en los escombros polvorientos de lo que fue su antigua gloria".[2] El autor nos prepara para un informe involuntario de la imposibilidad de la utopía.

---

[1] **Nota de la Editora**: Publicado en el periódico *El Universal*, México, el 19 de agosto de 2010.

[2] **Nota de la Editora**: Véase *Largas noches con Flavia*, (Córdoba: Editorial Almuzara, 2008), 121.

No obstante, Amir Valle, nacido en Guantánamo, Cuba, en 1967, no se pierde en los abismos ideológicos, conserva su calidad de narrador con una propuesta de doble voz narrativa equilibrada y juiciosa. Resolver el caso exige la participación de Alex Varga, un viejo que controla parte de La Habana vieja, que tenía la responsabilidad de mantener vivos a los jóvenes, y de Alain Bec, un detective de la policía que se obsesiona con un caso que lo pondrá de cara a la violencia de la ciudad donde vive y trabaja, y nos hará ver que todo pasado mejor es recuerdo de los muertos. De antagonista, tenemos a Don Leone, un misterio hecho violencia.

"La frontera de lo verosímil ya no está vigilada", dice Milan Kundera. Y Valle crea un discurso de pequeños caos que sostiene resuelto hasta el final, cuando los campos paralelos se unen, esos campos naturales entre la solvencia económica y la miseria: "por un lado tiene acceso al mundo real, al de los cubanos… y por el otro… al mundo ficticio, al del turismo", Donde lo verosímil es una pieza hecha de dolor sin esperanza, que se sustenta en el contraste entre los pobres y la clase en el poder, que como todas, no tiene remedio: "El poder es una forma de ceguera",[3] remata Valle, que vive en el exilio.

En *Largas noches con Flavia*, también se toca el tema de la prostitución y sus formas de organización. Esto le permite al autor hacer un estudio de los tipos y los campos donde operan. Nos aclara que: "Raramente, las jineteras se acuestan con cubanos. Es como rebajarse, como perder alcurnia",[4] haciendo referencia a uno de los grupos más famosos del Caribe. Alain, en su investigación, penetra todos estos espacios, donde tampoco falta la droga, así con su nombre genérico, y por supuesto los adictos.

Con la paciencia que requiere el género, "el que sabe esperar siempre gana",[5] Amir logra una novela de goteo. Poco a poco va mostrando el espacio donde ocurren las ejecuciones y los personajes que los pueblan, hasta que desliza el primer punto del enigma: "Un negro grande", que abre otra línea en la ficción que

---

[3] **Nota de la editora**: Ibid., 188.
[4] **Nota de la editora**: Ibid., 154.
[5] **Nota de la editora**: Ibid., 140.

no se detendrá hasta un final shakespereano.[6] Bec, un investigador sagaz, descubre un punto en el contexto de Alex Varga que lleva a la solución del caso. Ricardo Vigueras sostiene: "Hoy día, la novela policiaca no es un género menor en sí mismo: la grandeza o mediocridad de sus obras viene determinada por la grandeza de tema, enfoque y estilo de sus autores".[7] Valle llena los requisitos.

Flavia es hermosa. Para los escritores latinos una mujer hermosa debe tener nalgas redondas y saber llevarlas. Flavia además tiene rostro fino, ojos verdes y tetas duras. Pero está aterrorizada, exige que Alain no se le separe, incluso se baña con la puerta abierta y la mujer del detective de viaje. "El hombre es paja, la mujer fuego, llega el diablo y sopla". decían mis mayores, y Bec sufrirá en el cumplimiento del deber, punto que aderaza el aspecto erótico del discurso, sin perder noción de la situación que los envuelve: "Sentía pena… deseos de templársela", pero resistía.[8]

El gusto musical está presente, "Nada bueno se ha inventado después de Benny Moré, Los Beatles y Michael Jackson."[9] La nostalgia como enfermedad contagiosa. También un merecido homenaje a Justo Vasco, otro cubano imprescindible. Amir pone ante nuestros ojos, cada vez menos sorprendidos, una ficción donde el dolor de los personajes se diluye en la tremenda infrahumanidad de un pueblo que sobrevive. Hay novelas que son lo que cuentan; de esas es *Largas noches con Flavia*.

---

[6] **Nota de la editora**: Ibid., 53.

[7] **Nota de la editora**: Véase Ricardo Vigueras Fernandez, "La Novela Policiaca de Temática Romana Clásica. Rigor e Invención," Tesis Doctoral, Universidad de Murcia, 6.

[8] **Nota de la editora**: Véase *Largas noches con Flavia*, 118.

[9] **Nota de la editora**: Ibid., 29.

Breve historia de la "Habanidad"[1]

F.C.

La Habana. Puerta de las Américas
(Historia novelada, 2010)

Escala obligatoria de las flotas que atravesaban el Atlántico, punto clave de las rutas de esclavos, lugar predilecto de la burguesía de las colonias, centro de experimentación científica y técnica tras la Revolución Industrial inglesa, escenario de la mayoría de los movimientos culturales, sociales y políticos más importantes de los siglos XVIII y XIX en su continente, punta de lanza en la zona del desarrollo industrial, comercial y cultural en los primeros años del XX, motivo de acalorado debate tras la Revolución castrista, y antes de todo eso, en los comienzos, puente hacia las tierras descubiertas, Cuba es una isla pequeña tan sólo en su extensión, un pedazo de tierra que no deja indiferente a nadie.

De todo ello trata *La Habana. Puerta de las Américas*, un ameno repaso de la historia de la ciudad desde su fundación, un libro que se apoya en documentos de diverso tipo. Amir Valle, cubano del 67 y autor del libro de investigación *Jineteras* y de novelas como *Santuario de sombras* o *Largas noches con Flavia*, emplea reflexiones propias, fragmentos de crónicas periodísticas, retratos literarios e historiografía clásica para dar cuenta de la fascinación que La Habana ha ejercido siempre. Albert Einstein la llamaba "la ciudad de los asombros", para Elvis era la "capital musical del Nuevo Mundo", a Picasso le parecía "la ciudad donde los colores hablan," Óscar Niemeyer la adora por ser la "meca de la arquitectura latinoamericana".

---

[1] **Nota de la Editora**: Publicado en *El Diario de Sevilla*, el 6 de diciembre de 2009, consultado el 13 de febrero de 2018, http://www.diariodesevilla.es/ocio/Breve-historia-habanidad_0_320968191.html

Valle recuerda los orígenes de la ciudad, los que establecen los historiadores y los que soñaron otros y acabaron convirtiéndose en leyendas que el autor repasa con curiosidad; se detiene también el libro en la etapa colonial, en las huellas que perviven aún de su etapa de esplendor como "escombros de guerra"; narra la aparición de las primeras señales de tensión entre la isla y la metrópoli, hacia finales del XVIII, los inaugurales "estallidos de conciencia nacional;" explica cómo Cuba se convirtió en un "polvorín" sometido a la presión de España, incapaz de controlar ya en el siglo XIX "la vida social del país", y de Estados Unidos, que desde su nacimiento como nación ambicionó tener el dominio sobre esa pequeña isla tan valiosa desde el punto de vista geoestratégico.

Una parte muy importante del libro es la dedicada a la edad contemporánea, que ocupa una cantidad destacable de páginas. Se recuerda aquí la figura de Fulgencio Batista, longevo gobernante de Cuba (unas veces legitimado por las urnas, otras veces avalado únicamente por sus golpes militares) y fiel aliado de Washington "nuestro hombre en La Habana," lo llamaba Roosevelt y de la mafia de Estados Unidos "querido presidente vitalicio invisible", así lo saludó una vez Lucky Luciano.

También los prolegómenos y las consecuencias de la Revolución castrista constituyen un apartado fundamental del volumen, que se ilustra con fotografías de personajes ligados de una manera u otra a Cuba (desde la actriz Sarah Bernhardt al legendario gangster judío Meyer Lansky, pasando por Nat King Cole o, inevitablemente, Ernest Hemingway) e imágenes de lugares y edificios emblemáticos de La Habana.

"Es sorprendente que una isla tan chiquita tenga tantos escritores y artistas de nivel mundial",[2] dice en otro momento Gabriel García Márquez en una conversación con Valle incluida en el libro. *La Habana…* también refleja el enorme peso de esta ciudad en el imaginario colectivo y de qué manera inspiró a creadores de todas las disciplinas. El poeta emblema José Martí, el fotógrafo Korda (autor del ubicuo retrato del Ché), Alejo Carpentier o Guillermo Cabrera Infante, y autores actuales como

---

[2] **Nota de la Editora**: Véase Valle, *Habana. Puerta de Las Américas*, (Granada: Editorial Almed, 2009), 333.

Abilio Estévez, Leonardo Padura o Antonio José Ponte aparecen en estas páginas, donde se incluye una jugosa definición de la habanidad, obra del escritor y periodista Luis Aguilar León.

"Dicen que no creen en nadie, y creen en todo…. No discutáis jamás con ellos. Los cubanos nacen con sabiduría inmanente. No necesitan leer, lo saben todo. No necesitan viajar, todo lo han visto. Los cubanos son el pueblo elegido… de ellos mismos". Así retrata el Profeta el personaje en cuya boca pone estas palabras Aguilar León a sus compatriotas, gentes "hiperbólicas y desmesuradas", que no te llevan "al mejor restaurante del barrio, sino al mejor lugar del mundo".[3]

---

[3]**Nota de la Editora**: Véase Luis Aguilar León, "El Profeta habla de los cubanos," en *Latin American Studies*, consultado el 13 de febrero de 2018, http://www.latinamericanstudies.org/cuba/profeta.htm.

Las palabras, los muertos y el odio al odio de Amir Valle[1]

Rodolfo Pérez Valero

Las raíces del odio
(Novela, 2012)
Finalista Premio "Rejadorada" de Novela Corta, España, 2008

Amir sorprende en cada novela, porque cada una es diferente pero juntas componen una de las más sólidas carreras de la literatura cubana actual. Sus libros son intensos. Lo digo cuando acabo de leer la última página de *Las raíces del odio*, una novela que extiende mucho más allá del ámbito cubano el odio que Amir siente por el odio, por el racismo, por la marginalización de los individuos y por todo tipo de explotación, violenta o no (casi siempre violenta), de unas personas por otras. A esa denuncia ha dedicado Amir su literatura, lo que lo ha convertido en alguien admirado por muchos y repudiados por aquellos que discriminan y marginalizan, a personas o a pueblos enteros.

Con *Las raíces del odio*, Amir lleva a la literatura una realidad que quizás percibió en toda su crudeza cuando la vida lo obligó a abandonar Cuba con su familia. La clave de este libro se hace visible cuando el personaje del escritor que vive en el solar (cuyo nombre no se menciona, pero se presume que sea el mismo Amir) dice que cada país tiene su poco de infierno y paraíso. Seguro estoy que Amir, con su mirada siempre crítica, descubrió el infierno en su vida fuera de Cuba y, con su conocida honestidad, quiso denunciarlo como hizo y hace con las injusticias acaecidas en la isla.

---

[1] **Nota de la Editora**: Texto escrito por el autor especialmente para el sitio web de Amir Valle, reproducido en varios de los blogs de Pérez Valero.

Amir arremete en esta novela contra los neonazis, esos que basan su supuesto plan para mejorar el planeta en el exterminio de todos los seres humanos que consideran inferiores. El escenario es Madrid, pero es obvio que podría ser cualquier otra capital de un país desarrollado. Los asesinos son blancos europeos y las víctimas son inmigrantes de América Latina. El plan de muerte de ese Nuevo Orden incluye a mujeres y hasta a niños, porque, como dice el personaje de Martin, los pequeños que morirán "son latinos, ¿no? Son asesinos en potencia". Los héroes son una muchacha y un muchacho cubanos, hermanos, que cargan sobre sus hombros toda la degradación de la sociedad cubana, pero la viven con la naturalidad de aquellos a los que la vida nunca les ofreció alternativas. Porque, como dice el hermano: "si Cuba no era el infierno, le faltaba un tín así".

Si con su novela *Las palabras y los muertos* Amir obligaba al lector a pensar mientras leía acerca de los recuerdos del personaje de Facundo y, sobre todo, de los consejos de su esposa Nora (una especie de Sancho Panza con los pies bien puestos en la tierra), con *Las raíces del odio* el autor no da tregua: el lector tiene que seguir los acontecimientos a toda velocidad, y la reflexión tendrá que venir, obligatoriamente, cuando termine la última página. *Las raíces del odio* es una novela corta, apenas cien páginas, pero de una intensidad inusitada que no da respiro al lector: es imposible soltarla. Y luego, es imposible olvidarla.

Los universos paralelos de Amir Valle

Giovanni Agnoloni

Nunca dejes que te vean llorar
(Novela, 2012)

Siempre he pensado que la vida es una red de sincronicidades que dibujan una forma coincidente o contrastante (en dependencia de varios factores) con la raíz de nuestra vocación personal.

Creo que, a la base de todo el resto, es este el significado más profundo de *Nunca dejes que te vean llorar*, novela de Amir Valle que tuve el placer de traducir al italiano.

La figura de Charlie Chaplin es el verdadero hilo conductor de todo el libro, a través de los episodios relacionados con la sustracción de su cuerpo por parte de algunos fanáticos neonazis en 1978, el secuestro del actor y director planeado por Hitler en 1941, y el que Ernesto Guevara, junto con un grupo de jóvenes revolucionarios, habría querido realizar en Miami en 1952, raptando también a Marilyn Monroe y Joe DiMaggio.

Estas historias paralelas, aunque sigan sus trazas independientes, tienen un espíritu consonante, plenamente expresado por el cuarto, dramático asunto –en mi criterio, el más importante, porque les da a todos los demás un aire común. Se trata de la terrible vicisitud de Anika, una neonazi arrepentida, que, en el presente, entrevistada por el autor (aunque él le haya cambiado nombre) le ha confesado todo lo que le pasó por culpa de un grupo de extremistas de derecha que, tras imponerle la participación en varios actos violentos, la había violado porque ya no quería tomar parte en sus actividades, habiendo sido inspirada y salvada por las imágenes de las películas de Chaplin, y en particular por *El gran dictador*.

La calidad especial de esta novela, muy rica de aventura y apasionante, es que en ella confluyen y se unen la horrible verdad de la Historia, en la que se revela la crueldad y la mezquindad del ser humano, y la poesía de una narración "novelada", y sobre todo capaz de reproducir de forma impactante las atmósferas de Berlín, de Miami y de los otros lugares evocados, de modo que el lector se encuentra envuelto en muchos universos paralelos, pero unidos por una energía que los impregna a todos.

Precisamente a esto me refería cuando, antes, escribí que la vida es una red de coincidencias. En efecto, el sentido más escondido –pero, después de todo, evidente– de estos diferentes itinerarios mentales y factuales, es simple, y se reduce a la alarmante copresencia del odio y de la encantadora (y absolutamente no obvia) fuerza del amor.

Descubrir al héroe bajo la piel

Luis Pulido Ritter

Hugo Spadafora. Bajo la piel del hombre
(Biografía novelada, 2013)

El autor Amir Valle, cubano, periodista y escritor, nos ha entregado una "biografía novelada" (ver entrevista Hugo Spadafora: un hombre del futuro), con la que solventa la dificultad historiográfica, la ausencia de datos y la tergiversación, con la ayuda de la ficción para darnos un hombre de su época (y la nuestra) en toda su dimensión humanista, política y familiar. Aclaremos: no se trata de que la ficción reemplace a la realidad, tampoco que la ficción y la realidad se fundan en una especie de "realismo mágico", no. De lo que se trata es que la ficción entra donde los datos y las informaciones llegan a su límite, es decir, bajo la piel del hombre que ningún registro "objetivo" puede darnos. Esta "biografía novelada", que es contada en tercera persona por un autor omnisciente (que, por cierto, también reconoce sus límites como buen periodista que es) recurre a las técnicas y pesquisas de la investigación, como la entrevistas (más de doscientas), la revisión de documentos familiares (memorias escritas, notas y conversaciones) e históricos, periódicos y revistas. Pero también la visita directa a los lugares que, en la corta e intensa vida de Spadafora marcaron su vida, como Guinea Bissau en África.

El libro se divide en diecinueve capítulos, incluida la última página, los agradecimientos y la bibliografía. En la última página, el autor nos habla, un poco de manera positivista, de la siguiente manera. "...desde el primer momento manifesté mi intención de escribir una biografía autorizada imparcial en la cual se impusiera la verdad de los hechos por sí mismos y no una u otra visión (negativa o positiva) sobre la vida y accionar político de Hugo Spadafora".[2] En efecto, hay que imaginarse el reto de Valle para reconstruir a su personaje en medio de la gran maraña de información, documentos y anécdotas. Hay que encontrar un hilo, una línea, y, en este sentido, el autor no solo se sometió a la "verdad de los hechos". El Hugo Spadofora que leemos es el personaje que también supo construir el autor, un personaje que, como muy pocos en aquel momento, vivió los años más idealistas de la lucha anticolonialista como guerrillero al lado de Amílcar Cabral a finales y principios de la década del sesenta y setenta en Guinea Bissau.

En Panamá no se han escrito prácticamente biografías de los personajes políticos que marcaron el siglo XX en el país. A excepción de la de Belisario Porras, no existen biografías de Arnulfo Arias y, más sorprendentemente aún, del General Omar Torrijos Herrera, quien firmara en 1977 el tratado que le devolvería a Panamá su ansiado Canal. Tampoco de Remón Cantera y de otros personajes políticos, populares e históricos, que han marcado la vida del país. Y para no cerrarnos con respecto a la gran tragedia de un país, no se puede dejar de afirmar que, si hay un personaje en la historia política de Panamá, que a quien se le debería escribir una biografía, precisamente por sus maldades, sus traiciones y sus múltiples juegos con los norteamericanos, los revolucionarios y el narcotráfico, es al siniestro Manuel Antonio Noriega, que, para expulsarlo del poder, fue necesario una intervención militar (norteamericana) que le costó la vida a cientos de panameños que murieron calcinados por bombas y metralla en una terrible noche de diciembre de 1989, poco días después de haber sido derrumbado el muro de Berlín, terminándose con este acontecimiento uno de los capítulos más trágicos de la especie humana, donde las guerras y los muertos los pusieron los países del llamado Tercer Mundo.

En este sentido, la "biografia novelada" de Hugo Spadafora es el recorrido y la re-construcción de una vida, de un joven idealista y puro, que ya para la década del ochenta (después del heroico y limpio triunfo Sandinista de la cual él fue partícipe como guerrillero) no pertenecía a la realidad de una Guerra Fría que había degenerado en lo más sucio que la política podía ofrecer en la región, donde la traición, el poder y

---

[2] **Nota de la Editora**: Véase Valle, *Hugo Spadafora. Bajo la piel del hombre* (Panamá: Aguilar / Santillana, 2013), 675.

el narcotráfico (sin distinción de ideologías y fronteras políticas) se unieron en una danza macabra, cuya una de las víctimas fue precisamente Spadafora al ser asesinado –según todas las indicaciones, pruebas y sospechas– por orden de Noriega. No era un mundo para Spadafora. Él fue víctima de una constelación de intereses donde las desprestigiadas ideologías y los intereses reales de poder saltaban y cruzaban a todos aquellos que, ingenuamente, creían todavía que la revolución y la democracia en la podrida Centroamérica de la época (¿es diferente hoy?) era un asunto de caballeros con buenos modales de comportamiento y buenas intenciones.

Como muy bien se afirma en la "biografía novelada": Centroamérica es corrupta. Y Hugo Spadafora estaba muy lejos de prestarse a la corrupción. Pero su idealismo, que muy bien expresa el texto, deja para mí algo bien claro: el hombre terminó sacrificando a su familia. Y su propia vida. Solo la ingenuidad le permitía seguir creyendo que, en Panamá, podía estar a salvo. No hay capítulo del libro donde no respiremos a este hombre que, con cuarenta y cinco años, había sido médico, guerrillero y viceministro de Torrijos.

Amir Valle tiene la capacidad de entregarnos páginas hermosas, diálogos fuertes y convincentes, de este hombre en las diferentes estaciones de su vida. Nos llama la atención la presencia de la selva, de los ríos y, justamente, de la muerte, ecos y variaciones de Conrad en las Américas y en África. Pero, de hecho, el Spadafora ideológico y político no ahoga al Spadafora de cuerpo y sangre. Sabemos qué chaqueta le gustaba, que tenía problemas con las uñas de sus pies, y que era mujeriego, como él personaje mismo nos lo hace saber. Podemos imaginarlo cómo hablaba, cómo caminaba y cómo era en el campo de batalla. Además, las fotos que están intercaladas en el libro nos ponen a Spadafora en su contexto familiar, de origen italiano, una experiencia familiar que nos conmueve, porque sus hermanos y padres reclamaron y reclaman justicia por el asesinato de este hijo querido tanto por su familia como por Panamá.

Amir Valle, con su "biografía novelada", sacó a Hugo Spadafora del olvido.

Pícaros, ilusos y palabras amordazadas[1]

Raúl Rivero

Palabras amordazadas. Censura cultural en Cuba
(Ensayos, 2016)

De todas las argucias que el régimen cubano despliega para convencer a propios y extraños de su supuesta voluntad de cambios las que van de cabeza al pozo brujo y sin tiempo para los últimos son las que tienen que ver con la censura, el control de la prensa y la literatura y, en general, con el universo de la libertad de expresión.

En otras zonas del escenario nacional el gobierno liberó unos racimos de plátanos burros o manzanos, permite unas mesas particulares en ciertos restaurantes y le dio a los cubanos el privilegio de forrar botones, como una muestra de los avances hacia el capitalismo de *uantutri* que ellos promueven.

Ahora bien, los anuncios sobre una eventual flexibilidad en el dominio de la libertad para escritores y periodistas siempre son imprecisos y sombreados. Y todavía nadie ha podido ver, en ese campo, ni un solo crecer o comercializarse un plátano en libertad, ni se han visto botones forrados en los ojales de las guayaberas.

Esos mensajes que prevén, en un porvenir sin almanaques, nuevos tiempos para los medios y la libertad individual tienen receptores dentro de la geografía de la isla y algunos otros en el exterior. El problema es que tantos los creyentes de Cuba como los del extranjero estuvieron representados en las reuniones donde se hicieron los planes quinquenales para los esperanzados y allí recibieron la tarea de esperanzarse. También es verdad que pueden existir ilusionados por cuenta propia.

---

[1] **Nota de la Editora**: Publicado en *El Nuevo Herald*, 9 de julio de 2016.

A todos ellos, a los ilusos que vendrán, a los creyentes que les conviene dejarse engatusar y a quienes quieran conocer un testimonio original de la censura en Cuba les recomiendo un libro de notas escritas por Amir Valle (Guantánamo, 1967). Lo acaba de publicar la editorial Eva Tas Fundation, de Ámsterdam, y se titula *Palabras amordazadas*.

La trascendencia de esta colección de trabajos radica, entre otras cosas, en que Valle hace una travesía por algunos de los más importantes episodios de la censura en su país a lo largo de medio siglo. El viaje empieza allá por 1959 y termina en estos tiempos que, como se sabe, algún día llamarán antiguo. El escritor hace ese periplo asistido por la fuerza de su dominio del idioma y por la sensibilidad que lo han convertido en un prosista de renombre internacional. Valle vive ahora exiliado en Alemania.

Sí, hay que leer este libro de Amir Valle porque es un corrientazo contra la propaganda y las triquiñuelas del régimen. Una obra que completa y actualiza el panorama del sistema de la censura castrista con un prólogo lúcido y de alta temperatura de Ángel Santiesteban Prats, otro autor perseguido en Cuba.

Ellos dos lo que cuentan en el libro son sus experiencias como testigos especiales de la orfebrería y la pasión de la dictadura por amordazar palabras y matar ideas.

Bitácora de obsesiones literarias y estéticas[1]

Alberto Garrido

Nostalgias, ironías y otras alucinaciones
(Cuentos, 2017)

No lo crean: no siempre Amir Valle tuvo este aspecto bonachón y pacífico de las fotos de contratapas de sus libros; cuando lo conocí era un muchacho imberbe con cara de terrorista. Y lo era, en cierta forma, porque sabía que iba a dinamitar cada género que abordaría (cuento, novela, ensayo, testimonio, crítica literaria) con una mirada a la vez sucia y lírica.

Amir siempre ha sido controversial. Desde aquella tarde (era un *enfant* terrible) en que anunció a los gendarmes culturales al grupo Seis del Ochenta,[2] una propuesta estética diferente que, además "trataría temas tabúes". Luego de convertirse en un exiliado involuntario, al serle impedido su regreso a la isla, ha seguido siendo fiel a este anuncio lapidario. Sus atrevimientos policiales pintan el bajo mundo de esa Centro Habana que conoció tan bien. Sus ensayos hablan de la libertad y de la corrosión de esa

---

[1] **Nota de la Editora**: Prólogo al libro aquí mencionado, adaptado por el autor especialmente para esta edición.

[2] **Nota de la Editora**: Seis del Ochenta, integrado además por el autor de este texto, así como por Amir Valle, José Mariano Torralbas, entre otros, surge en Santiago de Cuba, en 1984, bajo la tutela de Eduardo Heras León. Su novedad, como grupo literario, fue el tratamiento de temas escabrosos (*Tabú* fue el título de la publicación editada por el grupo, de tirada corta) y de hechos recientes de la historia de Cuba como las contiendas bélicas, en especial la de Angola, desde otra perspectiva: la desmitificación de la heroicidad a través de una narrativa realista e irreverente que desembocaría en la ya célebre *novísima* literatura. Véase Valle, *Brevísimas demencias. La narrativa joven cubana de los 90* (La Habana: Extramuros, 2000); véase además, Ette y Reinstädler, *Todas las Islas La Isla.*

libertad en las sociedades totalitarias. Se atrevió a jugar con la cadena y mató al mono en una de sus obras más celebradas por la crítica: la novela *Las palabras y los muertos*, mostrando la corrupción de los poderes políticos. Describió como nadie el universo de la prostitución y el tráfico inhumano entre las dos orillas.

Mientras leía los cuentos de este libro, recordé cómo empezó nuestra amistad: la lejana, seductora, ondulosa y caliente Santiago de Cuba. El imán que nos unió fue la literatura, tan poderoso que salió un grupo que inquietaría a la burocracia, a la inseguridad del Estado, a los mismos escribas establecidos. Mucho camino se ha recorrido desde entonces, mucho lodo en los pies y mucho viento en contra. A contracorriente, se mantiene incólume la dignidad, el hambre de escalar la cumbre, de escribir un libro mejor que nos eternice, mientras damos testimonio en el difícil oficio de nombrar las cosas.

Hace poco estaba en Santiago de Cuba, en una especie de librería privada, parte de un proyecto que alimenta un amigo común, el escritor Yunier Riquenes. Me estaban grabando una entrevista para *Claustrofobias*. Una joven entró y preguntó si había algo de Amir Valle. "Nada", dijo Yunier (los libros de Amir en Cuba se venden como pan caliente y han desaparecido de todas las librerías: los lectores no le dieron tiempo a los censores, la mejor de las justicias poéticas). "¿Qué estudias, niña?" "Contabilidad". Le dije que tenía la versión digital de *Habana Babilonia*. "Ya la leí", dijo. "También *Si Cristo te desnuda* y *Muchacha azul bajo la lluvia*". Mencionó varios textos. "Me encanta", dijo. "¿Por qué?", quise saber. "Porque escribe la verdad". Es cierto: la obra de Amir es un pacto con la verdad, ruleta rusa, sinceridad esquiva, interrogación del mundo. El escritor, ese gran mentiroso, entre los artistas es el más comprometido con la verdad.

Amir Valle es el caballo ganador de nuestra generación. Ambos sabemos que la literatura no es una carrera de caballos, pero si quiero referirme al ímpetu, a la ambición (literaria), a la visión del oficio de escribir como un sacerdocio, a las horas nalgas en la fragua de nuevos mundos posibles, en mi generación, o tal vez en las dos últimas generaciones, no hay otro que se le acerque. Gana por una cabeza, por un cuerpo completo. También es el escritor más serio que conozco (cosa rara cuando vemos que se trata de un autor popular). No trata a la escritura como una amante (es mi pecado, y me cobrará las cuentas) sino como una diosa inasible. Tampoco les está haciendo muecas amables a sus lectores para que lo compren en Amazon. Creo que ama los libros más que el resto de la cofradía que milagrosamente somos los escritores nacidos literariamente en los ochenta. Una pasión que solo puedo comparar con su fidelidad a construir puentes, a sumar amigos.

También tiene el libro más leído en Cuba en su versión digital: *Habana Babilonia* es el best-seller subterráneo de los lectores cubanos. Lo leen amas de casa y abogados, estudiantes y retirados, generales y doctores. Se pasa de memoria en memoria, por email y bluetooth, de una laptop a otra. Miles de computadoras de empresas del gobierno tienen un archivo oculto, un virus (en definitiva, eso es la obra del escritor que pasea el espejo a lo largo del camino). Irónicamente, mientras se le impide el acceso a su nación, sus libros contaminan las redes, ganan cientos de miles de lectores. Es el triunfo de la literatura sobre la política. Del escritor contra el pesquisidor. De la libertad contra el inmovilismo.

Amir es un curiel literario (sospecho que se ha autoclonado para atender sus negocios, sus libros, sus eventos y su familia). Tiene más de treinta libros publicados. Nuestro Stephen King. Y con más premios que el ron Bacardí. Debo decir algo que siempre he pensado: nuestra generación tiene muy buenos escritores, con excelentes novelas, pero siempre intuyo que la mejor novela de nuestra generación saldrá de las manos y de las pesadillas de mi hermano. Tiene todo lo que hace falta: ha vivido lo suficiente y ha leído más de lo necesario (en mi decálogo personal sostengo que para escribir una página no solo se deben de haber leído mil páginas, sino haber vivido mil vidas), domina todas las técnicas a su antojo, tiene una buena esposa (nadie sopesa bien la importancia de esto), y vive en el exilio, que es bueno cuando no nos mata, como ha hecho con algunos de nuestros mejores escritores. Y Dios está de su lado, como con Paul Auster o C. S. Lewis. Y lo sé por esas puertas abiertas, desde que humilló su corazón en una modesta iglesia metodista a donde le acompañamos Guillermo Vidal y yo una noche de extraños desafueros, de regeneraciones.

Ahora nos entrega sus cuentos escogidos, una antología personal de un género al que le ha dedicado treinta años y más de diez libros. Son *sus* cuentos. Aquellos por los que quisiera ser recordado. Y lo primero que quiero remarcar es que va a ser recordado, sin dudas. Con *Nostalgias, ironías y otras alucinaciones* nos acercamos a un texto ejemplar, al mejor libro de cuentos de Amir, porque no solo es una bitácora de sus obsesiones literarias y estéticas, sino porque la factura, la técnica, se oculta, se escamotea para dejar que lo más importante brille: los personajes.

No veremos en este libro ninguna pirotecnia liviana de la que tanto abunda en la literatura actual. Son cuentos de una redonda madurez: marginales, sórdidos, lúcidos, irónicos. Por ratos se deja ver algún guiño intertextual, especialmente de amigos de armas (escritores queridos por el autor) y de figuras conocidas en otros ámbitos (el Duque Hernández, cuyo record en victorias y derrotas sigue vivo en la pelota cubana, o Eloy Gutiérrez Menoyo y Patricia, su hija, quien quiso tender un puente de amor entre las orillas que fue dinamitado por el terrorismo cultural, el miedo y el lambonismo oficialista).

Las historias son sucias, dramáticas, huelen a vida y la vida suele oler mal. Pero a pesar de eso, no resienten la amargura política, el discurso panfletario (de izquierda o de derecha da lo mismo). Tampoco resienten de las faltas imperdonables de ese realismo sucio que se suele escribir en Cuba y que parece una mala traducción de una obra de Bukowski. Detrás de la sordidez, del barro en el espejo, hay una mirada lírica (casi nadie sabe que los primeros escritos de Amir fueron décimas y textos para niños, algo que él ha ocultado muy bien, y esta pequeña delación le hará lamentar haberme escogido para escribir este texto). También se percibe a un narrador que parece perdonar a sus personajes, que les da la absolución en la confesión de sus historias, de sus dramas.

Entre los personajes, los femeninos. En su grandeza se escapan de la mano del autor, de su machismo inconfesado. Laura, la envilecida puta que ama a su proxeneta, es uno de los mejores personajes femeninos de la literatura cubana. Selene, no es otra historia de SIDA y de muerte: es la recuperación de la pureza. Sarai, encuentra la libertad en el lienzo de un pintor... Como ven, intento no detallar las historias (aunque mi mayor deseo es revelarlas, como ese loco de los cines que solemos detestar cuando dice a gritos la próxima escena).

Los personajes se mueven entre una Habana ruinosa, un Madrid inhóspito y un París aburrido. No son los lugares los que construyen la secreta belleza de los hombres. Es la muerte, la cercanía de la muerte, la vida breve, esta puta vida. No haber encontrado propósito, la existencia que fluye y no ancla en algo que los salve. O haberlo encontrado y perderlo, por esos incidentes que repentinamente resetean toda una vida.

No quedaremos indiferentes con ninguno de los relatos. Las revelaciones de un mundo moderno enajenante son monstruosas, las caídas son más hondas que las de los cuatro argentinos que planean lanzarse de la torre Eiffel, las confesiones se parecen a algo que hemos vivido, visto u oído. Como en Donoso, los personajes son monstruos hermosos, porque no saben el origen de su monstruosidad.

Los lectores suelen gustar de esa mirada aleccionadora, descarnadamente realista, de las novelas de Amir. Aquí quedarán nuevamente complacidos. Pero se sorprenderán con otros relatos en los cuales las fronteras del realismo y lo fantástico se funden y confunden. Desconocidos para mí hasta hoy: "Celda 23" (que juega testimonialmente con una sorprendente concurrencia: el stand de Patricia Gutiérrez Menoyo en una Feria del Libro está en el mismo lugar donde fue torturado su padre, texto cuyo final es formidable) y "Una pesadilla tan gris como la muerte," que da tributo a Kafka y a Orwell, a las secretas esperanzas de una isla que, citando a uno de sus personajes, parece una cárcel.

Amir Valle te entrega su mejor libro de cuentos. Yo agradezco el privilegio de haberlo leído antes. Y le agradezco a Dios por haberme privilegiado con la amistad de este hermano que siempre tiene tiempo para los amigos, que alegra con su sonrisa eterna. Que parece bueno incluso cuando se equivoca. Que ahora mismo está soñando su próximo libro. Y como sé que los prólogos son inútiles, que existen para ser saltados olímpicamente, y que hace rato dejaron de leerme para ir a lo que importa (los cuentos), aquí lo termino.

CUARTA PARTE
AMIR VALLE: A TÍTULO PERSONAL

"Creo, como Pessoa, que uno participa de todos los hombres, que uno es una suma de no-yos sintetizada en un yo postizo. Pero también creo que el escritor se pasa la vida huyendo de esa posible circunstancia de ser una suma de otros hombres, una especie de pastiche de otras individualidades. La obsesión de Pessoa de cambiar de piel en su obra y hasta en su vida es una prueba de esa necesidad de huir. En mi caso particular, lo he dicho otras veces, gravita esa verdad: cada hombre es la suma vital de la experiencia acumulada por él y por quienes le antecedieron sanguínea y biológicamente hablando, y es, además, un espejo donde se reflejan muchas luces y sombras de ese entorno histórico, geográfico y político en el cual ha nacido y respira. Pero, también, los cubanos cargamos con una obligación impuesta por las circunstancias históricas: se nos mira, se nos clasifica, se nos analiza, se nos entiende (o no se nos entiende) desde la perspectiva histórica de lo que ha significado nuestra pequeña islita para la Gran Historia del mundo moderno. Eso refuerza aún más ese espíritu de multiplicidad, esas otredades añadidas a nuestra esencia, que carga con naturalidad, sin notarlo, cada ser humano. Y eso, por supuesto, al menos a mí, me ha impuesto una rabia mayor a la hora de luchar por ser cada día más Amir Valle, el tipo imperfecto y lleno de defectos que soy, que además de cubano es un hombre como cualquier otro, pero alguien distinto."

AMIR VALLE en conversación con Rita Martín.
Blog *Grafoscopio*, 11 de agosto de 2010

Notas biográficas

Amir Valle

(Guantánamo, Cuba, 6 de enero de 1967).

Nombre literario de Amir Valle Ojeda. Escritor, ensayista, crítico literario y periodista, es considerado una de las voces esenciales de la actual narrativa latinoamericana. Su obra ha sido elogiada además por escritores de la talla de los premios Nobel de Literatura Gabriel García Márquez, Mario Vargas Llosa, Gunter Grass y Herta Müller, entre otros.

Es autor de más de treinta libros en los géneros de cuento, testimonio, ensayo y novela, publicados en varios idiomas y países. Ganador de los más renombrados premios su país, entre los cuales destacan, el Premio UNEAC de Literatura de Testimonio 1990 por su libro *En el nombre de Dios*; el Premio Nacional "José Soler Puig" de Novela por *Si Cristo te desnuda* y el Premio Nacional de Novela Erótica de 2000 y 2002 con sus novelas *Muchacha azul bajo la lluvia* y *Los desnudos de Dios*, respectivamente. Fuera de la isla ha obtenido, entre otros, el Premio Internacional de Cuento "Casa de Teatro", 1999 por *Un viejo Café en el París de entonces*; el Premio Internacional de Novela Mario Vargas Llosa 2006 con *Las palabras y los muertos*; el Premio Internacional Rodolfo Walsh 2007 al mejor libro de no ficción publicado en lengua española en el mundo con *Jineteras*; el Premio Novelpol 2007 a la mejor novela negra editada en España con *Santuario de sombras* y el Premio Internacional de Novela Negra Ciudad de Carmona 2008 con su novela *Largas noches con Flavia*.

Licenciado en Periodismo por la Universidad de La Habana en 1989, estudió los dos primeros años de su carrera en la Universidad de Oriente y, en 1986, se trasladó a La Habana, donde concluyó sus estudios. Durante su vida en Cuba fue miembro de la Unión Nacional de Escritores y Artistas de Cuba (UNEAC). Es miembro, además, de la Asociación Internacional de Escritores Policíacos (AIEP).

Como crítico ha seleccionado y prologado las antologías: *Los muchachos se divierten* (en colaboración con Senel Paz. La Habana, Cuba: Editora Abril, 1989), *El ojo de la noche*, (narrativa femenina cubana de los años 90. La Habana, Cuba: Editorial Letras Cubanas, 2000), *Té con limón* (narrativa erótica femenina en Cuba. Santiago de Cuba, Cuba: Editorial Oriente, 2002), *Caminos de Eva. Voces desde la isla* (cuento cubano contemporáneo escrito por mujeres en Cuba. San Juan, Puerto Rico: Editorial Plaza Mayor, 2002), *Como elefantes blancos* (selección de los más reconocidos autores premiados en el Concurso Nacional de Cuentos "Ernest Hemingway". La Habana, Cuba: Ediciones Extramuros, 2003), *Zgodbe S Kube* (cuentos del siglo XX cubano traducida al esloveno en colaboración con la traductora Veronika Rot. Ljubliana, Eslovenia: Editorial Sodobnost International, 2007), *Inocencias prohibidas* (cuento actual en Iberoamérica. San Juan, Puerto Rico: Editorial Terranova, 2011) y *Lava Negra* (cuentos policiales latinoamericanos. Madrid, España: Editorial Verbum, 2013).

Cuentos suyos han sido publicados en varias de las más reconocidas antologías en Cuba y otros países, entre las que destacan la antología *Líneas Aéreas* de la editorial española Lengua de Trapo, que reunió en 1999 a los más destacados narradores jóvenes de Latinoamérica por países, y *Aire de Luz*, realizada también ese año en Cuba con los mejores cuentos publicados en el siglo XX en la isla. Además, su obra literaria y periodística fue publicada en la isla en los más importantes órganos culturales, entre ellos, *El Caimán Barbudo*, *La Gaceta de Cuba*, *Revolución y Cultura*, *Revista Casa*, *La letra del Escriba*, *Cauce*, *Habáname*, *Bohemia*, así como en más de un centenar de revistas de Europa, Estados Unidos, América Latina, Australia, Asia y África.

Ha sido invitado e impartido conferencias en universidades e instituciones culturales de casi todos los países del mundo, excepto África, y se ha desempeñado como jurado en los más importantes premios literarios de Cuba, así como en premios internacionales convocados en Colombia, España, Estados Unidos, México,

Alemania, Francia e Italia, por sólo citar a los más reconocidos de una larga lista.

Combinando sus labores profesionales como escritor e intelectual con su preparación como periodista, encabezó durante un año los proyectos editoriales Revista Electrónica *Letras en Cuba* y Boletín Electrónico *A título personal* (ambos interrumpidos por la censura del gobierno) y mantuvo en *Cubaliteraria*, publicación digital del Instituto Cubano del Libro, una sección quincenal titulada "Perfiles de Narrativa". También fue hasta el 2004 guionista del espacio televisivo *EntreLibros*, del Instituto Cubano del Libro, el programa más importante de su tipo en el país para la promoción del libro y el autor cubanos.

A mediados de la década del ochenta fundó en Santiago de Cuba el grupo literario *Seis del Ochenta* considerado uno de los movimientos literarios de avanzada en su generación. A este período debe Valle la consolidación de su dominio en las técnicas narrativas, así como la creación y dirección a su cargo de varios talleres y peñas literarias, labor que se hizo más intensiva y mantuvo durante varios años una vez que se fue a vivir a La Habana, en 1986. Ya en la capital, se desempeñó como asesor para varias casas editoras nacionales y como Coordinador General en la isla de la Colección Cultura Cubana, de la Editorial Plaza Mayor, de Puerto Rico, trabajo en el cual seleccionó y editó más de una veintena de importantes títulos de destacados escritores cubanos de la isla y el exilio.

Su labor docente podría catalogarse como multidisciplinar y va más allá de las fronteras geográficas y culturales. Fue profesor del Seminario de Técnicas Narrativas que inauguró el proyecto cultural UNIVERSIDAD PARA TODOS, uno de los espacios priorizados en la Televisión Cubana y del Centro de Formación Literaria "Onelio Jorge Cardoso", dirigido por el prestigioso intelectual cubano Eduardo Heras León. Ha ofrecido conferencias, talleres, seminarios y cursos sobre técnicas tanto narrativas como periodísticas de televisión, radio y prensa escrita, en Alemania, Argentina, Colombia, España, Estados Unidos, Francia, México y Puerto Rico.

En el terreno de la comunicación social y el periodismo, hasta su salida de Cuba fue miembro de la Unión de Periodistas de Cuba (UPEC), de donde fue expulsado en 2005, como represalia contra la clandestina circulación de su libro *Habana Babilonia* sobre la prostitución en Cuba, que fue leído en copias digitales piratas por cientos de miles de cubanos, convirtiéndose, según la crítica, en el mayor bestseller clandestino underground en la historia de la literatura cubana.

Es Especialista en Periodismo Internacional (Área Medio Oriente).Trabajó durante varios años como periodista, guionista y director de programas en la Radio y la Televisión Cubanas, en las provincias de Cienfuegos y La Habana. En esta labor obtuvo el Premio Nacional de Documental Televisivo 1989 con "El Martí que conocemos" y el Premio al Programa Histórico no Dramatizado, en el Festival Nacional de la Radio Cubana en 1992.

Como documentalista, en 1999, colaboró en la redacción del guión y en el proceso de filmación del documental FIDEL, sobre la vida de Fidel Castro, dirigido por la realizadora norteamericana Estela Bravo.

Desilusionado por razones personales del periodismo que se hace en su país decidió abandonar su labor periodística activa en 1992 para dedicarse de lleno a la literatura y a colaboraciones con revistas y agencias de noticias extranjeras. Durante ocho años trabajó en la revista española *Contrapunto de América Latina*, a cargo de la sección Agenda Cultural. Como periodista escribe regularmente para importantes periódicos latinoamericanos, europeos, de Estados Unidos y del mundo árabe, aunque su labor se concentra actualmente en el análisis político de América Latina, Terrorismo Internacional y Medio Oriente, especialidades en las que instituciones como Naciones Unidas y UNESCO lo consideran Experto Internacional.

En el 2005, mientras asistía a una nueva gira literaria en Europa –en esta ocasión con motivo a la promoción de su novela *Santuario de sombras*–, le fue negado el permiso de regreso a Cuba por parte de las autoridades cubanas, escenario ante el cual la Fundación Heinrich Böll le concedió una estancia de seis meses en la que fuera la Casa de Campo del Premio Nobel alemán, período tras el cual el PEN Club Alemán le otorgó la beca "Writers in Exile" por tres años. Desde 2006 vive en un destierro forzado en Berlín, donde trabaja como Analista Político en los servicios televisivos de la agencia alemana Deutsche Welle, es profesor de Ciencia, Cultura, Política e Idioma en el Instituto de Idiomas del Ministerio de Relaciones Exteriores alemán, y dirige desde 2007 *OtroLunes - Revista Hispanoamericana de Cultura* (www.otrolunes.com), catalogada como una de las revistas culturales más importantes de la lengua castellana en internet.

LAS VOCES DE LA MEMORIA...

Amir Valle

Tiempo en cueros
(Cuentos, Cuba, 1988)[1]

En marzo de 1982, con quince años, escribí el primer cuento de este libro que, casualmente, sería mi cuento más antologado durante los próximos 10 años y el que me concedería mi primer premio nacional: "Abuelo en dos tiempos". El último cuento, "Manana", lo terminé de escribir en agosto de 1984. Eran tiempos de muchas lecturas, mucha experimentación y una escritura compulsiva: escribía hasta cuatro cuentos a la semana, de los cuales rompí, por suerte, la mayoría, salvándose sólo los que integran ese libro, con el que gané el Premio "13 de Marzo" en 1986, que entonces era el más importante premio para noveles escritores. El impacto del libro fue muy positivo.[2] Aunque en aquellos tiempos creí haber alcanzado el Olimpo, hoy sé que es un libro imperfecto; sin dudas, menor, pero creo que en él se encuentra la génesis de esa mezcla de ingenuidad, asombro y violencia con la que, según he podido comprobar, siempre enfrento la escritura.

***

---

[1] En este capítulo se consigna únicamente la fecha y el país de la primera edición de cada libro.

[2] **Nota de la editora**: El crítico cubano Francisco López Sacha definió entonces a Valle como una *rara avis* del cuento cubano. Véase "El Cuento ante la Crítica Cubana: Un Fiscal Silencioso frente a un Niño Travieso". El término es atribuido al escritor cubano Guillermo Vidal, al referirse a su "literatura fantástica que le hizo destacar como una *rara avis* del cuento cubano a inicios de los años 80, la cuentística de Amir Valle transitó hacia un realismo descarnado, duro, críticamente certero y estilísticamente maduro que lo convierte en un autor de referencia obligada para su generación y para el cuento cubano de los últimos 20 años". Guillermo Vidal Ortiz, Presentación del libro de Valle *La danza alucinada del suicida*. Las Tunas, 1999.

Yo soy el malo
(Cuentos, Cuba, 1989)

Fue un libro escrito entre enero y marzo de 1985. Quizás sea este mi primer acercamiento crítico a la literatura, en tanto escritor realista. Fue un libro que pretendía seguir las pautas de mi maestro y mentor en esa época, el cuentista Eduardo Heras León, máximo representante de la llamada "narrativa de la violencia". Y esa obsesión, creo yo, le concedió a este cuaderno de cuentos a un mismo tiempo su lado más débil y su fortaleza. La debilidad: que yo acababa de entrar a la carrera de periodismo en la Universidad de Oriente, en Santiago de Cuba y quise contar las cosas que me molestaban desde una perspectiva ajena, la de la otra épica. Pero la fortaleza de esta obra, en eso concuerdo con la crítica, está en el hecho de haber sido pionera en el abordaje crítico de la realidad cotidiana de los jóvenes universitarios, mostrando una cara del "hombre nuevo" que, por cierto, no gustó a las autoridades y que demoró su publicación hasta casi tres años después.[3] El libro ganó la primera mención del premio David de la UNEAC en 1986, sólo superado por el que sería un clásico poco después: *Se permuta esta casa*, de mi colega y amigo Guillermo Vidal. Y, pese a los elogios que ha recibido, de ese libro rescato ese espíritu de cuentinovela con el que fue concebido, pero realmente lo considero un libro flojo y salvo un solo cuento: *Sobre unos ojos azules y una arruga*, que fue precisamente el primero que escribí.

***

---

[3] **Nota de la editora**: Según el sitio web del autor, *Yo soy el malo* ha sido reproducido, en el Boletín del Taller Literario "Luis Díaz Eduardo," de Santiago de Cuba, *La Palma*, enero-abril (1985); en *Talleres Literarios* (La Habana: Editorial Letras Cubanas, 1985), 15; y en *Revista El cuento* 111-112 (1989), 590-594. No es, de sus cuentos, el que más se ha destacado en este sentido: esa mención le corresponde a *Abuelo en dos Tiempos* que ha sido recogido, en el Boletín de la Universidad de Oriente *El Taller* 4 (1984), 5, bajo el título *Del más allá*; en *Talleres Literarios* (La Habana: Editorial Letras Cubanas, 1984), 16; en *Revista Unión* 4 (1985), 92; así como en numerosas publicaciones periódicas locales y nacionales.

En el nombre de Dios   y   ***Con Dios en el camino***
(Testimonio, Cuba, 1990)   -   (Testimonio, Reino Unido, 2000)

Estos dos libros fueron el resultado de mi hermandad, durante los tiempos universitarios, con estudiantes palestinos. *En el nombre de Dios* (escrito en 1986) fue mi primer suceso literario de ventas y el libro que me convirtió en un autor perseguido por los lectores. El libro ganó en 1988 el Premio "Rubén Martínez Villena" de Testimonio en el más importante premio nacional de la época, el UNEAC. Posteriormente, en 1992, escribí la segunda parte, *Con Dios el camino*, publicada únicamente en una pequeña edición bilingüe en Reino Unido. Aunque son libros basados en testimonios reales de palestinos a quienes pude entrevistar, o de historias que ellos me contaron, en ambos casos, primaba una visión muy parcializada, que complacía la perspectiva política desde la que el gobierno cubano enseñaba en la prensa el conflicto israelo-palestino. La desinformación y la manipulación oficial que existía priorizando sólo la versión palestina de este conflicto me hizo caer en un desbalance que llega a ser, incluso, antisemita. Años después, cuando pude estudiar a fondo todas las versiones, decidí que estos dos libros no debían volver a ser reeditados.

***

Quiénes narran en Cienfuegos
(Ensayos, Cuba, 1993)

Aunque según las normas editoriales cubanas se trata de mi primer libro de ensayo literario, lo considero más bien un folleto (de muy mala calidad editorial) que reproduce un acercamiento crítico a la obra de los más importantes narradores de la provincia de Cienfuegos. En los momentos en que se escribe (1991) me encontraba yo haciendo el servicio social en la emisora Radio Ciudad del Mar y había sido seleccionado Presidente de la Asociación de Escritores de la filial de la UNEAC en esa provincia, funciones en las cuales conocí de cerca a los escritores cienfuegueros.

***

Ciudad Jamás perdida
(Novela, Suecia, 1998)

Fue mi segunda novela (la primera, aún inédita, se titula *Paramorio*) y fue la primera de mis obras publicada fuera de la isla. La única versión que existe de esta obra está en sueco, pues aún no ha sido publicada en español. Se trata de una novela de aprendizaje, excesivamente experimental, aunque con mucho trabajo en la perfección del lenguaje, en la cual nuevamente acudo a una visión crítica sobre asuntos como la censura, la doble moral y el monopolio estatal de la información en Cuba, desde la perspectiva de un periodista, que es el personaje principal. El periodista, al modo del K. de Kafka en El Castillo, atraviesa una serie de sucesos absurdos que lo enfrentan a un poder invisible pero omnipresente y al final debe decidir. La decisión, sin embargo, la debe proponer el lector, pues la novela tiene tres finales para elegir. No la he publicado en español nunca, pues pese a tener momentos que considero excelentes, me parece una novela absolutamente inmadura artísticamente.

***

Ese universo de la soledad americana
(Ensayo, Colombia, 1999)

Es un largo ensayo sobre la obra de Gabriel García Márquez, con la cual obtuve el Premio Internacional de Ensayo "Próspero Morales Pradilla," de Colombia. Curiosamente, pese a haber sido publicado en un folleto en Colombia, es una obra perdida, porque no poseo ningún ejemplar de dicha impresión, y en un accidente de mi computadora perdí el texto original. Sí recuerdo que la tesis del ensayo era confrontar la recreación de universos paralelos que propone la escritura garciamarquiana con la propia tesis de este autor sobre la soledad americana como circunstancia inseparable de "lo americano."

***

La danza alucinada del suicida
(Cuentos, Cuba, 1999)

Originalmente escrito en 1995 y titulado *Cuatro gatos sobre una urna*, terminó llamándose *La danza...* con la inclusión de cuentos escritos entre 1996 y 1999 y la eliminación de la mayoría de los que integraron la primera versión. Fue este libro el origen del que vendría posteriormente, pues de los siete relatos que lo integraron finalmente, seis serían incluidos en la cuentinovela *Manuscritos del muerto*. La estructura original de *Cuatro gatos...* (la historia de un periodista que llega a un sitio perdido donde funcionan unas raras leyes que buscan controlarlo todo en la vida de las personas) fue la columna vertebral de *Manuscritos...* en la primera versión. Como datos curiosos puede decirse que ganó el Premio Nacional de Cuento "Manuel Cofiño" convocado en la provincia de Las Tunas, y que tiene el mérito de haber sido mi libro con récord de erratas (cerca de 100), en la edición (¡¡¡horrenda!!!) que publicó la editorial Sanlope de Las Tunas.

***

Manuscritos del muerto
(Cuentos, Cuba, 2000)

Como ha escrito el narrador y ensayista Alberto Garrandés,[4] editor de este libro en la editorial Letras Cubanas, las autoridades impidieron que se publicara en su versión original, con la cual había sido finalista en el prestigioso Premio Internacional Casa de las Américas en 1994 y, por mediación de mi mentor literario, Eduardo Heras León, me convencieron para eliminarle el texto que lo convertía en una cuentinovela (una historia independiente que iba uniendo los cuentos), así como para quitar un par de relatos. Accedí a lo primero, pero no a lo segundo. Reconozco que fue una decisión errada en mi desespero por publicar pues, además de

---

[4] Alberto Garrandés, "Oleaje de la memoria (IV)", *Hypermedia Magazine*, La Habana, 12 de septiembre de 2017.

233

alterar el formato real, despojé al libro de las numerosas lecturas que le proporcionaba la configuración con la que fue concebido.[5]

***

Brevísimas demencias: La Narrativa Cubana de los 90
(Ensayos, Cuba, 2001)

Considero que, más que un libro de ensayos, es el mapa literario de una generación. Fue concebido con un claro propósito: demostrar que ya habíamos dejado de ser esas "promesas de la literatura" en la que insistía en encasillarnos la crítica hecha por las generaciones anteriores. Respondía el libro a un deseo generacional de reconocimiento: nuestras obras se publicaban en las más importantes editoriales del país, ganaban los más prestigiosos premios en Cuba y fuera de la isla, y seguían considerándonos sólo como "promesas", cuando ya nuestros libros hacían propuestas superiores en calidad y aportaciones temáticas y estilísticas que las propuestas que años atrás habían hecho las generaciones que pretendía seguirnos colgando el cartel de "aprendices". Como bien reconocen mis colegas, aprendí de maestros como Eduardo Heras León y Salvador Redonet, el arte de viajar por toda la isla, leer todo lo posible que estuviera inédito y, además de analizar los valores de mis colegas generacionales, descubrir nuevos nombres. Gracias a las investigaciones que hice para este libro, por ejemplo, pude publicar después a las que han sido en los últimos años las más reconocidas escritoras, concediéndoseme el mérito de ser el único escritor que ha publicado tres antologías de cuentos escritos por mujeres: *El ojo de la noche* (1999), *Té con limón* (2002) y *Caminos de Eva* (2002).

***

---

[5] **Nota de la Editora**: No obstante, varias piezas narrativas incluidas en *Manuscritos...* están entre los cuentos más antologados del autor, entre ellos, "Mambrú no fue a la guerra", seleccionado para integrar la selección de los mejores cuentos cubanos del siglo XX, en la antología *Aire de luz* (Letras Cubanas, 1999).

234

Las puertas de la noche
(Novela: España, 2001)

Es el resultado de las investigaciones periodísticas para escribir mi libro de no ficción *Habana Babilonia* o *Prostitutas en Cuba*. Luego de varios años de búsquedas en el mundo de la marginalidad y la prostitución, tuve en mis manos casos reales que no podían ser incluidos en el libro, pues se salían del tema directo de la prostitución. Por ello decidí novelarlos, y así nació mi serie de novelas negras *El descenso a los infiernos*. En este caso, se trató de un caso de prostitución infantil: turistas italianos fueron apresados por las autoridades cubanas obligando a niñas y niños a prostituirse y, pese a ser del conocimiento público, la prensa oficial le dedicó apenas un artículo muy general en el periódico *Juventud Rebelde*, en 1997. El impacto popular de aquel fenómeno, que incluía la muerte de un menor, me lanzó a buscar y gracias a un amigo policía, sobornando, pude acceder al expediente policial. Y logré saber que ese no era el primer caso que la policía había registrado en esos años.

Como he dicho en algunas entrevistas, en esta novela (y en la serie) rindo homenaje a un personaje real (Francisco Alexander Vargas Machuca, "Alex Varga" en la ficción), una especie de alcalde de la marginalidad, a quien conocí porque era el abuelo de una de mis más queridas amigas de la escuela secundaria. También he dicho que quise confrontar la cosmovisión de este personaje (que había sido guardaespaldas de Meyer Lansky antes de 1959) con un policía novato, ingenuo, hijo de diplomáticos, criado en buena cuna y, por ello, desconocedor del ambiente y las leyes del bajo mundo marginal habanero. Mi problema era que fuera de Cuba nadie creería que eso existía (por la imagen edulcorada que la propaganda de la Revolución ofrecía sobre la realidad cubana) y yo necesitaba un personaje que, mediante el asombro propio por su ignorancia, fuera "descubriéndose" a sí mismo esa otra cara oculta de Cuba, al tiempo que "se la descubría" al lector no cubano. Esa táctica, en esta primera novela de la serie, la reforcé colocando junto al investigador a mi alter ego: Justo Marqués, un periodista que fuera de los cauces oficiales realizaba una investigación sobre la prostitución y la marginalidad.

Fue la novela que me abrió las puertas de Europa. Publicada por una pequeña editorial (Malamba) que desaparecería poco después, tuvo la suerte de ser elegida por el diario español *El País* como la novela latinoamericana más impactante publicada ese año, 2001, en España; honor que compartí con un bestseller mítico: la novela *Hit List*, del inglés Lawrence Block.

***

Muchacha azul bajo la lluvia
(Novela, Cuba 2001)

Increíblemente, esta novela nace de una broma generacional. A mitad de la década del 90, cuando nuestra generación estaba protagonizando fuertemente el escenario nacional de las letras cubanas, en un evento literario en Las Tunas, Guillermo Vidal se quejó de que a él, a Jesús David Curbelo, a Alberto Garrido y a mí algunos extremistas, puristas de la literatura, nos catalogaran de "pornógrafos" porque en nuestros cuentos utilizábamos con mucho desenfado las escenas de sexo. Entonces, como respuesta, lanzó un reto: "vamos a ponernos de personajes en nuestras historias, como protagonistas de escenas duras de todo tipo de sexo". Él lo hizo en algunos de sus cuentos, Curbelo también, Garrido lo hizo en una de sus novelas. Pero lo curioso es que yo siempre quedaba muy mal en sus historias: o me ponían los cuernos, o era impotente, o eyaculador precoz..., así que decidí vengarme. Y como por ese tiempo estaba releyendo el relato "Aura" de Carlos Fuentes, decidí encerrarlos en la mansión de un viejo escritor, frustrado, al que tenían que ayudar a organizar una biblioteca, al tiempo que servían para él de escritor negro (sin saberlo escribían la más grande novela erótica de este Maestro), y donde, para humillarlos, tres fantasmagóricas y sádicas mujeres les hacían horrores en lo sexual. Esa idea original, debo decirlo, fue derivando hacia un juego que se convirtió en un reto muy serio. Obviamente, de algo así, puede esperarse lo que sucedió: fue un hit de ventas.

***

236

Si Cristo te desnuda

(Novela: Cuba 2001)

Es la única de mis novelas negras publicada en Cuba, gracias a que ganó el Premio Nacional de Novela "José Soler Puig" 1999. Basada en otro caso real, y protagonizada nuevamente por el viejo Alex Varga y por el investigador policial Alain Bec, cuenta un crimen pasional homosexual. Fue una novela que escribí en apenas 5 días. Desde que anoté el caso, me anduvo persiguiendo la foto que había encontrado en el expediente policial que también conseguí. ¿Por qué esa obsesión? Porque tras las críticas que recibí luego de la publicación de la primera novela de esta serie, *Las puertas de la noche* (me acusaron en Cuba de inventar una realidad "que era imposible que existiera en Cuba") decidí hacer lo posible e imposible por conseguir los expedientes de todos los casos sobre los que iba a escribir. De ese modo, si aparecía alguien intentando negar la veracidad de lo que yo ficcionaba, podría mostrarle las pruebas. Y lo conseguí.

Una tarde, mirando el mar desde la azotea de mi edificio en Centro Habana, me vino la imagen con la que empiezo la novela, me colé en el rincón donde tenía la computadora, junto al tanque del agua del edificio, y allí estuve encerrado hasta casi las dos de la madrugada. Fui a dormir y desperté a las cinco y tantos del día siguiente y seguí escribiendo. Y así toda esa semana, sin salir de la casa, sólo metido en aquel ambiente. No sabía qué carajo me pasaba, sólo que aquello estaba saliendo. Cuando la terminé, como hago con todo, me dije que la dejaría descansar. Y eso hice, durante 10 días. Cuando la retomé, apenas cambié algunas comas. No creo que sea una obra perfecta, pero algo me decía que no debía corromper el espíritu con el que fue creada. Así que es la única de mis obras que nunca he retocado. Y en verdad, fue un éxito de crítica impresionante, con reseñas favorables en casi todos los periódicos españoles cuando, en 2002, la publicó la editorial española Zoela, dirigida por Nicole Cantó, que se enamoró de ese libro desde el primer momento.

***

Entre el miedo y las sombras

(Novela, España, 2003)

Cuando el escritor cubano, Justo Vasco, organizador de Semana Negra de Gijón, la leyó en la edición de Zoela, dijo: "esto merece un premio, hermano. Es una de las más poderosas novelas de tesis que he leído". Y no se equivocó: poco después, gracias a la acogida de la crítica y los lectores, estuvo entre las cinco finalistas nominadas al más importante premio del género en lengua española, el Dashiell Hammett, que se concede cada año a la mejor novela negra. La tesis que sostuve era simple: había una ética de la marginalidad en los barrios cubanos, resultado de décadas de frustración de la gente de a pie con respeto a las promesas de los políticos. Tanto antes de 1959, como en las décadas del período revolucionario, la delincuencia en aquellos barrios no podía verse sólo como una degeneración social sino como un mecanismo de resistencia a la inoperancia de los gobiernos, además del único modo que tenían millones de cubanos de sobrevivir en un mundo centrado en el discurso político y la ideología. Y en ese ámbito de problemas sin solución, sin embargo, existían relaciones entre el bajo mundo marginal y el alto mundo de la política, y eran ellos los verdaderos culpables de un nuevo flagelo social: el creciente poderío de las bandas de narcotraficantes, algo que en Cuba sólo había existido antes de 1959. Por supuesto que, al inicio, las autoridades me atacaron por decir eso, pero luego tuvieron que reconocer la existencia de ese flagelo públicamente.

***

Los desnudos de Dios

(Novela, Cuba 2004)

Es otro juego literario que terminé en primera versión en junio de 2002. A inicios de ese año, un amigo escritor argentino me pidió que lo acompañara a comprar libros a la Plaza de Armas y uno de los libreros quiso venderle en 500 dólares una edición príncipe de Platero y yo, de Juan Ramón Jiménez que, aseguraba el librero, estaba anotada en los bordes de algunas páginas por Lezama. "Es de los libros que se robaron de la casona de Lezama hace unos meses", me susurró, cómplice. Fue así que me enteré de que unos ladrones habían entrado en la Casa Museo de José Lezama Lima y, cuando pregunté a algunos amigos, supe que entre los documentos perdidos parecía haber algunos manuscritos eróticos antiguos, de origen amerindio, que supuestamente habían pertenecido a Anais Nin, que habían llegado a manos de Julio Cortázar y que este le había regalado a Lezama en una de sus visitas a Cuba en los años 60. La curiosidad me hizo buscar tras esa pista y lo que encontré fue tan confuso, pero tan novelesco, que decidí escribir una novela, sin pretender entonces que fuera erótica. Pero el ritmo mismo de lo que contaba le imprimió ese sentido.[6]

***

Últimas noticias del Infierno
(Noveleta, España, 2005)

Se ha dicho que es una de las pocas obras escrita en Cuba sobre los límites que puede alcanzar la violencia por la intolerancia hacia la homosexualidad. Si lo es o no, lo que me importa es que se trata de un homenaje al viejo Alex Varga, y que esta historia le ocurrió a él en realidad. Yo mismo fui testigo de esos duros momentos. Quizás por eso sea el libro de esa serie que más me desgarró mientras lo escribía. Estaba reviviendo algo que yo había podido vivir, y que todavía hoy me cuesta creer: la mutilación y desmembramiento de un homosexual en un ritual de venganza tiznado de una falsa religiosidad. La primera versión, un relato largo, fue escrita en 2003 y publicada en la colección Casa Ciega en 2005. La historia fue tan impactante para críticos y lectores que durante años estuvieron pidiéndome que la ampliara y la llevara a novela. Yo siempre me resistí, pese a que la considero una de mis obras más gráficas, más contundentes, más descarnadas y más cercanas a la estética que creo representar: esa mezcla entre la frialdad narrativa de Erskine Caldwell y esa precisión dramática de Juan Rulfo. La reescribí en el frío invierno berlinés de 2013 en la versión que publicó la editorial española Palabarista en 2014.

---

[6] **Nota de la Editora**: Con esa novela Valle obtuvo, por segunda vez, el Premio Nacional de Novela Erótica "La Llama Doble", esta vez en su edición de 2003.

239

***

Santuario de sombras
(Novela, España, 2006)

Fue un reto claro que creo haber logrado. Durante la semana negra de Gijón de 2004, uno de los temas más recurrentes fue la acusación de que la novela negra estaba resultando cada vez más facilista, que se la ponía fácil al lector y que el verdadero riesgo era contar una historia bien negra con las técnicas de la más alta literatura. Por esos días, casualmente, para un taller de técnicas que estaba impartiendo en Cuba, releí dos obras que me marcaron cuando las leí a mis 14 años: *Mientras agonizo*, de Faulkner, y *La muerte de Artemio Cruz*, de Carlos Fuentes. Como cristiano he aprendido que las coincidencias no existen: uno de los protagonistas de mi novela era en la realidad un hombre traumatizado que, al perder a su familia, asesinada en altamar por traficantes de personas, había comenzado a hablar en plural, asumiendo que sus dos hijos y su esposa vivían dentro él. Desde que lo entrevisté para un trabajo periodístico oficial, me dije que podía ser personaje de una novela y que, obviamente, contaría la historia en el tono de su rotundo e inseparable "nosotros". Así que cuando revisité las novelas de Faulkner y Fuentes, supe que el resto de los personajes debían contar su historia en otras personas gramaticales, y así surge la polifonía de esa "novela coral" (así la ha llamado la crítica), que cuenta la verdadera historia de cubanos sobrevivientes al tráfico de personas por mar entre Cuba y la Florida.

***

Jineteras - Habana Babilonia: La cara oculta de las jineteras
(Testimonio, Editorial Planeta, 2006)

Estos son dos títulos para una misma obra. Y he escrito tanto sobre su génesis e impacto que intentaré resumir. El causante del ya famoso "mito Amir Valle" en Cuba y el culpable de mi destierro. El único libro en toda la historia de la literatura cubana que fue censurado personalmente por Fidel Castro. Mi obra más

240

traducida, más estudiada en las universidades del mundo, más elogiada y más atacada.[7] El libro que, al publicarse por gestiones personales de los colombianos Santiago Gamboa y Álvaro Castillo Granada, abrió las puertas de mi literatura al reconocimiento internacional. El libro al que le debo tener una costilla flotante (por una de las palizas que sufrí mientras investigaba), haber ido a parar tras las rejas de una oscura estación de policía en varias ocasiones, ser expulsado de la Unión de Periodistas de Cuba ("por usar sus derechos como periodista para fines no autorizados"), estar parado delante de un tribunal de justicia por única vez en mi vida, convertirme en el centro de acoso de la policía política supuestamente, según sus palabras, para "devolverme a la senda correcta" y poseer la fortuna de cientos de miles de lectores cubanos (que me leyeron en la clandestinidad) y no cubanos, en las numerosas ediciones que ha tenido este libro desde que en 2007 ganó el galardón más importante del género: el Premio Internacional "Rodolfo Walsh" a la mejor obra de no ficción publicada cada año en lengua española... en fin el libro que más detesto y más quiero.

***

Las palabras y los muertos
(Novela, Seix Barral 2007)

Es una novela de anticipación (la historia ocurre tras la muerte de Fidel Castro y fue terminada cuando aún nadie imaginaba que éste dejaría el poder). Y está marcada por mi admiración a Vargas Llosa. La escribí gracias a él, la mandé a un premio con su nombre

---

[7] **Nota de la Editora**: *Habana Babilona* se considerada el mayor bestseller clandestino no publicado en la historia de las letras cubanas (véase, en esta edición, las palabras de Alberto Garrido en la página 215). Es un "fascinante estudio", como lo catalogara el escritor español Manuel Vázquez Montalván, sobre la historia de la prostitución en Cuba, desde los tiempos de conquista y colonización españolas hasta la contemporaneidad, que recoge testimonios y documentos de archivo. Esta obra de no ficción ha sido traducida al alemán, al francés y, más recientemente, al inglés y ha servido de fuente para otras investigaciones sobre el tema.

(y lo gané), y finalmente él la elogió, propinándome el mayor impulso promocional en mi carrera como escritor.

En el epílogo a la edición homenaje que la editorial española Almuzara hizo por los 10 años de la primera edición de este libro, cuento muchos detalles de esa magia que rodeó siempre a este libro, que es, sin dudas, luego de *Habana Babilonia*, mi obra más reconocida internacionalmente. Y toda esta andadura comenzó cuando Vargas Llosa y yo coincidimos en Santo Domingo, República Dominicana, donde él iba a presentar *La fiesta del Chivo* y yo mi *Manuscritos del muerto*. Prefiero reproducir aquí un fragmento de ese epílogo:

> Por eso, cuando coincidimos en la Feria Internacional del Libro de Santo Domingo en la primavera del 2000 (Vargas Llosa presentando su fabulosa *La fiesta del Chivo* y yo mi imperfecto libro de cuentos *Manuscritos del muerto*), fue tal el impacto (duplicado esa misma noche con la lectura maratónica de aquella novela sobre el dictador Trujillo, que me regalara el escritor y político dominicano Marino Berigüete) que me decidí a emprender de una vez por todas un viejo proyecto sobre el cual tenía el más terrible de los miedos: esta novela, *Las palabras y los muertos*.
>
> Uno de mis hobbies es coleccionar cosas: desde estilográficas raras (en Cuba quedó una colección de más 150 piezas) hasta los chistes populares de ese niño travieso que siempre tiene cada país y que, en el caso de Cuba, se llama Pepito (seis mil chistes conservo aún en mis archivos digitales). Siguiendo ese vicio, desde 1997 me había dedicado a recoger y escribir en pequeños bloques de texto en mi computadora las versiones de la historia de mi país que le escuchaba a la gente del pueblo, con la intención de escribir algo que por entonces no lograba determinar qué podía ser. No era la historia oficial, ésa que se publicaba en los libros de historia o en la prensa; ni tampoco era la historia que contaban algunos participantes directos de esos momentos históricos que habían sido excluidos por sus posiciones contrarias a los que monopolizaban el poder político. Era un modo muy íntimo, muy silencioso, diríase que *underground*, que había encontrado el cubano de a pie

de explicar los sucesos ocurridos en Cuba en los últimos años; sucesos usualmente distorsionados por la desinformación y por la manipulación oficial de la verdad: el pueblo intentaba encontrar la verdad en base a lo que creía pudo haber pasado y así reconstruía la historia.

Una tarde de diciembre de 1999, el escritor Guillermo Vidal (en opinión de muchos, uno de los grandes y más originales novelistas cubanos, junto a Carpentier, Cabrera Infante y Soler Puig) llegó de visita a mi casa, se sentó en mi ordenador a trabajar en una versión de una novela que debía mandar a concurso por esos días, vio la carpeta que decía "Historias de la otra historia de Cuba" y se puso a leer los apuntes que yo había hecho.

–¿Te has fijado que aquí tienes una encojonada novela histórica? –me dijo en ese tono suyo tan desparpajado y honesto al hablar. Y me aconsejó ordenar aquellas historias cronológicamente para que descubriera que, a pesar de haber sido recogidas al azar en diversos momentos durante esos años, tenían un hilo invisible que las unía.

Lo hice tiempo después, más por obligación técnica que por deseo, y era cierto: cada vez que revisaba esos apuntes (lo hacía sólo casualmente, insisto, cuando tuve que pasar los archivos de un disco duro viejo a otro nuevo), me repetía que curiosamente todos gravitaban alrededor de un personaje: Fidel Castro y, debo confesarlo, nunca pensé emprender el proceso de escritura de una novela con aquellos datos por tres razones: la primera, porque no sabía cómo poner en una obra de ficción la compleja personalidad de Fidel; la segunda, porque no me atrevía a lanzarme contra una de las prohibiciones oficiales impuestas a la creación literaria en Cuba: ¡cuidado con la forma en que se escribe de los símbolos patrios y de los míticos dirigentes de la Revolución!; y la tercera, porque no tenía idea de cómo encarar una novela histórica cuya trama todavía estaba sucediendo.

La lectura de *La fiesta del Chivo* (que me había regalado mi amigo, el escritor dominicano Marino Berigüete) esa noche del 2000 en el Hotel Santo Domingo, echó por tierra todos esos obstáculos: creí encontrar todas las claves que necesitaba. Y ya estando en el avión, de regreso a Cuba, a falta de papel me dispuse a escribir en una de las páginas en blanco del inicio de otra novela que también me había regalado mi amigo Marino: *Los carpinteros*, de Joaquín Balaguer, como se sabe, casualmente, uno de los protagonistas de *La fiesta del Chivo*.

Aunque, ya siguiendo el consejo de Guillermo Vidal de ver aquello como una posible novela, había hecho un croquis y un esbozo de algunos capítulos el 8 de enero del 2000 (terminaría la cuarta y última versión el 12 de octubre del 2005), en aquella página en blanco de *Los carpinteros*, el 5 de mayo del 2000, a 30 mil pies de altura sobre el mar, escribí las que fueron las primeras palabras...

...

En todo el tiempo que duró la escritura de esa novela (inicialmente titulada *A la sombra de Dios* y con título definitivo *Las palabras y los muertos*, gracias también a una conversación con Guillermo Vidal sobre las palabras con las que la revolución encubría sus muertos) solamente me atreví a dársela a leer a tres personas: el primero, mi amigo poeta y narrador Nelton Pérez (quien me confesó que pasó días torturado con la realidad que le impuso la lectura del primer capítulo, por el impacto que en él causó enfrentarse a la posibilidad de que Fidel alguna vez, también y como cualquier mortal, iba a morir), a mi querido hermano el novelista Guillermo Vidal (quien me dijo que yo estaba definitivamente loco aunque le auguró un gran futuro a la novela de la que leyó cinco fragmentos aislados) y al también escritor y periodista Armando León Viera, que la leyó completa y me ayudó en una de sus primeras revisiones totales a mediados del 2005.

Aún así, no creía en la novela. Tanta carga de historia y el hecho de que sus personajes fueran esos políticos que hoy gobiernan mi país, me hacía dudar de si había valido la pena tantos años de escritura. Fueron el escritor cubano Justo Vasco, el periodista español José Manuel Martín Medem, el profesor universitario salvadoreño Luis Pérez-Simón y el poeta y narrador cubano Ladislao Aguado (que la leyeron aún inédita en total complicidad) quienes me decidieron, con sus criterios, a mover la novela en el mundo editorial y de los premios literarios.

***

Tatuajes
(Novela, Puerto Rico, 2007)

Este es otro de los libros que se desprenden de mis investigaciones para *Habana Babilonia*. Es, en simples palabras, la versión novelada de la vida de Susimil /Loretta La Farona, la principal entrevistada que sirve de hilo conductor a casi toda la estructura de mi libro sobre la prostitución, a quien encontré en el aeropuerto durante mi primer viaje a México, país al cual ella emigraba gracias al matrimonio con un feo, pero rico empresario mexicano. En todas las conversaciones que tuve con ella durante mi estancia en el Distrito Federal, me contó muchos detalles sobre sus sueños, familia, problemas cotidianos, frustraciones, que se salían de la temática central de *Habana Babilonia*, pero que sí eran esenciales para entender las circunstancias sociales y familiares que la llevaron a convertirse en una de las prostitutas más conocidas en La Habana. La novela se interrumpe justamente antes de su salida de Cuba y novela el que ella consideraba el período más desgarrador y negro de su vida. El primer fragmento de esta novela lo escribí precisamente en México en octubre de 1993, luego de que ella me contara un momento que había sido terrible para ella mientras estuvo en Cuba: la muerte del travesti que la había acogido en su casa como una hermana cuando ella huyó de la prostitución a la que la forzaba su marido, un diplomático cubano destituido de sus funciones por corrupción. La historia de ese travesti acompaña a la historia de Susimil en la novela. Pude leerle el capítulo y aún recuerdo haberla visto llorar. Al regresar a Cuba interrumpí la escritura de la novela, y la volví a retomar tres años después, en 1996, cuando supe que Susimil, igual que su querido amigo el travesti, había muerto de SIDA en Francia. Terminé la primera versión en octubre de 1998 y la dejé reposar hasta que en septiembre de 2001 decidí revisarla y hacerle la reescritura definitiva, que fue publicada en la editorial Terranova.

***

Largas noches con Flavia
(Novela, España 2008)

El 2 de agosto de 2002 terminé de escribir la primera versión de esta novela, que por fecha de publicación se convirtió en la sexta de mi serie negra, aunque fue la tercera que escribí (después de *Las puertas de la noche* y *Si Cristo te desnuda*). Originalmente se llamó *La montaña del diablo*, pues el título definitivo surgió el mismo año en que la envié a concurso (2008). Tras la revisión que hice del texto, que llevaba años guardado en mi computador, mi esposa Berta la leyó y me hizo un comentario curioso: "¿te has fijado que las noches que Alain pasa con Flavia se sienten como muy largas, por la tensión y el terror que hay en esas escenas?" y ese elogio me hizo saber que el nombre debía estar conectado a esos momentos, a esas noches, que son esenciales para la trama. Y es esa novela en la que aparece un elemento que luego conectará con la siguiente, aún inédita, *Los nudos invisibles*: la mujer de Alain y su hijo visitan a su familia en Miami, y eso me permitirá, en las obras siguientes, insertar nuevas problemáticas que me interesan y que ya había tocado de algún modo en dos novelas anteriores (*Entre el miedo y las sombras* y *Santuario de sombras*): las conexiones entre la marginalidad cubana en Miami y la marginalidad habanera.

***

La nostalgia es un tango de Gardel
(Cuentos, Francia 2008)

Es uno de mis dos libros publicados en edición bilingüe (*Con Dios en el camino* fue publicado en Londres, en español y árabe), en este caso alternando el español y el francés. Imbuido en el mundo de la novela, género al cual dediqué durante casi 10 años prácticamente todo mi tiempo de escritura, fui dejando a un lado el género cuento, que me había apasionado y centrado mi labor durante mis años en Cuba. Fue en un chat con uno de los cuentistas más reconocidos de mi generación en América Latina, el boliviano Edmundo Paz Soldán, quien me preguntó si yo sólo escribía novelas, pues andaba buscando textos para una antología, cuando noté que en los últimos seis años (desde 2002 hasta 2007) apenas había escrito un cuento por año. Y cuando el editor de Equi-librio Editions me contactó, interesado en incluirme en su colección de literatura latinoamericana, le ofrecí una colección con esos cuentos, algunos de los cuales habían sido publicados solamente en revistas, antologías y sitios de internet.

***

La Habana. Puerta de las Américas
(Historia, España, 2010)

Fue un reto que me lanzó el escritor español Jesús Lens Espinosa de los Monteros, que en ese tiempo asesoraba a la editorial AlMed, especializada en libros de lujo con historias de grandes ciudades y grandes personajes de la historia. "¿Te animas a escribir TU VISION de La Habana?", me dijo, y realmente fue como si me estuviera diciendo: "ahí tienes la oportunidad que estabas buscando: escribir sobre tu ciudad más querida, rescatándola para ti de manos de quienes te la arrebataron al desterrarte". Y eso fue: un tiempo de revisitación y rescate. Me propuse contar la historia de La Habana, pero no desde la perspectiva clásica de los libros de historia, que ya de esos hay bastantes, sino desde una mirada más humana, a través de los personajes que protagonizaron esa historia. Y así, además de revisitar la historia de la ciudad que viví hasta que las autoridades me impidieron regresar a ella luego de uno de mis viajes a Europa, condenándome al destierro que ahora mismo habito, pude revivir las sensaciones, los sueños, y los amores y desamores de otros cubanos que, como yo, pisaron esas calles en distintas épocas. Fue un proceso liberador: cuando terminé ese libro, descubrí que muchas de las rabias y los odios acumulados por la impotencia de que me expulsaran de esa ciudad, literalmente habían desaparecido.

***

Las raíces del odio

(Novela, España, 2012)

En mayo del 2007, mientras asistía a una de las presentaciones de mi novela *Las palabras y los muertos*, publicada por Seix Barral ese año, se me acercó una muchacha, que había leído el más publicitado de mis libros: *Jineteras* (Editorial Planeta, 2006), sobre la prostitución en Cuba. "Yo fui jinetera", me dijo. "Vine a Alemania hace un año porque ni en Cuba ni en España me siento segura". Pero no me buscaba para contarme nada sobre sus años de prostituta en Cuba. "Quiero contarte la historia de cómo los neonazis españoles mataron a mi hermano en Cuba". Y allí, sentados en las mesas exteriores de un bar en Kreuzberg, bajo una cada vez más rara primavera alemana, me contó una terrible y muy triste historia. "¿Te atreverás a escribirla?", preguntó, esperanzada, y muy triste. Y eso hice. Es una novela corta que escribí entre el 8 y el 16 de enero de 2007 mientras afuera caía una de las nevadas más grandes que he visto en Berlín. Fue un libro que, además, regalé (cedí mis derechos de autor) a los fundadores de la editorial cubano-española El barco ebrio (habían sido alumnos míos de los talleres de escritura creativa que impartí en Cuba), pues buscaban nombres de autores ya consagrados para su naciente catálogo y me habían contactado. En 2009 volví a encontrarme con la muchacha, quien me hizo una historia que me conmovió: había comprado el libro en la única presentación que se hizo en Berlín, lo había llevado a Cuba y estuvo horas sentada en la tumba de su hermano, leyéndole la novela. Me mostró el video que había hecho y, no sé por qué, pero puedo jurar que se la veía como en paz, y que no había ni una pizca de tristeza en sus palabras: "no tienes idea del hoyo del que me has sacado a mí y a mi familia". dijo.

***

Nunca dejes que te vean llorar

(Novela, Grijalbo, 2015)

Se publicó primero en italiano (*Non lasciar mai che ti vedano piangere*, Edition Anordest, Italia, 2012), tres años antes de que se editara en español. Es una novela que quería escribir desde un encuentro que tuve en el año 2001 con el escritor paraguayo

Augusto Roa Bastos. En esa ocasión, hablando sobre procesos creativos vinculados a la realidad, le oí decir algo así como esto: "Las coincidencias históricas son el mejor material para las grandes novelas", y luego le oí hablar, casi discursar, sobre las coincidencias históricas que convierten a hombres de talento en nombres imprescindibles de la historia universal. Casualmente, el ejemplo que puso fue el de uno de mis ídolos de infancia: Charles Chaplin. Él mencionó sólo un dato curioso: existían rumores de que Hitler había visto y elogiado la película *El gran dictador*, donde Chaplin lo ridiculizaba y se burlaba de su ideología. Me dije que sólo con esas dos tramas: Chaplin haciendo la película y Hitler viéndola, se podía hacer una novela. Pero, como muchos otros proyectos, este quedó guardado en mi cabeza y en las notas que escribí en mi computadora sobre la posible estructura.

Años después, ya viviendo en Berlín, leí una noticia que me haría retomar la idea: un artículo de prensa rememoraba el robo en 1978 del cadáver de Chaplin del cementerio en Suiza donde fue enterrado por su familia. Comencé a buscar compulsivamente y aparecieron otras rarezas exquisitas: una de las versiones sobre las causas del robo hablaba de un neonazi que pretendía escandalizar al mundo colocando el cadáver de Chaplin en el famoso podio en Nuremberg desde donde Hitler arengaba al pueblo alemán. Y, otra "coincidencia": diversos biógrafos del mítico Ernesto Ché Guevara, documentos personales del Ché y testimonios de amigos y familiares, referían que en 1952, en una corta estancia en Miami luego del primero de sus viajes por América Latina, creyendo que podría provocar un gran impacto mediático que denunciara al mundo la dura realidad latinoamericana, el argentino pensó en lo útil que sería secuestrar a la actriz Marilyn Monroe, al pelotero Joe Dimaggio y a Charles Chaplin con la intención de mostrarles la cara depauperada de esos países por los cuales él había viajado junto a Manuel Granados. Bajo esos nuevos presupuestos reestructuré esta novela que escribí entre el 8 de enero de 2008 y el 12 de octubre de 2009 y que, en pocas palabras, habla sobre el impacto universal de la obra de Charles Chaplin en la historia de los últimos cincuenta años del siglo XX.

***

Hugo Spadafora – Bajo la piel del hombre
(Novela biográfica, Aguilar-Santillana, 2013)

Comenzó siendo un libro por encargo y se convirtió en mi más amado empeño, pues vinculaba perfectamente al fanático de la historia que soy, al periodista que llevo siendo hace ya más de treinta años y al novelista que intento ser. Hugo Spadafora, un nombre mítico de la historia panameña, como diría García Márquez "no tenía quien le escriba". Fue torturado y decapitado en 1985 por sicarios del general Manuel Antonio Noriega, entre otras causas, por haber denunciado los vínculos de Noriega con el narcotráfico en América Latina. La familia Spadafora decidió que era hora de escribir un libro sobre Hugo y para ello contactaron al escritor y periodista colombiano Héctor Abad Faciolince, pues habían leído la novela testimonial que éste había escrito sobre el asesinato de su padre por fuerzas paramilitares. Héctor, que es un gran amigo, les dijo que no podía emprender algo así por sobrecarga de trabajo en esos momentos. Tiempo después, cuando fui contactado por la familia, Stella Mejía de Spadafora me envió el mensaje que Héctor les había escrito. Me vi ante una encrucijada porque también yo estaba cargado de trabajo, pero al leer aquel mensaje me di cuenta de que, sin saberlo (como luego le comenté), debido a los elogios que Héctor me prodigó, me empujaba al que ha sido el mayor de mis retos como periodista y escritor. Y es que no podía fallarle a él y tampoco podía defraudar a la familia que había recibido esta recomendación: "pero tengo al hombre perfecto, me atrevería a decir que el único que puede hacer ese libro: es un gran periodista, un novelista excelente, conoce como pocos la historia latinoamericana del siglo XX y, encima, es un especialista en el tema del narcotráfico en la región. Se llama Amir Valle".[8]

La familia me contactó y pagó todos mis gastos de viaje, investigación y demás empeños en la búsqueda de anécdotas sobre la vida de Hugo Spadafora. Viajé así por casi toda Centroamérica, consulté en Washington los archivos clasificados de la Biblioteca

---

[8] Carta de Héctor Abad a Stella Mejía de Spadafora, 17 de febrero de 2011.

250

del Congreso referidos al "Caso Noriega", entrevisté a todo tipo de figuras políticas de América Latina y Estados Unidos (desde el entonces senador John Kerry, los presidentes de Costa Rica Oscar Arias y Abel Pacheco de la Espriella, pasando por el mítico Comandante Cero (Edén Pastora) del Frente Sandinista de Liberación Nacional de Nicaragua, hasta el guardaespaldas que Omar Torrijos asignó a Hugo tras el triunfo del sandinismo en Nicaragua, guerra contra el dictador Somoza en la que Hugo fue uno de los comandantes.

El mayor reto, y así se lo hice saber a la familia, era escribir un libro que reviviera al personaje en toda su complejidad: con sus grandes virtudes y sus enormes defectos. Y logré convencer a la familia para que así fuera. Y como no quería escribir una simple biografía, lo cual hubiera sido más fácil, les propuse novelar (reviviéndola) la vida de Hugo, a través de las anécdotas que recogí en casi dos años de investigación. El proceso de escritura, de poco más de seis meses, fue agotador. No hice otra cosa, trabajando cerca de catorce horas cada día, descartando los miles de documentos que reuní y novelando las partes seleccionadas..., descansando sólo los domingos. Cuando terminé, mi estado de salud estaba tan mal, que necesité ingreso en una clínica de rehabilitación durante casi un mes. Pero es, después de *Habana Babilonia* y *Las palabras y los muertos*, el libro que más valoro.

***

Palabras amordazadas. Censura cultural en Cuba
(Eva TAZ Foundation, Holanda, 2016)

Publicado en la colección de ensayos que sobre la censura en distintas naciones del mundo lleva años editando esta prestigiosa fundación holandesa, este libro es un resumen de un proyecto mayor, inédito en estos momentos (2018), que se llama *La estrategia del verdugo. Breve historia de la censura cultural en Cuba*. Tanto en esta, su versión más reducida, como en esa otra obra de mayor extensión (poco más de una 350 páginas) se trata de un ensayo que propone un recorrido analítico por los más importantes sucesos de censura y represión cultural en Cuba, con la única intención de mostrar una realidad que la mayoría de los defensores y enemigos de la Revolución Cubana sólo observan en blanco y negro. Esta obra, a partir del hecho concreto de toda la importancia que ha tenido para el desarrollo de la Cultura Cubana el llamado "Programa Cultural de la Revolución" propone una radiografía sobre los errores, equivocadas estrategias políticas y atrincheramientos ideológicos que han empañado el proyecto social cubano en el terreno de la cultura.

***

Entre…Visto. Entrevistas a escritores. Volumen I
(Iliada Ediciones, Alemania, 2016)

Es un muestrario de una de mis facetas más reconocidas como periodista: la de entrevistador. En este caso, recoge las conversaciones que a lo largo de los últimos 20 años he sostenido con 21 de los más importantes escritores latinoamericanos, europeos y árabes, que han destacado en el escenario internacional de la literatura.

***

El rostro verdadero de Dios
(Literatura cristiana, Jahvé Ediciones, 2015)

Aunque no se trate de eso que conocemos como "literatura" en la terminología tradicional, este recuente estaría totalmente incompleto sin este libro. Más allá de mostrar los orígenes y causas de mi fe cristiana (soy cristiano protestante hace ya más de 20 años), este libro es necesario porque en él pueden encontrarse muchas de las razones de las visiones que ofrezco en mis libros "no cristianos". Ese humanismo, ese buceo en la miseria humana, ese desnudamiento de las imperfecciones del ser humano en la sociedad (la moderna y la cubana, específicamente), esa pelea constante por la defensa de la ética sobre la barbarie (términos estos que mencionan casi todos los análisis sobre mi literatura), no podrán nunca comprenderse en su verdadera connotación y profundidad si se aparta del campo de análisis mi fe en Cristo.

Producción literaria

Se consigna únicamente la primera edición de cada título.

Cuentos

Tiempo en cueros. La Habana, Cuba: Editorial Universidad de La Habana, 1986.

Yo soy el malo. La Habana, Cuba: Editorial Letras Cubanas, 1989.

La danza alucinada del suicida. Las Tunas, Cuba: Editorial Sanlope, 1999.

Manuscritos del muerto. La Habana, Cuba: Editorial Letras Cubanas, 2000.

La nostalgia es un tango de Gardel.Edición bilingüe: Español/francés. Lyon, Francia: Equi-Librio Editions, 2008.

Nostalgias, ironías y otras alucinaciones. Madrid, España: Editorial Betania, 2017.

Novelas

Serie negra: "El descenso a los infiernos":

Las puertas de la noche. Ávila/Madrid, España: Editorial Malamba, 2001.

Si Cristo te desnuda. Santiago de Cuba, Cuba: Editorial Oriente, 2001.

Entre el miedo y las sombras. Granada, España: Zoela Ediciones, 2003.

Últimas noticias del infierno. Madrid, España: Editorial EDAF, 2005.

Santuario de sombras. Córdoba, España: Editorial Almuzara, 2006.

Largas noches con Flavia. Córdoba, España: Editorial Almuzara, 2008.

Los nudos invisibles. Novela. INÉDITA

Otras:

Ciudad jamás perdida. Gotemburgo, Suecia: Dierung Edition Inc, 1998.

Muchacha azul bajo la lluvia. La Habana, Cuba: Editorial Letras Cubanas, 2001.

Los desnudos de Dios. La Habana, Cuba: Editorial Letras Cubanas, 2004.

Las palabras y los muertos. Bogotá, Colombia. Editorial Seix Barral, 2007.

Tatuajes. San Juan, Puerto Rico: Terranova Editores, 2007.

Las raíces del odio. Madrid, España. Editorial El barco ebrio, 2012.

Hugo Spadafora. Bajo la piel del hombre. Biografía novelada. Panamá: Aguilar / Santillana, 2013.

Nunca dejes que te vean llorar. Primera edición, en italiano: *Non lasciar mai che ti vedano piangere.* Villorba (TV), Italia: Edizioni Anordest, 2012. Primera edición en español: Bogotá, Colombia: Grijalbo, 2015.

No Ficción / Testimonio / Periodismo

En el nombre de Dios. Testimonio. La Habana, Cuba: Ediciones Unión, 1990.

Con Dios en el camino. Testimonio. Edición bilingüe: español/árabe. Londres, Reino Unido: Editorial Albar Editions Inc, 2000.

Jineteras. No ficción. Bogotá, Colombia: Editorial Planeta, 2006.

Habana Babilonia. La cara oculta de las jineteras. No ficción. Barcelona, España: Ediciones B, 2008.

La Habana: Puerta de las Américas. Periodismo/Historia. Granada, España: Editorial Almed, 2009

Entre...Visto. Entrevistas a escritores. Volumen I. Nerlín, Alemania. Iliada Ediciones, 2016.

Ensayos

Quiénes narran en Cienfuegos. Cienfuegos, Cuba: Ediciones Mecenas, 1993.

Ese universo de la soledad americana. Medellín, Colombia: Nexus Editora, 1999.

Brevísimas demencias: La narrativa cubana de los 90. La Habana, Cuba: Editorial Extramuros, 2001.

El rostro verdadero de Dios. Ensayo cristiano. Berlin, Alemania: Iliada Ediciones, 2015.

Palabras amordazadas. Censura cultural en Cuba. Ensayo sociocultural. Edición bilingüe: español/inglés. Maastricht, Holanda: Eva TAZ Foundation, 2016.

DE CARA AL FUTURO

En los momentos en que se elabora este libro estoy concentrado en dos proyectos de novela que considero ambiciosos y por ello me consumen mucho tiempo.

Por un lado, la novela *No hay hormigas en la nieve* (ya terminada, pero en etapa de revisión), que cuenta las historias de cubanos famosos que vivieron en Alemania en diferentes épocas del siglo XX: el violinista negro Brindis de Salas (que llegó a ser Músico de Cámara de Guillermo II); la única espía cubana que fue descubierta en tiempos de Hitler (una especie de Mata Hari, doble agente del FBI y las SS); un famoso diplomático cubano, que escapó de París a Berlín en los primeros años de la Revolución y se convirtió en un Mecenas de la Cultura; un traductor que laboraba en la embajada cubana en tiempos de la RDA y al ser contactado por la CIA, que lo quería reclutar como agente, fue descubierto por la Seguridad del Estado (Stasi) de la antigua República Democrática Alemana, cumplió prisión en Berlín y luego estuvo preso en Cuba por esa traición, y hoy es uno de los guías en la prisión de Hohenschönhausen de Berlín, la misma cárcel donde lo encerraron; y la historia de un jinetero cubano que se casó con una vieja alemana y llegó a ser en Alemania el representante multimillonario de los boxeadores cubanos que escapaban de la isla hasta que terminó arruinado y vive actualmente como dueño de un burdel de prostitutas cubanas en Berlín... Todo eso contado por un periodista cubano (mi alter ego, que cuenta mi propia historia de destierro)... Todas eran historias tan alucinantes que me demostraron, una vez más, que muchas veces la realidad supera la ficción, así que decidí novelarlas.

Por otro lado, en enero de 2018 comencé la escritura de una especie de "episodios nacionales cubanos" (así llamaría Benito Pérez Galdós a un empeño como este); novelas cortas de unas 120 cuartillas que he pensado agrupar en una serie titulada "Los infiernos sumergidos" y que contará la historia de la Revolución Cubana (una novela para cada año), ofreciendo en cada obra las visiones encontradas de dos protagonistas: uno que fue favorecido por la Revolución y otro que fue destruido por este mismo proceso, en un intento por que se puedan ver las dos caras de esa misma moneda. La primera de esa serie se llama *1959. Habana es nombre de mujer* y cuenta la historia de dos mujeres: una prostituta y una cantante de cabaret, ambas basadas en las historias reales de dos conocidos personajes de la Habana en 1959.

FIN

LOS AUTORES

(En orden de aparición en este libro)

LEONARDO PADURA. Escritor y periodista cubano. Es el escritor cubano más reconocido internacionalmente por su serie de novelas negras, históricas y sobre la realidad cubana actual. Premio Princesa de Asturias de Las Letras 2015. Reside en Cuba.

ANNARELLA O'MAHONY. Investigadora cubana y estudiosa de la obra de Amir Valle. Su labor profesional la ha situado, indistintamente, en los círculos periodísticos y académicos en Cuba y en Irlanda. Máster en Literatura y Estudios Culturales por la Universidad de Limerick. Reside en Irlanda.

NELLY RAJAONARIVELO. Doctora en letras y literatura en lengua española. Profesora académica especializada en estudios latinoamericanos de la Aix-Marseille Université. Reside en Francia.

LUIS PÉREZ-SIMÓN. Escritor, investigador y profesor universitario salvadoreño. Ensayista especializado en temas latinoamericanos, especialmente en el área Caribe. En los últimos años ha concentrado su atención en ensayos sobre la novela negra escrita por Leonardo Padura, Lorenzo Lunar Cardedo y Amir Valle. Reside en Reino Unido.

LUIS RAFAEL HERNÁNDEZ. Escritor y profesor académico cubano. Doctor en Letras y Literatura Hispánica por la Universidad Autónoma de Madrid. Desde Madrid, ciudad en la que comparte estancia con La Habana, se desempeña como Editor Jefe de la prestigiosa editorial cubana Verbum. Reside en España.

FRAUKE GEWECKE. Romanista e Hispanista alemana. Fallecida en 2012. Desde 1984 hasta 2008 fue profesora de Literatura Hispanoamericana en la Universidad de Heidelberg. También fue coeditora desde el año 2001 de la revista *Iberoamericana*, que promociona esa cultura en Alemania. Residía en Chipre.

José Ramón Gómez Cabezas. Escritor español. Es uno de los nuevos nombres de la novela negra española. Se desempeña, además, como Presidente de la Asociación Novelpol de lectores especializados de novela criminal y es uno de los promotores más reconocidos de ese género en Europa. Reside en España.

Lorenzo Lunar Cardedo. Escritor cubano. Considerado junto a Leonardo Padura y Amir Valle como uno de los renovadores de la novela negra cubana. Su novelística se extiende además a otras zonas de la realidad social de Cuba. Vive en Santa Clara, donde dirige el proyecto cultural "La Piedra Lunar". Reside en Cuba.

Armando León Viera. Escritor y periodista cubano. Durante varios años fue una de las más reconocidas figuras de la televisión cubana en la isla, donde se desempeñó como conductor y periodista. Es autor de novelas negras basadas en la vida cotidiana en Cuba en las últimas décadas del siglo XX. Reside en España.

Armando Añel. Escritor y periodista cubano. Autor de numerosos libros de narrativa y periodismo. Dirige en Miami el proyecto periodístico y editorial Neo Club, y organiza los Festivales Internacionales Puente/Vista de Letras. Es considerado el más importante promotor de la literatura cubana en el exilio. Reside en Estados Unidos.

José M. Martín Medem. Periodista español. Fue corresponsal en Cuba de la Televisión Española. Considerado uno de los más profundos conocedores de la realidad cubana, a la que ha dedicado un libro imprescindible para entender Cuba:*¿Por qué no me enseñaste cómo se vive sin ti?/Diario de un corresponsal de RTVE en Cuba* (2005). Reside en España.

Manuel Gayol Mecías. Escritor y ensayista cubano. Investigador del Centro de Estudios Literarios de "Casa de las Américas" hasta su salida de Cuba. Autor de una prolífica obra, ha trabajado como periodista en el periódico *La Opinión*, de Los Ángeles y en la revista *Contacto Magazine*, también en esa ciudad. Reside en Estados Unidos.

YOE SUÁREZ. Periodista cubano de las más recientes promociones de periodistas en la isla. Especializado en temas de impacto social como la marginalidad, las religiones tradicionales cubanas y las luchas por la supervivencia, pese a su juventud es autor ya de importantes libros sobre la realidad social cubana. Reside en Cuba.

ÁLVARO CASTILLO GRANADA. Escritor y librero colombiano. Considerado uno de los intelectuales latinoamericanos que mejor conocen las actuales letras cubanas. Desde Bogotá preside la editorial independiente Ediciones San Librario, nombre de la librería que también dirige. Reside en Colombia.

RITA RIAL. Editora cubana. Durante décadas trabajó en la coordinación y dirección del que en la época fuera el más importante premio literario para jóvenes escritores en Cuba: el Premio Nacional 13 de Marzo. Reside en Cuba.

MARÍA MATIENZO. Escritora y periodista cubana. Sus trabajos periodísticos han sido publicados en numerosas revistas, periódicos y sitios de internet en la isla y fuera de Cuba. Las antologías *Isla en Negro* y *¿Cuánto cuestan los abuelos?* incluyen sus cuentos. La editorial española Guantanamera acaba de publicar su libro de reportajes *Apocalipsis La Habana*. Reside en Cuba.

SUSANA HAUG MORALES. Escritora, traductora y profesora universitaria cubana. Reconocida como una de las voces fundamentales de la literatura infantil de las últimas décadas en Cuba, en la actualidad se desempeña como profesora de Literatura en la Universidad de La Habana. Reside en Cuba.

DEAN LUIS REYES. Escritor y periodista cubano. Especializado en cine. Tiene más de 15 años de experiencia como periodista en diferentes medios de comunicación cubanos: prensa escrita, radio, televisión y revistas culturales. Hasta 2010, cuando se hizo periodista independiente, dirigió la Cátedra de Humanidades en la Escuela Internacional de Cine. Reside en Cuba.

REBECA MURGA. Escritora cubana. Considerada una de las más importantes narradoras de la actualidad. Conjuntamente con su compañero de vida, el escritor Lorenzo Lunar, es considerada una de las promotoras más destacadas de la actual literatura cubana en la isla a través del proyecto "La Piedra Lunar". Reside en Cuba.

NELTON PÉREZ. Escritor y compositor musical cubano. En su generación es considerado una de las voces esenciales de la narrativa y la poesía. Como compositor ha escrito canciones para los más destacados músicos de la isla y el extranjero. Sus obras han sido incluidas en las más importantes antologías cubanas. Reside en Cuba.

JESÚS LENS ESPINOSA DE LOS MONTEROS. Escritor y periodista español, director de comunicación de CAJAGRANADA Fundación, columnista del periódico *Ideal*, de Andalucía, y crítico de cine en La Voz de Granada y en la televisión TG7. Dirige la colección Nube Negra de la editorial Palabaristas, y el Festival Granada Noir. Reside en España.

ENMANUEL CASTELLS. Fotógrafo y escritor. Además de sus numerosos libros, cuenta con tres exposiciones personales y ha expuesto sus fotografías colectivamente junto a la vanguardia de la plástica cubana. Actualmente es Representante de la Empresa de artes gráficas Caribe Photo PostCard S.A. Reside en Cuba.

EDUARDO ANTONIO PARRA. Escritor y ensayista mexicano. Considerado una de las figuras imprescindibles de la actual literatura mexicana y uno de los más importantes cuentistas en lengua española. Autor de once libros de cuentos y dos novelas que se inscriben como clásicos en su país. Reside en México.

ELIZABETH BURGOS. Historiadora y antropóloga venezolana. Ensayista y autora de gran cantidad de libros, entre los que destacan: *Rigoberta Menchú: así despertó mi consciencia* (Premio "Casa de las Américas" 1983) y *Memorias de un soldado cubano* (1997). Es conocida además por su activismo político. Fue directora de la Casa de América Latina de París, del Instituto Cultural Francés de Sevilla y agregada cultural de Francia en Madrid. Reside en Francia.

MADELINE CÁMARA. Ensayista y periodista. Además de numerosos libros publicados en español e inglés, es profesora de Literatura Latinoamericana en la Universidad del Sur de la Florida. Con un doctorado del SUNY en Stony Brook. Madeline Cámara ha recibido las importantes becas Rockefeller y Fullbright. Reside en Estados Unidos.

ELIDIO LA TORRE LAGARES. Escritor y ensayista puertorriqueño. Autor prolífico de poesía y narrativa. Profesor de Literatura y Creación Literaria en la Facultad de Humanidades de la Universidad de Puerto Rico y colaborador habitual en los periódicos El Nuevo Día y La Jornada de México. Fundó y dirige la editorial Terranova. Reside en Puerto Rico.

ELMER MENDOZA. Narrador y ensayista. El más reconocido de los escritores mexicanos de la actualidad. Catedrático de literatura en la Universidad Autónoma de Sinaloa. Miembro correspondiente de la Academia Mexicana de la Lengua y del Sistema Nacional de Creadores de Arte. Es un apasionado formador de novelistas y un comprometido promotor de la lectura. Reside en México.

F.C. Periodista español. Crítico cultural. Columnista habitual de los más importantes periódicos de Andalucía. F.C es el seudónimo con el que firma todos sus artículos.

RODOLFO PÉREZ VALERO. Narrador y dramaturgo cubano. Uno de los nombres clásicos de la novela negra en Cuba. Prolífico escritor ha obtenido numerosos premios nacionales e internacionales. Es considerado además un maestro del cuento del género policial en lengua española. Reside en Estados Unidos.

GIOVANNI AGNOLONI. Escritor, traductor y ensayista italiano. Se dio a conocer por sus ensayos sobre la literatura fantástica. Luego integró el "Conectivismo", movimiento literario de gran impacto en la literatura italiana, como parte del cual ha publicado varias novelas. Reside en Italia.

Luis Pulido Ritter. Escritor, ensayista y profesor universitario panameño. Sin dudas, el más importante narrador vivo en Panamá. Su polifacética obra en el campo del periodismo, la novela, la poesía y el ensayo lo ha convertido en una de las figuras cimeras de la cultura centroamericana. Luego de casi treinta años en Berlín, reside en Panamá.

Raúl Rivero. Poeta, ensayista y periodista cubano. Una de las voces esenciales de la disidencia intelectual en Cuba. Por sus críticas periodísticas al sistema fue condenado a 20 años de prisión durante la llamada Primavera Negra de 2003, en la cual el gobierno apresó a 75 periodistas independientes. Fue liberado por presiones internacionales y decidió salir al exilio. Reside en España.

Alberto Garrido. Escritor, ensayista y profesor universitario. Pastor evangélico. Considerado uno de los más grandes cuentistas cubanos de la actualidad. Ganador del Premio "Casa de las Américas" en la categoría Cuento en 1997, su amplia obra novelística, poética y cuentística integra la lista de clásicos de la literatura cubana. Reside en República Dominicana.

BIBLIOGRAFÍA

DE AMIR VALLE EN ESTE LIBRO

—. "De 'Jineteras' a la Serie 'El Descenso a los Infiernos': Derivaciones de la Realidad a la Ficción Novelada." Conferencia. La Sorbonne, París, el 1 de marzo de 2007. *Sitio Web de Amir Valle*, disponible http://amirvalle.com/es/ensayo/de-jineteras-a-la-serie-el-descenso-a-los-infiernos-derivaciones-de-la-realidad-a-la-ficcion-novelada/, [último acceso el 8 de septiembre de 2018],

—. "La Ética contra la Represión y la Censura." Prólogo. En *Palabras Amordazadas. Censura Cultural en Cuba.* Amsterdam: Eva Taz Foundation, 2016.

—. Valle, *La Nostalgia es un Tango de Gardel*, ed. Bilingüe. Lyon: Equi-librio Editions, 2008.

—. "La Nueva Ciudad Cubana (y/o La Habana otra) en la Novelística Negra de Leonardo Padura." *Sitio Web de Amir Valle*, s.f., disponible http://amirvalle.com/es/ensayos/categoria/de-amir-valle/, [último acceso 14 de febrero de 2018]

—. "La Voz de los Sin Voz o El Concierto Desvelado de las Víctimas de la Marginalidad en la Actual Novela Negra Cubana." En Gustavo Forero Quintero, coord. *Víctimas, Novela y Realidad del Crimen.* Colombia: Planeta, 2014.

—. "Los Nudos Invisibles." En Alex Martín Escribà y Javier Sánchez Zapatero, eds. *Geografías en Negro. Escenarios del Género Criminal*, 277-94. Barcelona: Montesinos, 2009.

—. "Marginalidad y Ética de la Marginalidad en la Nueva Ciudad Narrada por la Novela Negra Latinoamericana." *Revista Anales de la Literatura Hispanoamericana* 36 (2007): 95-101.

—. "Negra Ciudad Novelada. Los Oscuros Límites de la Nueva Sociedad Literaria Latinoamericana en la Narrativa de

Rubem Fonseca." Conferencia, Casa de las Américas, La Habana, 1 de diciembre de 2004. En "La Nueva Ciudad Cubana (y/o La Habana otra) en la Novelística Negra de Leonardo Padura." *Sitio Web de Amir Valle,* disponible http://amirvalle.com/es/ensayos/categoria/de-amir-valle/, [último acceso el 14 de febrero de 2018].

—. *Entre el Miedo y las Sombras.* Granada, España: Zoela Ediciones, 2003.

—. *Habana Babilonia. La Cara Oculta de las Jineteras.* Barcelona: Ediciones B, 2008.

—. *La Habana. Puerta de las Américas.* Granada, España: Editorial Almed, 2009.

—. *Hugo Spadafora. Bajo la piel del hombre.* Panamá: Aguilar / Santillana, 2013.

—. *La Nostalgia es un Tango de Gardel.* Ed. Bilingüe. Lyon: Equi-Librio Editions, 2008.

—. *Largas Noches con Flavia.* Córdoba, España: Almuzara, 2008.

—. *Las Palabras y los Muertos.* Bogotá: Seix Barral, Planeta, 2007.

—. *Las Puertas de la Noche.* Ávila/Madrid: Malamba, 2001.

—. *Santuario de Sombras.* Córdoba, España: Almuzara, 2006.

—. *Si Cristo te Desnuda.* Santiago de Cuba: Editorial Oriente, 2001.

—. *Tatuajes.* San Juan, Puerto Rico: Terranova Editores, 2007.

—. *Tiempos en Cueros.* La Habana: Universidad de La Habana, 1986.

—. *Últimas Noticias del Infierno.* En Colección "La Casa Ciega", no. 2. Madrid: Editorial EDAF, 2005.

BIBLIOGRAFÍA GENERAL

Aguilera Manzano, José María. "La Revolución Cubana y la Historiografía." *Anuario de Estudios Americanos* 65, no. 1 (2008): 297-320.

Anderson, Benedict. *Imagined Communities: Reflexions On The Origin And Spread Of Nationalism.* London: Verso, 1983.

Assmann, Jan. "From 'Moses The Egyptian: The Memory Of Egypt In Western Monotheism' and 'Collective Memory And Cultural Identity'." En Jeffrey .K. Olick, Vered Vinitzky-Seroussi and Daniel Levy, *The Collective Memory Reader*, 209-215. Oxford: University Press, 2011.

Behar, Sonia. *La Caída Del Hombre Nuevo. Narrativa Cubana Del Período Especial.* Vol. 24 Caribbean Studies. New York: Peter Lang, 2009.

Beverley, John. "Anatomía del Testimonio." *Revista De Crítica Literaria Latinoamericana* 13, no. 25 (1987): 7-16.

Burgos, Elizabeth. "La Cara Oculta del Castrismo." En *Webarticulista.net*, el 27 de enero de 2010, disponible http://webarticulista.net.free.fr/eb201027011450+Elizabet-Burgos+jineteras.html, [consultado el 10 de ferero de 2018].

Borchmeyer, Florian y Matthias Hentschler. *Habana: Arte Nuevo De Hacer Ruinas.* DVD. Allemagne: Arthaus, 2006.

Cámara, Madeline. "Las Palabras del Poder." En *Sitio Web de Amir Valle*, disponible http://amirvalle.com/es/ensayo/las-palabras-del-poder-sobre-la-novela-las-palabras-y-los-muertos/, [consultado el 13 de febrero de 2018].

Carpentier, Alejo. *La Consagración de la Primavera.* Julio Rodríguez Puértolas, ed. Madrid: Clasicos/Castalia, 1998.

Catoira, Patricia. "El Jineterismo En La Literatura Del 'Período Especial'." En Araceli Tinajero, ed. *Cultura y Letras Cubanas en el Siglo XXI*, 215-230. Madrid/Frankfurt: Iberoamericana/Vervuert, 2010.

Colmeiro, José. "¿Una Nación De Fantasmas?: Apariciones, Memoria Histórica y Olvido en la España Posfranquista." *452ºf. Electronic Journal of Theory of Literature and Comparative Literature* 4 (2011): 17-34.

Derrida, Jacques, y John D. Caputo. *Deconstruction in a Nutshell: A Conversation with Jacques Derrida.* En John D. Caputo, ed. Fordham Univ Press, 1997.

Dorado-Otero, Ángela. *Dialogic Aspects in the Cuban Novel of the 1990s.* London: Tamesis, 2014.

Ette, Ottmar y Janett Reinstädler, eds. *Todas las Islas la Isla. Nuevas y Novísimas Tendencias en la Literatura y Cultura de Cuba.* Madrid: Iberoamericana, 2000.

F.C. "Breve Historia de la 'Habanidad.'" *El Diario de Sevilla*, 6 de diciembre de 2009, disponible http://www.diariodesevilla.es/ocio/Breve-historia-habanidad_0_320968191.html, [consultado el 13 de febrero de 2018].

Fernández, Damián J., ed. *Cuba Transnational* (Florida University Press, 2005).

Fernández, Manuel y Emily Offerdahl. "'Yo No Escribo Novelas Críticas; Yo Escribo Novelas:' Entrevista Con Amir Valle." *Hipertexto* 9 (2009): 153-66.

Fornet, Ambrosio. "Las Máscaras del Tiempo en la Novela de la Revolución Cubana." *Revista de Crítica Literaria Latinoamericana* 20, no.39 (1994): 61-79.

Fornet, Jorge. "La Narrativa Cubana entre la Utopía y el Desencanto." *Hispamérica* 32, no.95 (2003): 3-20.

Foucault, Michael. *Language, Counter-Memory, Practice: Selected Essays and Interviews.* Donald F. Bouchard, ed. Cornell University Press, 1980.

Franzbach, Martin. "La Re-Escritura de la Novela Policíaca Cubana." En Ottmar Ette Janett Reinstädler, eds., *Todas las Islas la Isla. Nuevas y Novísimas Tendencias en la*

Literatura y Cultura de Cuba, 69-78. Madrid: Iberoamericana, 2000.

Garrandés, Alberto. "Oleaje de la memoria (IV)", *Hypermedia Magazine*, La Habana, 12 de septiembre de 2017.

Gayol Mecias, Manuel. "Fidel Ha Muerto" *Otro Lunes. Revista Hispanoamericana de Cultura* 3, diciembre (2007). Disponible en http://otrolunes.com/archivos/03/html/este-lunes/este-lunes-n03-a12-p01-2007.html [consultado el 31 de octubre de 2017].

Gewecke, Frauke. "La 'Nueva' Novela Policial Cubana de Leonardo Padura, Amir Valle y Lorenzo Lunar". En Andrea Gremels y Rolland Spiller, eds., *Cuba: La Revolución Revis(it)ada*, 171- 90. Tübingen: Narr Verlag, 2010.

Halbwachs, Maurice. *On Collective Memory.* Luis A. Coser, trad. Chicago & London: University of Chicago Press, 1992.

Hazig, Stephan. [s.t.] Revista Literaria *Orzogh*, No.2 Primavera 1999. En *Sitio Web de Amir Valle*, disponible http://amirvalle.com/es/comentario/sobre-su-obra-testimonial/, [consultado el 18 de febrero de 2018].

Henkel, Knut. 2007. "Reise Ohne Rückkehr. Amir Valles Weg Vom Erfolg Ins Exil - Ein Kubanisches Schicksal." *Neue Zürcher Zeitung*, 27 de Julio, [consultado el 2 de junio de 2010]
http://www.nzz.ch/nachrichten/kultur/aktuell/reise_ohne_r ueckkehr_1.533122.html.

Hernández, Luis Rafael. "Amir Valle y el 'Realismo Negro'." En *Centro Virtual Cervantes*, el 15 de octubre de 2009, disponible
https://cvc.cervantes.es/el_rinconete/anteriores/octubre_09/ 15102009_02.htm, [consultado el 13 de febrero de 2018].

Hernández-Reguant, Ariana, ed. *Cuba in the Special Period: Culture and Ideology in the 1990s.* New York: Palgrave Macmillan, 2009.

IMHCT. Instituto de la Memoria Histórica Cubana Contra El Totalitarismo. Disponible en http://www.cubamemorial.net/ [consultado el 8 de septiembre de 2014].

"La Marginalidad: Un Fenómeno con Muchas Puntas." Mesa Redonda del 9 de noviembre de 2013. En *Cubadebate*, disponible http://mesaredonda.cubadebate.cu/mesa-redonda/2013/11/09/la-marginalidad-una-consecuencia-de-la-sociedad/, [consultado el 8 de febrero de 2018].

Lens Espinosa de los Monteros, Jesús. "Un Verdadero Descenso a las Cloacas." En *Entrelectores*, disponible https://www.entrelectores.com/libros/amir-valle/si-cristo-te-desnuda-amir-valle, [consultado el 10 de febrero de 2018].

—. "Una Novela que Suena como un Aullido." En *Entrelectores*, disponible https://www.entrelectores.com/libros/amir-valle/entre-el-miedo-y-las-sombras-amir-valle, [consultado el 10 de febrero de 2018].

—. "Ultimas Noticias... Desde un Infierno Posible." En *Granadablogs*, el 19 de junio de 2014, diponible http://www.granadablogs.com/pateandoelmundo/ultimas-noticias-del-infierno/, [consultado el 10 de febrero de 2018].

López Sacha, Francisco. "El Cuento ante la Crítica Cubana: un Fiscal Silencioso frente a un Niño Travieso." En *La Literatura Cubana ante la Crítica*. La Habana: Editorial Unión, 1990.

—. "Literatura Cubana y Fin De Siglo." *Temas* 20-21 (2000): 155-60.

López, Magdalena. "El Fracaso frente a la Épica: *La Novela de mi Vida y Muerte de Nadie*." En *Desde el Fracaso: Narrativas del Caribe Insular Hispano en el Siglo XXI*, 39-62. Madrid: Verbum, 2015.

Macleod, Catriona. "Deconstructive Discourse Analysis: Extending the Methodological Conversation." *South African Journal of Psychology* 32, no. 1 (2002): 17-25.

Magda Wodecka Y Grégory Szeps. *El Sofá De La Habana*. Documental. Carlito Films, 2011.

Martí, José. *La Edad de Oro*. La Habana: Editorial Gente Nueva, 1985.

Martín Escribà, Alex y Javier Sánchez Zapatero, eds. *Geografías en Negro. Escenarios del Género Criminal*, 277-94. Barcelona: Montesinos, 2009.

—. "Una Mirada al Neopolicial Latinoamericano. Mempo Giardinelli, Leonardo Padura y Paco Ignacio Taibo II." *Anales de Literatura Hispanoamericana* 36 (2007): 49-58.

Martin Medem, Jose M. "La Novela Negra es en América Latina la Mejor Novela de la Realidad." *Contrapunto de América Latina* 4 (2006): 116-17.

Martínez Alemán, Yaíma. "La Función Ideológica de la Historiografía Cubana en la Década del Sesenta del Siglo XX." *Latin American Research Review* 48, no. 3 (2013): 168-80.

Mateo Palmer, Margarita. "La Narrativa Cubana Contemporánea: Las Puertas del Siglo XXI." *Anales De Literatura Hispanoamericana* 31 (2002): 51-64.

Mateo Palmer, Margarita. "Signs after the Last Shipwreck." *Boundary 2*, 29 no. 3 (2002): 149-157.

Matienzo, María. "Amir Valle es el Malo". En Blog *Fuera De Revolución*, el 7 de agosto de 2017 disponible http://fueraderevolucion.blogspot.es/1502121144/amir-valle-es-el-malo/, [consultado el 10 de febrero de 2018].

Mendoza, Elmer. "El Arte de Novelar." En *El Universal*, México, el 19 de agosto de 2010.

Mesa-Lago, Carmelo. "Problemas Sociales y Económicos en Cuba Durante la Crisis y la Recuperación." CEPAL 86, (2005): 183-205.

Miller, J. Hillis. "El Crítico Como Huésped." En Harold Bloom et al. *Deconstrucción y Crítica*. Mariano Sánchez y Susana Guardado trads., 211-46. Madrid: Siglo XXI, 2010.

Moulin-Civil, Françoise. "La Havane 'Fin De Siècle.' Poétique Des Décombres, Esthétique De La Désolation." En Teresa Orecchia Havas, ed., *Mémoire(s) de la Ville dans les*

Mondes Hispanique et Luso-Brésilien, 121-37. Berne: Peter Lang, 2005.

Moulin-Civil, Françoise. "La Havane Brisée d'Ena Lucía Portela: *Cien Botellas En Una Pared* (2002)." En Teresa Orecchia Havas, ed., *La Ville et la Fin du XX Siècle en Amérique Latine. Littératures, Cultures, Représentations*, 187-97. Berne: Peter Lang, 2007.

Murga, Rebeca. "Amir, El Héroe Que Abre La Puerta." Homenaje a Amir Valle. En Seciones del Premio de Novela "Enrique Labrador Ruiz", Santa Clara, del 14 Al 17 de Mayo de 2003 (inédito). En *Sitio Web de Amir Valle*, disponible http://amirvalle.com/es/ensayo/amir-el-heroe-que-abre-la-puerta/, [consultado el 8 de febrero de 2018].

Noguerol Jiménez, Francisca. "Entre la Sangre y el Simulacro." En *Tendencias de la Narrativa Mexicana Actual*, 169-200. Frankfurt: Vervuert Verlag, 2009.

Nora, Pierre. "Between Memory and History: *Les Lieux De Mémoires.*" *Representations* 26, Special Issue: Memory and Counter-Memory (1989): 7-24.

O' Reilly Herrera, Andrea, ed. *Cuba: Idea of a Nation Displaced* (New York: Suny Press, 2007).

Ortiz, Fernando. "El Primer Deber del Hombre" [1941]. En *Otrolunes. Revista Hispanoamericana de Cultura* 2, 2007.

Parra, Eduardo Antonio. "Reflejos de Cuba." *Revista de la Universidad de México* 46, diciembre (2007): 96-97.

Padura, Leonardo. "Leonardo Padura: Con la Pluma y la Espada." Entrevista concedida a Marta María Ramírez En *IPS Inter Press Service en Cuba*, 17 abril de abril de 2011, http://www.ipscuba.net/index.php?option=com_k2&view=item&id=382:leonardo-padura-con-la-pluma-y-la-espada&itemid=11, [última consulta el 15 de febrero de 2018].

Pérez Firmat, Gustavo. *The Cuban Condition: Translation And Identity In Modern Cuban Literature*. Cambridge Studies In Latin American And Iberian Literature vol. 1. Cambridge; New York: Cambridge University Press, 1989.

Pérez Simón, Luis. "Crónica de un Tiempo Anunciado. La Novela Negra de Amir Valle y Lorenzo Lunar Cardedo". En Enrique Rodríguez Morua, ed. *Indicios, Señales Y Narraciones. Literatura Policíaca en Lengua Española*, 153-172. Innsbruck Universty Press, 2010.

—. "Novela Negra Cubana: Nuevos Aires." Charla-Conferencia en Universidad de Oviedo, el 5 de junio de 2005. En Boletín *A Quemarropa* no. 4 de Semana Negra de Gijón, julio de 2005.

Phillips, John. "Deconstruction." *Theory, Culture & Society* 23, no. 2-3 (2006): 194-95.

Rajaonarivelo, Nelly. "La Cara Oculta de La Habana de Amir Valle (Obra Novelística y Ensayística desde *Jineteras*, 2006)". Coloquio Internacional "Ecrire/Decrire La Havane", Niza, Francia, del 21-22 de mayo de 2012. En *Sitio Web de Amir Valle*, disponible http://amirvalle.com/es/ensayo/la-cara-oculta-de-la-habana-de-amir-valle-obra-novelistica-y-ensayistica-desde-jineteras-2006/, [consultado el 17 de febrero de 2018].

—. "Miroirs, Reflets, Doubles: Une Esthétique de l'ailleurs dans le Film Cubain *Madagascar* (Fernando Pérez, 1994)," *Cahiers D'etudes Romanes* 23 (2011): 219-38.

Ricoeur, Paul. *Memory, History, Forgetting*. Kathleen Blamey y David Pellauer, trads. London & Chicago: The University of Chicago Press, 2006.

Rivero, Raúl. "Pícaros, Ilusos y Palabras Amordazadas." En *El Nuevo Herald*, Estados Unidos, 9 de julio de 2016.

Rubio Cuevas, Iván. "La Doble Insularidad de los Novísimos Narradores Cubanos." *La Isla Posible: III Congreso de la Asociación Española de Estudios Literarios Hispanoamericanos*, 547-54. Alicante: Universidad de Alicante, 2001.

Rubio Cuevas, Iván. "Lo Marginal en los Novísimos Narradores Cubanos: Estrategia Subversión y Moda." En Ottmar Ette y Janett Reinstädler, eds., *Todas las Islas la Isla. Nuevas y*

Novísimas Tendencias en la Literatura y Cultura de Cuba, 79-89. Madrid: Iberoamericana, 2000.

Taibo II, Paco Ignacio. "Literatura y Crisis de Ideologías." En *Boletín* no. 9 de Editorial Plaza Mayor, el 30 de Septiembre de 2004.

Uxó, Carlos. "Los Novísimos Cubanos: Primera Generación de Escritores Nacidos En La Revolución." *Letras Hispanas* 7 (2010): 186-98.

Valladares Ruiz, Patricia. "Lo Especial Del Período: Políticas Editoriales y Movimiento Generacional en la Literatura Cubana Contemporánea." *Neophilologus* 89, no. 3 (2005): 383-402.

Valle, Amir. "Cuba y el Exilio han Bailado al Son de Fidel." Entrevista. En *La Opinión* Digital, el 7 De Octubre de 2007, disponible http://www.laopinion.es/2c/2008/03/29/amir-valle-escritor-cuba-exilio-han-bailado-son-fidel/136303.html, [consultado el 9 de febrero de 2018].

—. "Amir Valle, El Príncipe Cubano de la Novela Negra". Entrevista concedida a Belkis Cuza Malé. En *El Nuevo Herald*, 31 de octubre de 2010.

—. "Amir sin Desarraigos." Entrevista concedida a Yoe Suárez. En *Oncuba Magazine*, 25 de octubre 2015.

—. "Entrevista A Amir". Entrevista concedida a Félix Luis Viera. En *Cubaencuentro*, 25 Junio de 2016, disponible http://www.cubaencuentro.com/entrevistas/articulos/entrevista-a-amir-325643. [consultado el 7 de marzo de 2017].

Vigueras Fernandez, Ricardo. "La Novela Policiaca de Temática Romana Clásica. Rigor e Invención." Tesis Doctoral, Universidad de Murcia, 2005.

Wilkinson, Stephen. *Detective Fiction In Cuban Society And Culture.* Bern: Peter Lang, 2006.

William, Luis. *Lunes De Revolución: Literatura y Cultura en los Primeros Años de la Revolución.* Madrid: Editorial Verbum, 2003.

Winter, Jay.. "The Memory Boom In Contemporary Historical Studies." *Raritan: A Quarterly Review* 21, no. 1 (2001): 52–66.

Zanetti, Oscar. "Pasados para un Futuro. Acerca de los Usos y la Utilidad de la Historia." *La Gaceta de Cuba* 1 (2009): 6-10.

Zaragoza Saldívar, Francisco. "La Narrativa Cubana de los Noventa." *Proceedings of the 2nd. Congresso Brasileiro De Hispanistas.* São Paulo, 2002, disponible http://www.proceedings.scielo.br/scielo.php?script=sci_artt ext&pid=MSC0000000012002000300024&lng=en&nrm=i so, para. 10.

ÍNDICE